JN101858

1　魚紋彩陶鉢　仰韶文化半坡類型　西安半坡（文物出版社提供）

2　猪翼鳥玉器　崧沢文化　含山凌家灘（文物出版社提供）

3　青銅鉞　殷後期　益都蘇埠屯（文物出版社提供）

4　青銅柱頭飾　戦国　天理大学附属天理参考館

中国古代の神がみ

新装版

林 巳奈夫

HAYASHI Minao

吉川弘文館

まえがき

中国古代とはいつ時分をいうのか。私は大体、秦始皇帝より古い時代、日本でいうと弥生文化よりも前の時代と思っている。日本に稲作農業が入ってきたのがその時代からであるが、中国では先史時代が大部分、歴史時代がやっと始まった時代である。

私は老人であるから、旧制中学校に入ったが、漢文の副読本で『十八史略』というのを習った。中国の伝説時代から話が始まる。皇帝がお忍びで町に出てゆくと、

老人あり、食物をもぐもぐさせながら腹を鼓(つづみう)ち、地面を撃(う)って歌っていわく、

日出でて作し、日入りて息(いこ)う。井を鑿(うが)って飲み、田を耕して食う。帝力何(な)んぞ我にあらんや。

というのである。よい時代を何とうまく簡潔に表現したものだ、と感銘深かったのを思い出す。けれども、これはその年十分な日照や降雨のあった場合である。渇水になったり、洪水があったりしたらどうするか。災害は今でもいくらでも起るが、昔は今よりひどかった。天を仰いで歎いていても仕方ない。神様にお願いする他ないだろう。しかし神様のしてくれることは当てにならない。災害で居住地を追われ、食物のない人達はどうするか。他人の所に押し寄せるに違いない。飢えた人達に

押し寄せられたら防ぐより仕方ない。戦争である。同国人ならまだしも、周辺に住む言葉も違う民族同士ともなれば、これは死闘である。

ひどいことになるかならないか、神様の思し召し次第、と昔の人は考えたろう。日頃、神様には十分お仕えしておくに越したことはない。

日の神の地上における出張所「社」は各地に祠られ、祖先神と共にどこでも手厚い祭祀を受けていた。風雨などの天候、みのり、戦争等万般に最高神として采配をふるった帝、王朝や人民の運命を握っていた「天」の神が尊崇を受けたことはいうまでもない。

ここで扱おうと思うような時代からは、一体これは何だろう、というようなふしぎな遺物、図像やデザインが沢山のこされている。中国人は「述べて作らず」、すなわち先人の言ったことを祖述するばかりで創説は出さない、と言われるが、たしかに新しい発見について何か言うのを得意としない。色々な人が新しいものについて自分の見解を述べているが、そんなことは言えないのでないか、というような見当外れの議論が多い。

何かをとり上げたついでに反証をあげ、私の考えを述べたこともあるが、あまり人目に触れることはないようである。ここでは特にそういう類をとり上げて議論した。

昔のことはよくわからないことが多い。何かを考えようにも、証拠の全く見附からないことも沢山ある。そういうケースは考察の対象から差当り外ずほかない、と考えている。証拠はそのうち見附かるかも知れない。証拠が見附かったら議論したらよい。

考古学の研究資料は地中に埋っている。発見されるのは偶然である。私の命も限りあるとはいえ、急いで単なる思いつきを言ってみせることもあるまい。学者は巫(みこ)ではないと考えているからである。

ここでとり上げるのを止めたのは、昔の中国人の墓や死者についての考え方である。ここで論ずるには問題が大きすぎるからである。長沙子弾庫で発見された戦国時代帛書も、昔論文を書いたことがあるが、とり上げていない。古文字学は専門でないし、帛書の周辺に画かれた図像も、他と係わりが多くないことにも由る。

私は以前に既発表の論文を集めて『漢代の神神』を出版した。この書物では、そこに論及してない漢代の資料も若干記してある。併せて参照されたい。

目次

一　日の神

図1-1は浙江省東南部の河姆渡で一九七三年発掘された骨製の匙の柄といわれる遺物で、刻線で紋様が彫られている。紀元前六千年紀から五千年紀の早い時期の新石器時代稲作文化のものである。この河姆渡文化の稲作はクローズ・アップされたが、この重要な遺物は全く影が薄い。両端に細かい幾何学紋を刻み、その間に図像がある。中央に凹みのある小さい円盤を挟んで鳥の頸から上が刻まれ、円盤の下はこの双鳥の足があり、円盤の上には三つの山の出た火炎形が載る。この形が二つ並んでいるが、右側の円盤には周に沿って細かい刻み目が入る。鳥の背に円盤というと、双鳥の運ぶ太陽の円盤が思い起される。天に二日があるはずがないので、二つの円盤は日と月ではないか。二つの円盤に小異があり、右の円に刻み目があるのは、日の強い光輝を表わしたものと見られよう。しかし日の光輝を表わす場合、日の内側にそれがあるのはおかしい。すると太陽は中心の凹みで示され、外側の円は日

図1-1　日月の図　河姆渡　骨匕柄(52より)(筆者図)

の内量（よくみる日のかさ）ということになろう。この内量の上に載るのは内量の上に出現する暈の一種で、上端接弧、パリー弧というものである。寒冷な地方に多く現われるものと言われ、私は見たことがないが、薄い赤と青で低いチューリップの花のような形をなしていて（図1-2）、月にも現れるという。

図1-2　日の暈　Dr. James Mallmann氏撮

この画像の円と上の山形が日と月と、それに現れる暈を表わしたものと知られれば、その両側の鳥は日や月の両側、内暈のすぐ外側に現れる幻日、幻月を鳥に見たてたものに違いない。幻日、幻月は図1-2に見るように、光点から外向に光芒が出ている。図1-1の鳥は幻日、幻月とは違って曲った嘴と頭上のS字を横倒しにした形の冠羽を持つ。これはイヌワシの姿で、後に龍山文化の火の鳥、朱鳥に出てくるもので、冠羽はイヌワシの頭のボサボサした頭上の長い羽根（図3-9）を象ったものである。幻日が火（日）の鳥のイヌワシの形で表わされたのである。幻日が火の鳥のイヌワシ形で表わされたのになぞらえ、月の両側の鳥もイヌワシ形で表わされたものと思われる。

なお、図1-1で鳥の頭が円盤の頂上の火炎形と同じ高さに表わされているのは図1-2と比べたらわかるように、高すぎる。河姆渡文化の人は上端接弧、パリー弧の実物を見た人はなく、伝聞によっ

料金受取人払郵便

本郷局承認

3864

差出有効期間
2022年7月
31日まで

郵便はがき

1 1 3-8 7 9 0

東京都文京区本郷7丁目2番8号

吉川弘文館 行

愛読者カード

本書をお買い上げいただきまして、まことにありがとうございました。このハガキを、小社へのご意見またはご注文にご利用下さい。

お買上 **書名**

＊本書に関するご感想、ご批判をお聞かせ下さい。

＊出版を希望するテーマ・執筆者名をお聞かせ下さい。

お買上書店名 区市町 書店

◆新刊情報はホームページで http://www.yoshikawa-k.co.jp/

◆ご注文、ご意見については E-mail:sales@yoshikawa-k.co.jp

ふりがな ご氏名	年齢　　歳　男・女
〒□□□-□□□□ ご住所	電話
ご職業	所属学会等
ご購読 新聞名	ご購読 雑誌名

今後、吉川弘文館の「新刊案内」等をお送りいたします(年に数回を予定)。
ご承諾いただける方は右の□の中に✓をご記入ください。 □

注文書

月　日

書名	定価	部数
	円	部
	円	部
	円	部
	円	部
	円	部

配本は、○印を付けた方法にして下さい。

イ. 下記書店へ配本して下さい。

(直接書店にお渡し下さい)

(書店・取次帖合印)

書店様へ＝書店帖合印を捺印下さい。

ロ. 直接送本して下さい。

代金(書籍代＋送料・代引手数料)は、お届けの際に現品と引換えにお支払下さい。送料・代引手数料は、1回のお届けごとに500円です(いずれも税込)。

＊お急ぎのご注文には電話、FAXをご利用ください。
電話 03-3813-9151(代)
FAX 03-3812-3544

（ご注意）
・この用紙は、機械で処理しますので、金額を記入する際は、枠内にはっきりと記入してください。また、本票を汚したり、折り曲げたりしないでください。
・この用紙は、ゆうちょ銀行又は郵便局の払込機能付きＡＴＭでもご利用いただけます。
・この払込書を、ゆうちょ銀行又は郵便局の渉外員にお預けになるときは、引換えに預り証を必ずお受け取りください。
・ご依頼人様からご提出いただきました払込書に記載されたおところ、おなまえ等は、加入者様に通知されます。
・この受領証は、払込みの証拠となるものですから大切に保管してください。

収入印紙
課税相当額以上
貼　付

印

この用紙で「本郷」年間購読のお申し込みができます。

◆この申込票に必要事項をご記入の上、記載金額を添えて郵便局でお払込み下さい。
◆「本郷」のご送金は、４年分までとさせて頂きます。
※お客様のご都合で解約される場合は、ご返金いたしかねます。ご了承下さい。

この用紙で書籍のご注文ができます。

◆この申込票の通信欄にご注文の書籍をご記入の上、書籍代金（本体価格＋消費税）に荷造送料を加えた金額をお払込み下さい。
◆荷造送料は、ご注文１回の配送につき500円です。
◆入金確認まで約７日かかります。ご諒承下さい。

振替払込料は弊社が負担いたしますから無料です。

※領収証は改めてお送りいたしませんので、予めご諒承下さい。

お問い合わせ　〒113-0033・東京都文京区本郷７―２―８
吉川弘文館　営業部
電話03-3813-9151　FAX03-3812-3544

この場所には、何も記載しないでください。

各票の※印欄は、ご依頼人において記載してください。

02 東京

払込取扱票

通常払込料金加入者負担

口座記号番号	00100 = 5 = 244
金額	千 百 十 万 千 百 十 円 ※
加入者名	株式会社 吉川弘文館
料金	
備考	

ご依頼人・通信欄	
フリガナ ※お名前	
郵便番号	電話
※ご住所	
※	

◆「本郷」購読を希望します

購読開始 　　号 より

1年 1000円 (6冊) 3年 2800円 (18冊)
2年 2000円 (12冊) 4年 3600円 (24冊)
(ご希望の購読期間に○印をお付け下さい)

日附印

裏面の注意事項をお読みください。(ゆうちょ銀行)(承認番号東第53889号)

これより下部には何も記入しないでください。

切り取らないでお出しください。

記載事項を訂正した場合は、その箇所に訂正印を押してください。

振替払込請求書兼受領証

口座記号番号	00100 = 5 通常払込料金加入者負担 244
加入者名	株式会社 吉川弘文館
金額	千 百 十 万 千 百 十 円 ※
ご依頼人	おなまえ ※ 様
料金	日附印
備考	

この受領証は、大切に保管してください。

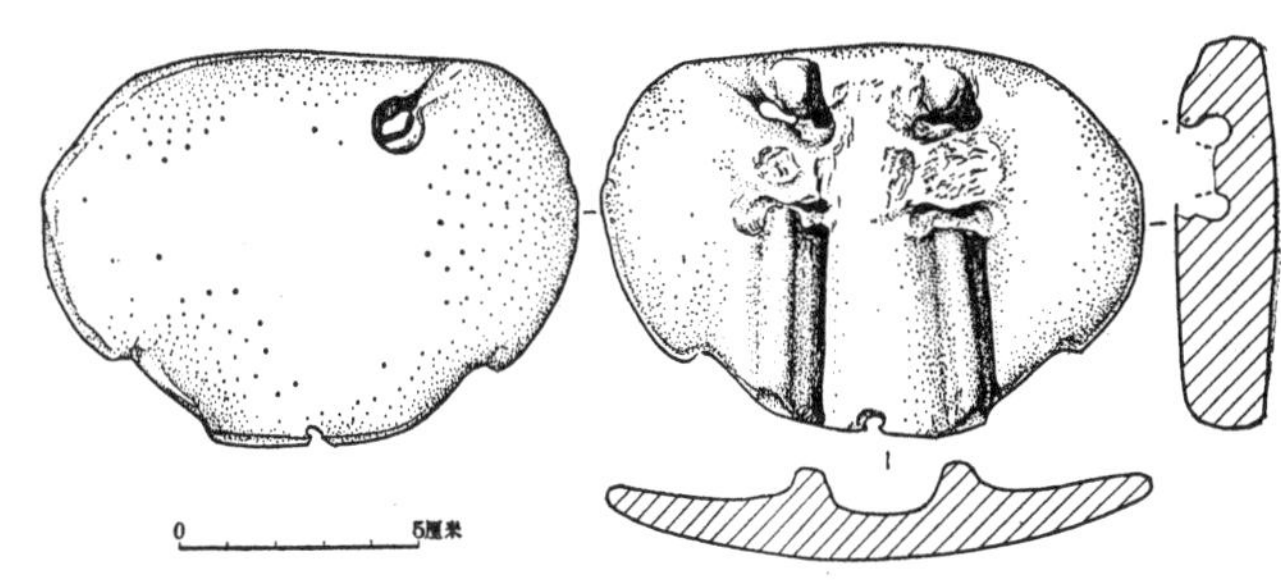

図1-4　石製蝶形器　河姆渡(『考古学報』1978.1より)

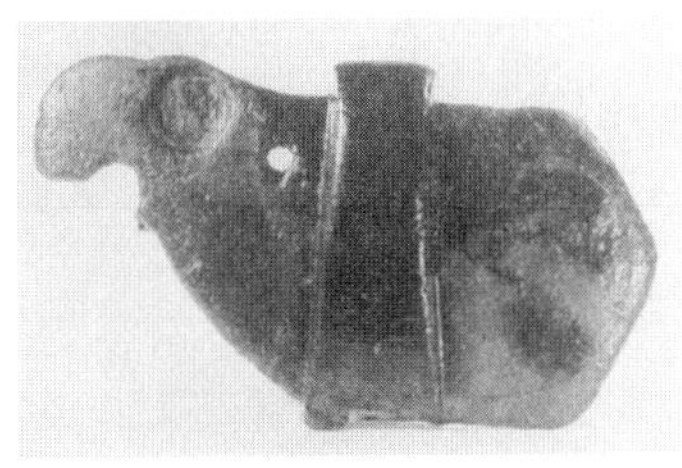

図1-3　木製蝶形器　河姆渡
(『考古学報』1978.1より)

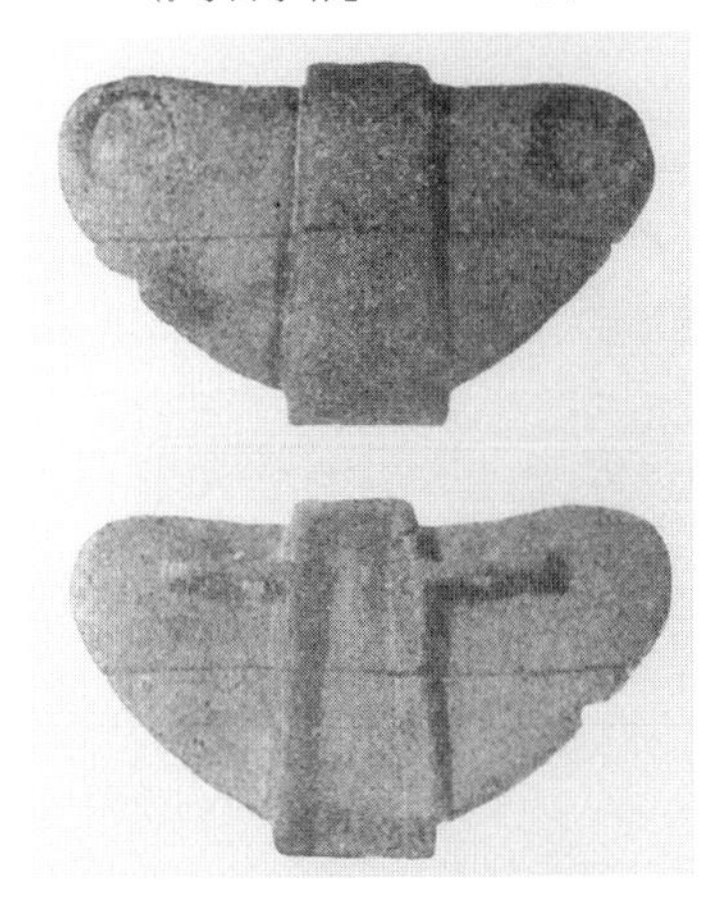

図1-5　木製蝶形器　河姆渡
(『考古学報』1978.1より)

て画いたため、高さが不正確になったものと思われる。

図1-1のような遺物は他にないが、図1-1の中の片方からとったような遺物は河姆渡文化の木製蝶形器として図1-3に知られる。大きな円い目と曲った嘴、頸から下の形がのこっている。然し背に肝腎の太陽がない。円盤の代りに栈が通っている。図1-4は石製蝶形器と呼ばれているが、図1-3で嘴のあった部分は欠け、円く磨滅している。図1-3で残っていた栈は、それをとり附けたと思われる溝が二本残る。図1-5も図1-3、4と近い器だが、図1-

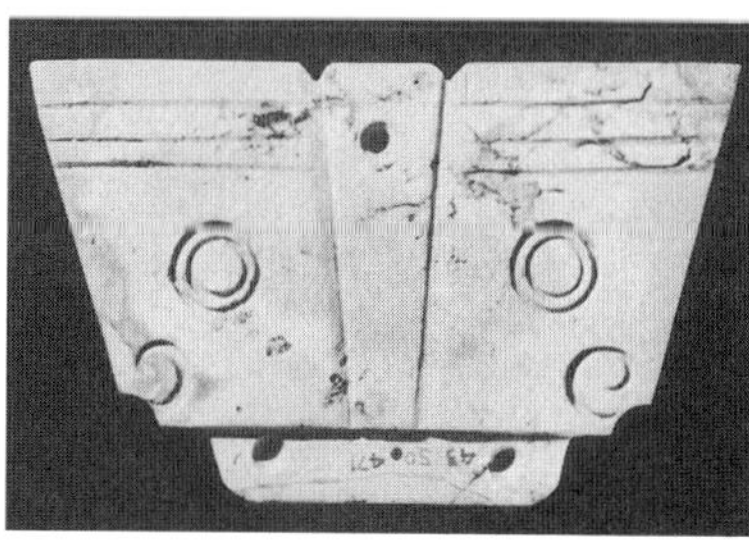

図1-6　玉製逆梯形器　Courtesy of the Arthur M. Sackler Museum, Harvard University, Bequest Grenville L. Winthrop

図1-7　玉製逆梯形器　良渚文化
余杭反山(『文物』1988.1より)

3で嘴の下にあった凹みがだんだん下の方に移りながら残存している。

図1-6はウインスロップ蒐集品の玉器で、出土地不明のものである。板状、逆梯形器、時代不詳だが、全形が次に引く図1-7の良渚文化（揚子江下流の太湖周辺の前第三千年紀の文化）の逆梯形器に近い。一面に栈が出張っていて側縁に切り欠きを持ち、河姆渡の蝶形器との関係は否定しえない。図1-6も下部に何かにとりつけるための柄がある点は、良渚文化の逆梯形器に通ずる。栈の上部に小さな円孔があり、栈の両側に大きな目と思われるものがある点も然りである。

以上、河姆渡の匙の柄の図柄と、時代的にはこれより降る良渚文化の逆梯形器の形のつながりの可能性を記した。良渚文化の逆梯形器の図像は、後に記すように太陽神の図像なのである。つながって当然と言うことができよう。

良渚文化は河姆渡より少し北、杭州の郊外の遺蹟から取られた名称で浙江省の西北の大きな湖、太湖の周辺の平野に発達した前三千年前後の稲作の新石器時代文化で、[2] 軟玉という硬い石で作った琮（菓子の金鍔の真中に大きな円い孔をあけたような形の玉器。図1-8）は一九世紀よりよく知られていた。軟玉（略して玉という）というと名は軟らかそうだが、水晶に近い硬さの鉱物で、ナイフの先で突いても刃が立たない。青、茶色、黒、白等各種の色を持ち、少しにごった色でそれほど美しいとは思わない

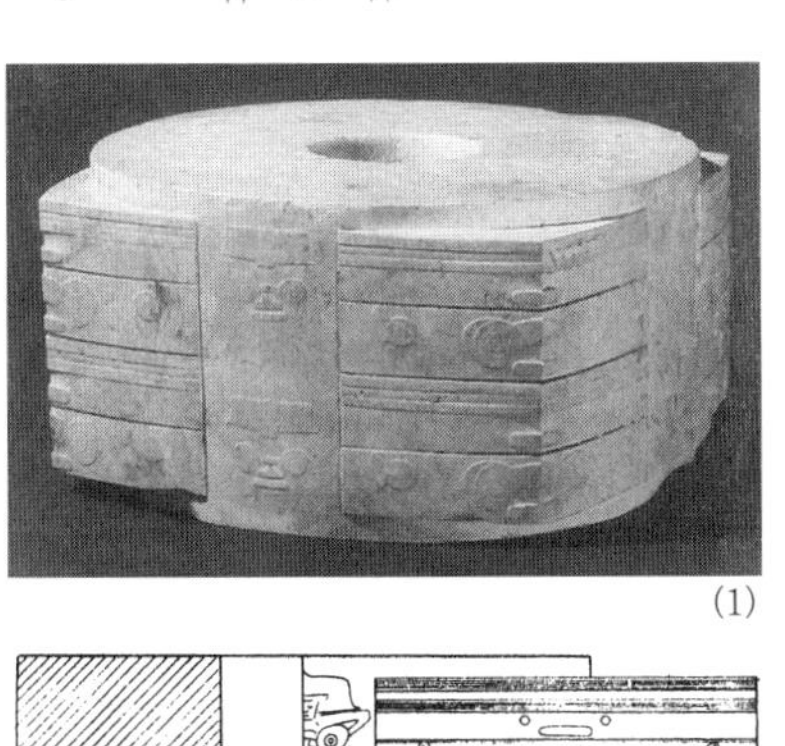

(1)

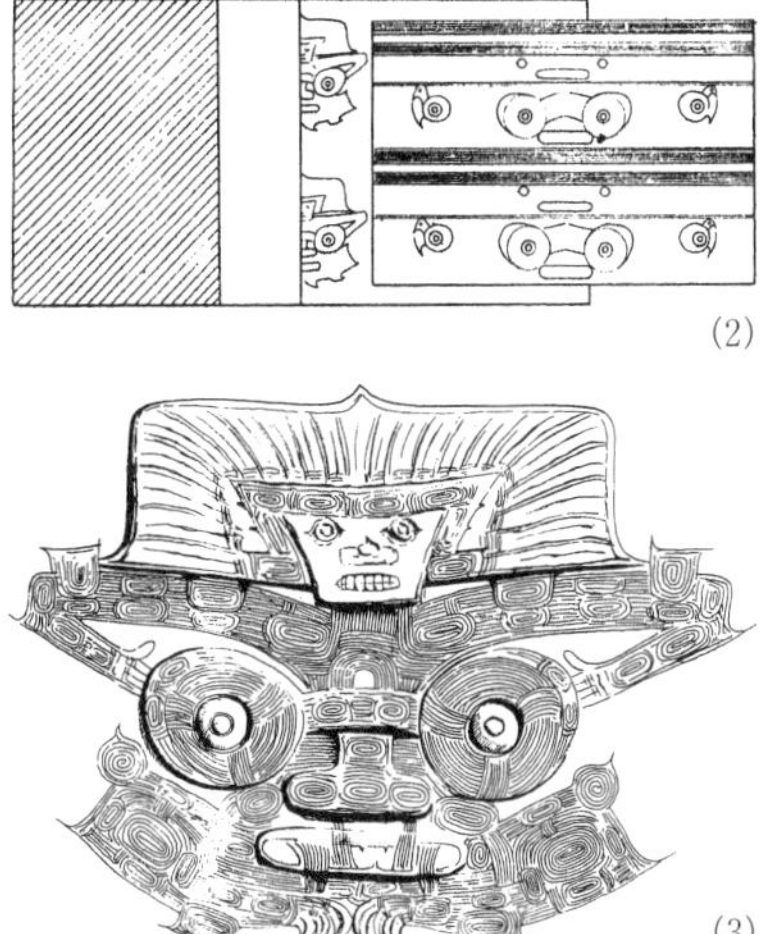

(2)

(3)

図1-8　琮王　良渚文化　余杭反山
(3)図象記号(『文物』1988. 1 より)

が、軟らかい光沢が好まれたようである。今は新疆省などで採れたものが主として使われているが、昔は近くで採れるものを使用した。

一九八六年杭州の西北二五kmの反山という小山で良渚文化の墓群が発掘され、そこの一二号墓から大きな玉琮が発見された(図1-8)。辺一七cm強、高九cm弱で、重さ六・五kgあり、琮の王様ということで「琮王」と呼ばれている[3]。琮に顔が彫られる場合、四隅を正面形の鼻筋に合せ、複数の顔が彫られる場合、円い目玉のものと卵形の目のものの重なったものが単位となるか、円い目のものだけが重ねられるかであるが、琮王の場合、前者で、二単位が重ねられている(図1-8(2))。大きな琮の場合、並んだ顔の間に記号が入れられることがある。琮王を見た者は、先ずその大きさに驚かされるが、次に顔の間の記号(図1-8(3))に驚かされる。毛よりも細い線で彫られているが、玉のような硬い材料に、何を使って微細な加工をしたのか。旧中国では玉に小さい孔を穿ったり、文字を刻んだりするには鑽石というものが使われた[4]。工業用ダイアモンドである。工業用ダイアモンドは中国でも山東省その他から採れる。鑽にする場合、現代、砕いて鉄に挟み込むというが、ダイアモンドはダイアモンド形の結晶のままでも十分尖っていて使いものになる。

彫る技術はさておき、問題は図1-8(3)に何が彫ってあるか、である。見易いように図(3)には拡大の写しを掲げた。これがどういう構成になっているか見てゆこう。上に逆梯形の頭をもった神が立ち、大きな冠をかぶり、肱を張って手を下の大きな目玉に当てている。目は円い目であるが、白目は円の両側に尖りを附けた形に簡略化されている。歯の並ぶ口と幅広い鼻がある。よく見ると冠の筋の根方に二重の括弧形が入っていて、図1-23の鳥の翼の端の形を成していて、これは鳥の長羽を象ったものであることがわかる。羽根であるから少ししなっている。

この羽冠の神の胴は下の大きな目の神の鼻筋へと続いてゆく。下の神は大きな目を持ち、両目をつなぐ眼鏡の橋のようなものがあり、その下が幅広い鼻で、下に幅の広い口があり、上下から長い牙が生えている。顔の下には顔から生えて折り曲げられた肢があり、先端に猛禽のような爪の生えた両足先が、口の下に見える。

ここで見たように、上半は逆梯形の頭を持った人間形の神（図1-9にも見える）、大きな目から下は猛禽の爪を持った怪人（図1-10に居る）と二体であるが、上の神は下の頭につながり、一体のごとくである。これはどういうことか。両者の関係について実に様々のことが言われているが[5]、先ず上下の神が何を表わしたものか、しっかり認識せねばならない。

結論を先に言えば、下の大きい目は太陽の目であり、これは太陽の神である。上の白目のある目の神は火神である。火神であると共に太陽の暑熱の神であった。この二体は別々のものでなく、熱気という点で一つの太陽神に合体しうる。

両つの神は図1-9、10に示したごとく、独立して一柱の神であった。琮王の図像記号は太陽神と火神が一体となったもので、良渚地方の統一者の記号たるにふさわしいものであった。

図1-9　玉製逆梯形器　良渚文化　余杭反山(『文物』1988.1より)

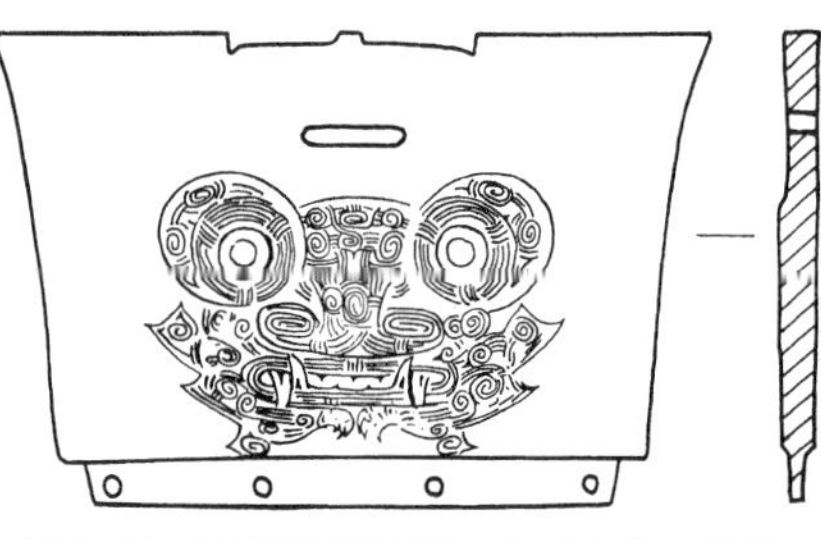

図1-10　玉製逆梯形器　良渚文化　余杭反山(『文物』1988.1より)

太陽神と火神の証明には少し迂遠な路によらねばならない。中国には先史時代から漢頃まで、色々なものに応用される、何等かの意味を荷った記号があった。以前に論文を書いた折に例を挙げたが(6)、両端が内に丸まったV字形(図1-11(1)乃至C字形(図1-11(2)の渦紋(両者の区別の難しいものもある)がその一つである。V字形双鉤形、C字形双鉤形と呼んだ。沢山あるが図1-12に漢頃の瓦当を引いた。殷周の青銅器動物紋の鼻に着けられることが多いが、その他、飛んでもない所に使われることもある。図1-11(1)(2)に若干例を示したごとくであろ。動物の図像の場合、鼻の形を写したものではな

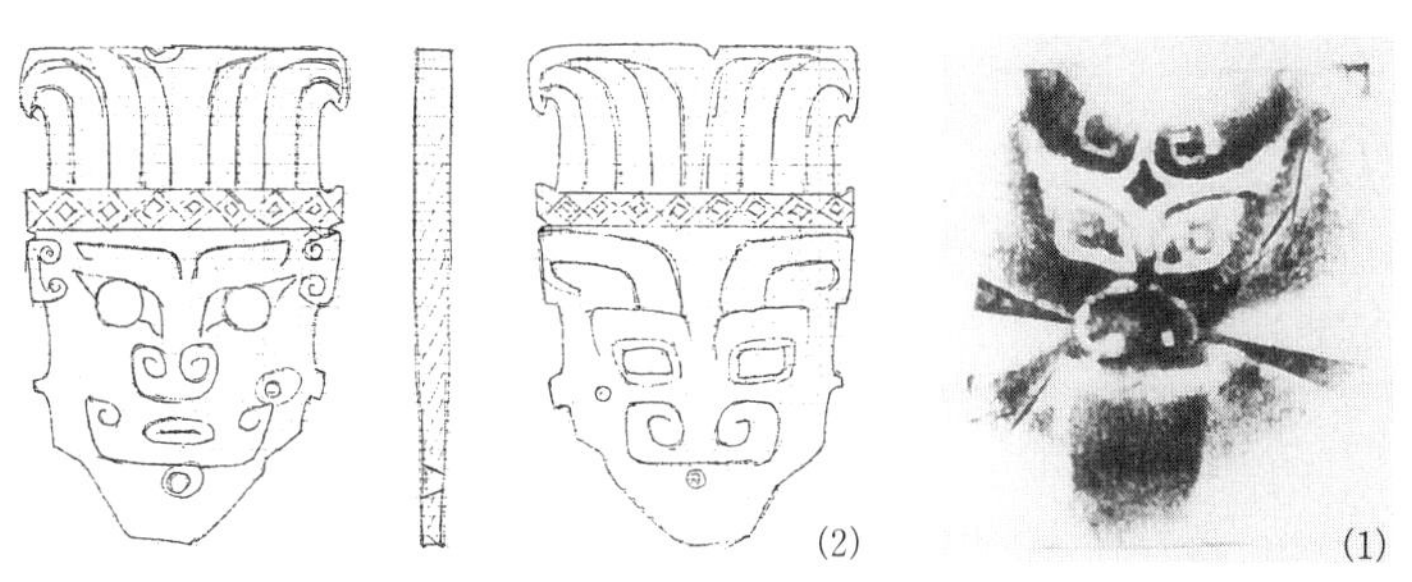

図1-11　鼻の表現　(1)水牛形犠首　殷後期　斝　(2)玉神面　殷後期　佩
(京大人文研考古資料より)

図1-12　瓦当　戦国～漢(106より)

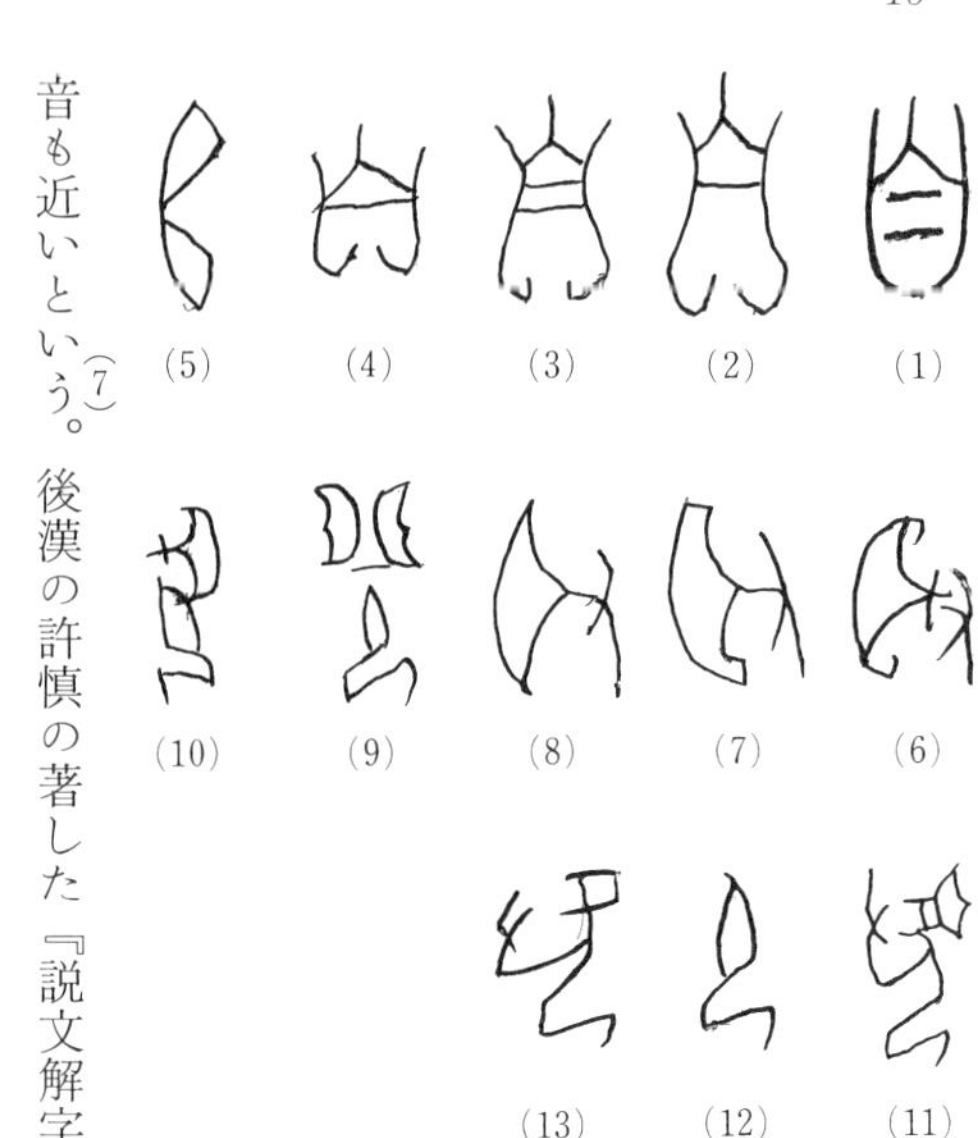

表1-1　篆文「自」と甲骨文「𠂤」「耳」関係字

く、「ここが鼻」という印（しるし）のようなもの、といえよう。地図でここに温泉がある、神社がある、ということで、♨、⛩が入れられるごとく。

この形は殷墟甲骨文字（占いに使った獣骨や亀甲に刻まれた記録の文字。最古の漢字）にあり、表1-1(5)の如く書かれる。線が両端で角張っているのは、彫刻刀で彫るのに便なためである。この字は「師」と読むのが妥当である。師は自と同じ母音の字で、子音も近いという。(7) 後漢の許慎の著した『説文解字』の自部を見ると、

自（表1-1(1)）は鼻なり、鼻の形を象る、

と言う。『説文』の自字（表1-1(1)）は甲骨文の自字（同表(2)〜(4)）と同じでなく、現在手にしうる図像資料で許慎のいうことは証明されていないが、(8)「自」字と音が通じる「𠂤」字形（表1-1(5)）はここが鼻だという印として図像に使われているのである。図1-11(2)の人面はよいとして、図1-11(1)の水牛などは適切とはいえない。

龍山文化から殷の図像(図1-13〜15)の耳も「耳」字形である。表1-1(6)〜(8)の甲骨文字「取」から「又」をとり去った形は「耳」に違いない。弧形は耳の後側を象り、その両端から出る二つの曲線の合さった点、ないしそこに線分の加わった所は耳のすぐ前方にある耳珠に合致する。

鼻の表現と同様、この「耳」の字を使って人間や動物の耳が表現された(図1-13、14)。それはよいが、鼻の場合と同様、その方向については無関心だった。図1-13では、耳輪を伴った耳は方向が反対になり、耳珠が外側にある。甲骨文字でも同様、表1-1(9)から(11)では下部の(12)(13)形は人が正坐して膝に手を置いた形ないし人が顔の前に手をあげた形を象るのに、上の耳形はどれも耳の後側が前に

図1-13　玉神面　龍山文化　Art Institute of Chicago. Edward and Louise B. Sonnenshein Collection

図1-14　人間形鬼神　卣　殷後期　Musée Cernuschi

図1-15　石虎　安陽后家荘　殷後期（106より）

(1)

(3)

(2)

(5)

(4)

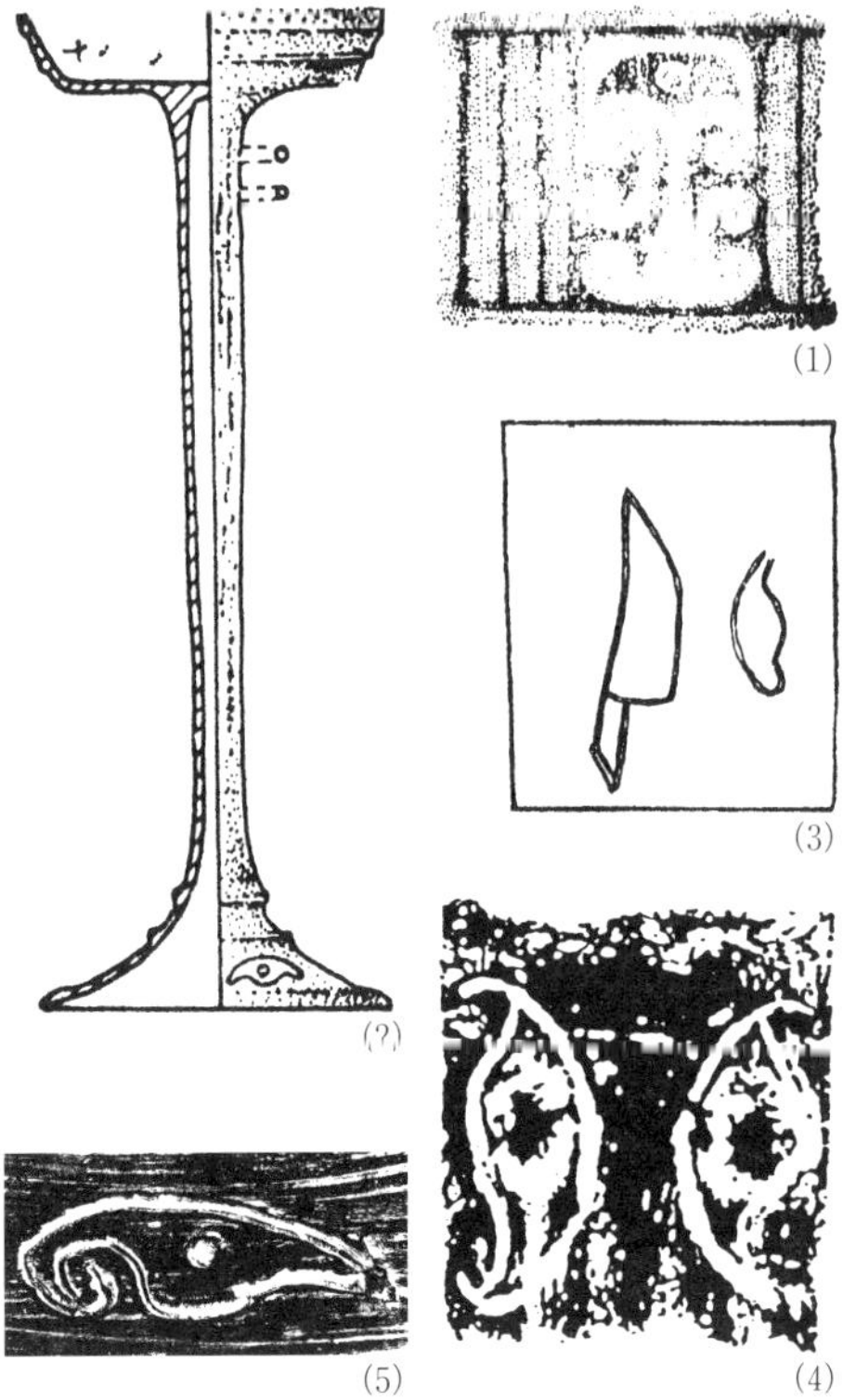

図1-16　目紋　(1)土器　夏家店下層　(2)陶豆　広漢三星堆第二期　二里頭初期平行(119より)　(3)土器　殷　(4)土器　偃師二里頭　二里頭1期　(5)土器　偃師二里頭　二里頭2期(113より)

来、全部反対に書かれている。馴れてしまえばどうでもよいようなものだが、始めは気になる。

同様、割とよく使われるものに目尻と目頭の下がった目の表現がある。フクロウやミミズクの目に使われるのが目立った用法である。イヌワシの目も同じ形である。フクロウやミミズクは夜でもよく利く。夜でなくとも、イヌワシのように遥か下方の小動物を目ざとく見附ける、このような鋭い目がこの形で表わされたことは確かであろう。他にどういう種類の象徴であったのか確かでないものに使わ

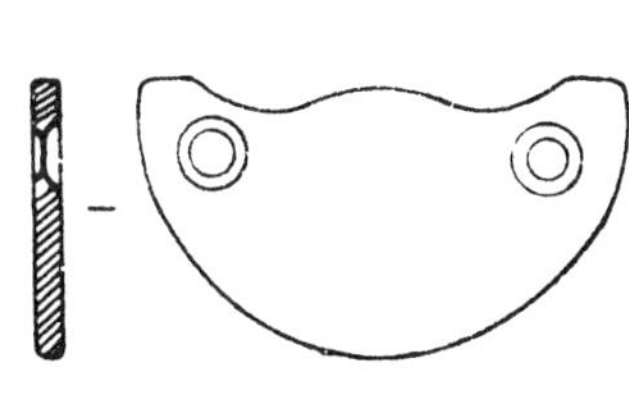

図1-17　玉佩　新沂花庁村
良渚文化（113より）

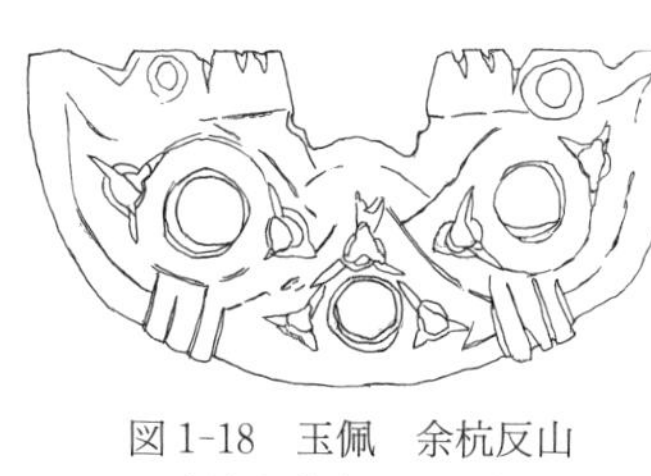

図1-18　玉佩　余杭反山
良渚文化（113より）

れる例が沢山あるが（図1-16(1)〜(5)）。

この形は図1-16(1)〜(3)のごとく何か人間や動物の目とは解しえない、何かの符号らしい用法もある。図1-17も新沂花庁村の良渚文化の出土の玉璜（弧形のペンダント）であるが、全形がこの形に象られている。

図1-18は良渚反山の出土品である。同形で上辺に二つ、吊すための孔があって、孔の上辺が磨滅していてここに紐を通し、璜として使われたことは疑いない。この器には目尻と目頭が下った目が一対刻されている。吊す孔からみて図に示したような方向で使われたことは疑いないが、そうすると目の方向が逆さになる。さきに見たごとく、鼻、耳が逆方向に使われていることから見て、これも目は逆になっても良かったと思われる。この器にこの形の目を二つ納めるとなると、この方が納まりがよい。この遺物は、この墓地から出土した琮など神面を刻したものと比べてみると細工が粗く、年代の遡ることが想像される。

図1-19は瑶山の墓地から出土した笄の飾りである。下端の枘に足をつぎたして笄（こうがい）として使われたものである。断面四角の各面に神面を半分ずつ刻んでいる。図1-18で日玉の斜め上、下に小さい円孔から三方に向って

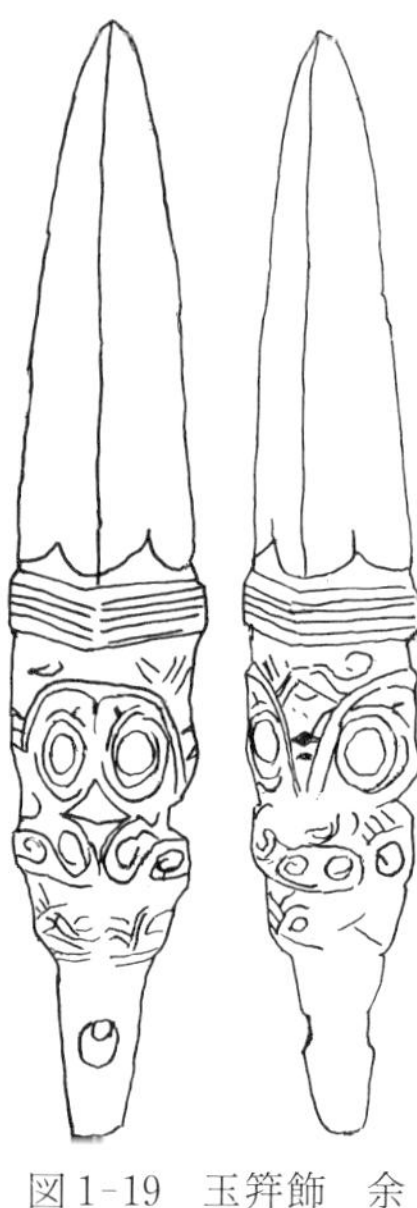

図1-19　玉笄飾　余杭瑶山　良渚文化（113より）

彫り拡げた孔があるのは、白目を透し彫にしようとして作った孔であるが、これが図1-19で亠（なべぶた）形の刻紋になって目玉の外側に残存している。図1-19右の場合、内側の透しに対応する刻紋はないが、図1-19左の方をみると、裏側の神面と目尻の所が合さっているが、上向の目の目尻の尖りはなくなって上向きに出張っているだけである。以上に見たのが、図1-7、8に見るような卵形の目の誕生である。すなわち、図1-18のような、目尻と目頭が上った目から図1-7、8のようないびつな卵形の目が生れたのである。

このような目は何を表わしたものか。日である。この目をもった神面は図1-8(2)のように、その両側にこの種の目と同じものに鳥の首の着いたものを伴うものが間々ある（図1-20）。この鳥頭の着いたものの身体はこの神面の目と同じもので、それに鳥のような首と何か不定形のものが加わったものである（図1-20、21）。この神面の両側の鳥頭のついたものを見てすぐ気がつくことは、これは幻日を原形としたものだ、ということである。図1-2をもう一度見てほしい。日が中央にあって、その両脇に小規模な光点があり、外にむかって鳥の嘴のように光芒が出ているではないか。これは幻日である。幻日を伴うからには、幻日を伴う主は太陽である。図1-21では卵形の目の神にこの幻日が伴うのはよいが、上に重なった円い目の神にも同じ幻日が伴っているのはどういうことか。この神はすぐ後に記すように、太陽の暑熱の神である。少し違うとはいえ、同じ太陽神の一種であるから、幻日を伴っておかしい、とまでは言えないだろう。下の卵形の目の太陽の神だけに幻日を画いて上を空けておくのも如何、というので上にも画かれたのだろう。

フクロウやイヌワシの鋭い目が表わされていたのは、世界中を明るく照らす強い力をもった太陽神と同じ目であったのである。

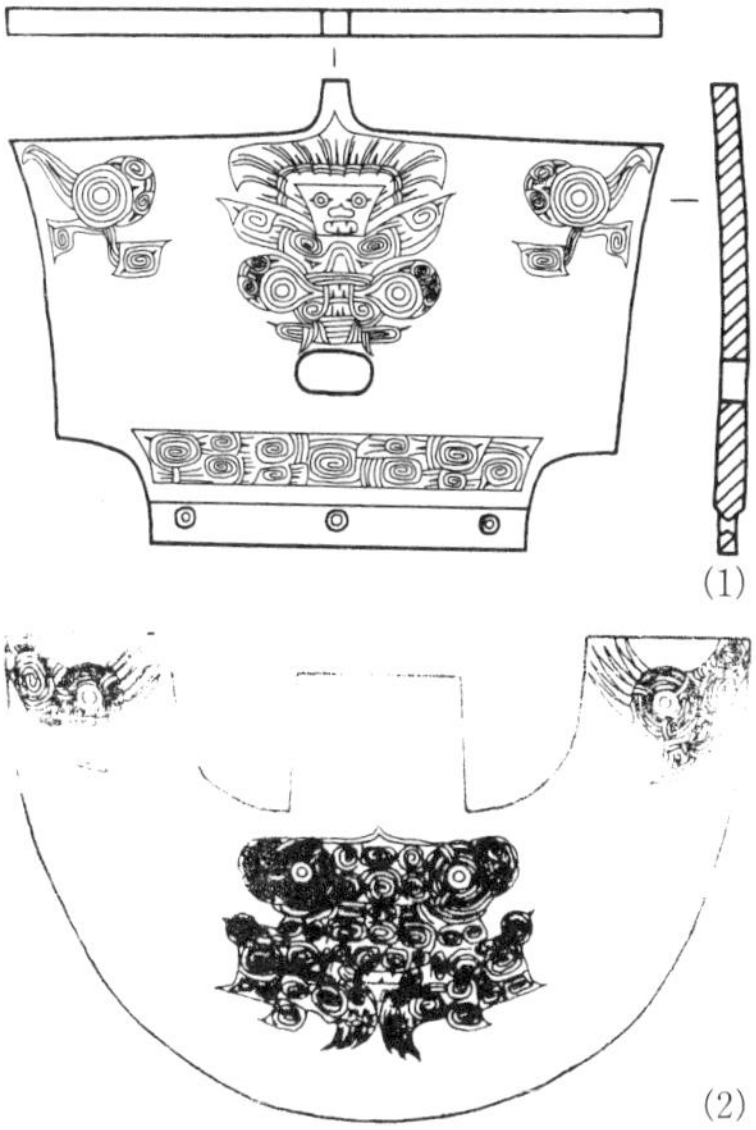

(1)

(2)

図1-20　(1)玉製逆梯形器　(2)山字形器　余杭瑶山,反山　良渚文化(『文物』1988.1より)

図1-21　琮　上海福泉山(『上海博物館集刊』4, 165頁より)

図1-22　玉鳥　龍山文化　天津市藝術博物館(筆者図)

然らば図1-8(3)の図像記号で、これと一体であるかのごとく表現されている、もう一体の円い目を持った神は何者か。これは主作物の稲の実りに欠かすことの出来ない暑熱の神、火の神に違いない、とは想像に難くないが、証拠がなかなか見附からなかった。この度、間接的ではあるが証拠を見附けたと思うのでそれを記そう。

図1-22は天津市藝術博物館蔵の玉製品である、厚さ四㎜の灰色の玉片から切りとったもので、上に大きく正面形のイヌワシを切り出し、下に亭の形を作っている。上にいるイヌワシは次に記すように龍山―石家河文化に多いもので、これを見ただけで時代が大体わかる。輪廓線に沿って少し厚くし、裏は素紋である。下の小口に台にとりつけて固定させるための小孔がある。鳥は翼の先と尾で下部につながる。嘴を横に向け、爪を開いた足は宙に浮いている。よく見る姿勢である。足と尾の下は大きな葉状のものの上に載った亭形で、反り上った屋根の下は円い双眼のある顔になっていて、その下に

更に対蹠形に簡略な亭形が二つ（中間のものは逆さ）透し彫されている。

上に立つのは後に記すように、春の到来を告げる天体、朱鳥であるが、下の亭形は何であろうか。朱鳥が亭形で象徴される部族に勝った、戦勝記念というのでもあろうか。否である。朱鳥は静かに立ち、その爪は空に浮いているし、武器も持っていない。これは征服者の姿とは異なる。両者は平和な関係にあり、下のものは危なっかしい恰好の鳥を支えている。朱鳥は火を使用する職業の者の神で、その天体の真南の空への出現とその消失は、火を使用する職業の開始と停止を象徴する、火の神である（第三章参照）。円い目を持った亭形で象徴される者も似たような役割を持つ者と想像してよいだろう。大体その見当とすると、下の円い目玉の入った亭も火の神、ということが想像される。龍山文化で目玉の入った亭形というものは他にないが、亭の形だけで火の神だということは目玉がなくても当然のことと知られていたのか。

後者ではないかということが考えられる理由がある。それは亭の形の両側に向って出て反りかえった軒の形である。反宇飛檐(9)と呼ばれた漢頃から出てきた建築の装飾的な屋根の形である。龍山文化の昔にこれがあったとは思われないから、その形は図1-8(3)、9の神像の羽冠の形から出自したと考えた方がよい。この神が暑熱の神と知られれば、その羽冠は羽根の先を火炎形に見たてて、日の火炎（図1-1、2の日の上端接弧、パリー弧の形）にしたと想像される。図1-2を見て思い出されるのは、大汶口文化のやや横長の日と内側の弧の二つになった三日月形の記号である（図1-24）。この記号の内

図 1-23　玉鳥　良渚文化　出光美術館（同美術館写真）

図 1-24　図象記号　大紋口文化（39 図 94, 2 より）

側の弧が二つになった形につき、想像によって山を象るとか火を象るなど勝手なことが言われているが、この形は日の暈の上端接弧・パリー弧を象ったもので火炎を表わす、と言うべきである。

こう見ると龍山文化の朱鳥と火炎形（亭形）の結びつきは良渚文化、大汶口文化の太陽と火の結びつきの一環ということになる。考えてみれば光明の源泉である太陽と、暑熱の源泉である太陽は一つのもので、象徴する内容が岐れたに過ぎないからである。良渚文化で軟玉製の翼を拡げた鳥の像は時々あるが、中に太陽を表わす卵形の大きな目と、暑熱の神の円い小さい目を兼ね具えたものがある

（図1-23）。良渚文化で軟玉の鳥は僅かしかないが、多くは朽って失われる物質で作ったと思われる。
次に図1-23の玉鳥の翼をよく見て戴きたい。下辺に二本線を域にして並んでいるのは風切羽根に違いないが、一枚一枚の羽根には細線で刻された平行する括弧形の下に、二つの斜辺の光が合さって細い線に化した細い二等辺三角が一つずつ入っている。図1-19では顔の上方に細い平行線が並び、上に斜辺が内反りになった低い二等辺三角形がある。鳥の一枚一枚の羽根に並んで入れられた平行する括弧形の曲りが少なくなってゆけば図1-19の細い平行線に変ったことは疑いない。図1-19の面の上に立つのは鳥の羽根と知られた。図1-8では、顔は上が細かい平行線で終っていたが、それでは顔として不完全で、上には更に図1-19のごとき鳥の羽毛が立っていなければ完全ではなかったのである。

図1-19の遺物であるが、この玉器は普通錐形器と呼ばれている。実物を見た限り、下端の枘は仕上げの磨きがかけられていず、何かに挿して見えなくなることが期待されている。図1-25の新沂花庁村の良渚文化の富裕な墓では、副葬者の頭上にこれが出土した様が知られる。写真をみると、尖りを上に向けて出土し、根本に足との接続部を保護する玉管が出ている（出土図では描き落される）。この種の遺物が枘に足をつけ、頭上の髻に挿して使用したことが知られる。莒県陵陽河の大汶口文化M12から小さい玉製品が同じく枘を下に向けて死者の頭上から発見されている[10]（図1-26の13）。良渚反山遺蹟の報告で発掘者は、尖端は多く上方を指し、これで羽冠の羽毛を象徴している如くである、という[11]。

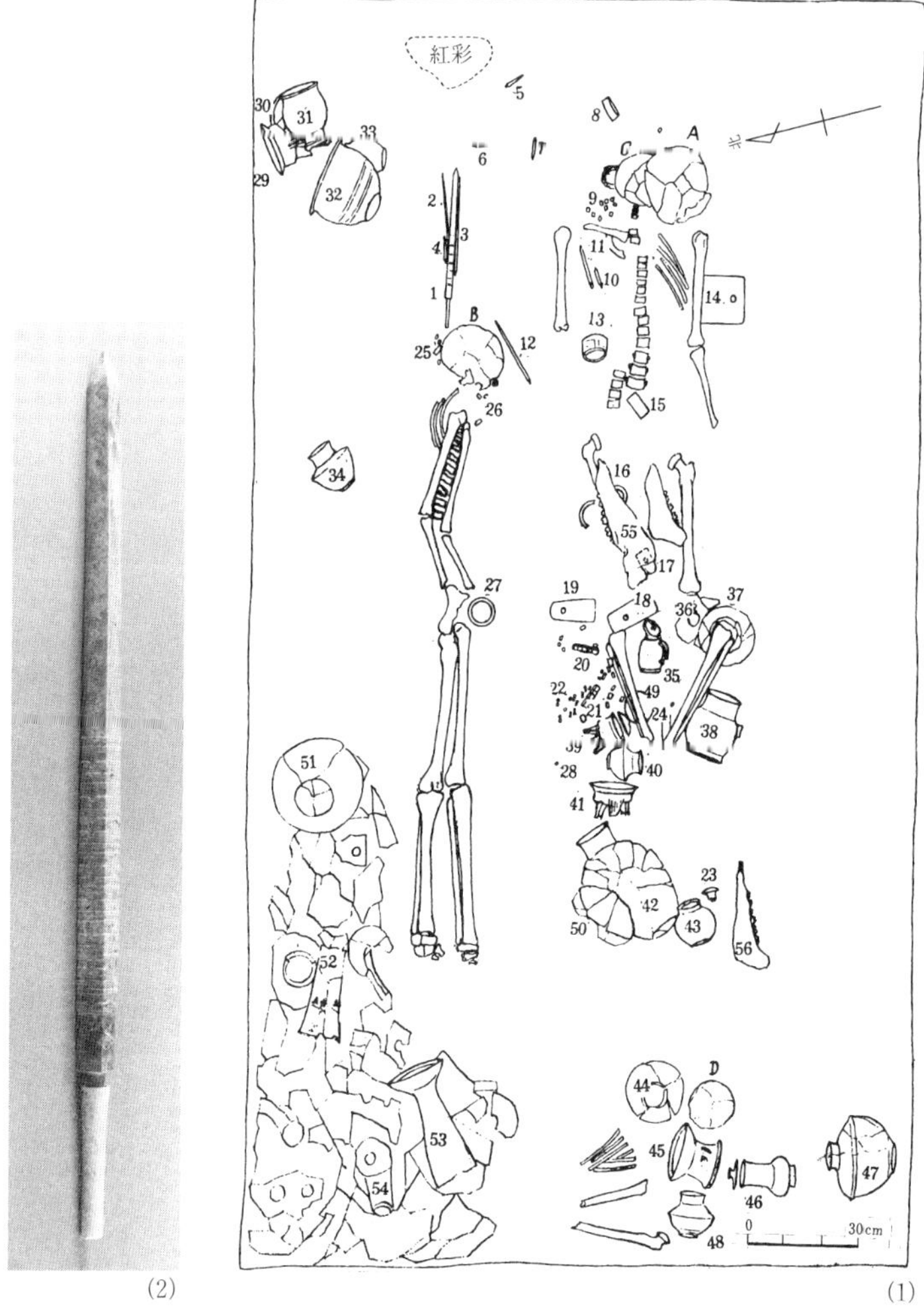

(2)　(1)

図 1-25　(1)玉斧飾及び出土図　新沂花庁村(『文物』1990.2 より)
(2)琮形錐状器(『文物』1990.2 より)

図1-26　玉笄飾及び出土図　莒県陵陽河(『史前研究』1987.3より)

たしかにそうと思われる。太陽神の彫られた笄を頭上に挿しているのは、自らを太陽神に比そうとするものと察せられる。太陽光線を象徴した笄を着用した矜持高き良渚文化の首長達と同様、この文化の玉琮には太陽光を象徴する羽毛、乃至それに代るべきものが建てられ、太陽そのものとして崇められたに違いない。

『春秋公羊伝（くようでん）』という本をみると、荘公二十五年の条に、

六月辛未 朔（ついたち）の日に日食があった。社で太鼓をたたき犠牲を殺した。日食は終った。鼓をたたき、犠牲を社に用いたのは、陰に求める道である。赤い糸を社にめぐらせたのは、或る人のいうのに、脅したのだ。或る人のいうのに、闇になるので、人が社を犯しはしないかと恐れた。故に糸をめぐらせたのだ。

と書いてある。時代ははっきりしないが、前千年紀末頃の言い伝えである。出石誠彦[12]は「日食のかやうな場合に鼓を打つのは蝕された日に活気づけ、精気を加へることによつて常態に復せしめようとする原始心理に由来があるに相違なく」と言うが、それはそうとして、その行事が何故社で行われるのかわからない。日食があったのは遥か天上の出来事である。日神は社にいる、という時代があったに相違ない。琮と上の羽根で作った偶像として日神が目の前にあった時代であれば、犠牲を捧げたり赤い糸をめぐらせたり、その前でやればよいのである。『公羊伝』に書いてあることは時が去り、人が替って昔のことが皆目わからなくなり、形骸化した行事だけが残存していた時代の説明である。私の

してきたのは良渚文化の琮の話、いま引いたのは前千年紀の社の話であるが、琮と社とはつながるのである。その話を次にしよう。

二　琮、社、主

琮というと必ず引用されるのは『周礼（しゅらい）』という本の大宗伯の官は、

青い璧をもつて天を礼し、黄色い琮をもつて地を礼し……

という条である。『周礼』という本は前千年紀の後半頃にできた、周の国の制度を書いたという本で、実際あった制度というより、学者の理想を書いた本である。後二世紀の鄭玄という人がこれに注釈をつけ、

神を礼する者は必ずその類に象る。璧の円は天を象り、琮の八方は地を象る……

と言った。中国の学者は先人の言ったことはよく伝えてゆくが、言わなかったことは考えてもみない。琮というものは使われなくなって久しいので、後二世紀の大学者でもこれくらいしか言えなかったのだろう。私はそういう人達に義理はないから新しいことを考える。

古典に「琮」という器物で何々をすると記されているのだが、まず「琮」という器物はどういう器物と考えられていたかを正確に知っておかなければならない。『周礼』玉人の官に大琮があり、

大琮は十有二寸、厚さは寸、これを内鎮という。宗后はこれを守る。

とある。注に、

　王の鎮圭のごときなり、射はその外の鉏牙(13)なり。

と言う。さきの注に「琮の八方」といい、八角の琮を考え、射というと削られて突出する部分ということで、図2-1のABCの三角形を考えたのである。唐の賈公彦の疏には、

　角を并せてこれを径して一尺二寸となす、射は各二寸を出し、両つあい合わせて四寸なり。

という。図2-1AEが一尺二寸だ、というのである。賈公彦は、またあい対する射ABCとEFGの二つの射の突出する寸法BJとFKは各二寸で、合わせて四寸になるという。相対する突出の寸法を合わせて指定するというのも妙である。またBJは一・八寸弱で、二つ合わせて四寸という指定に一割ほど足りない。

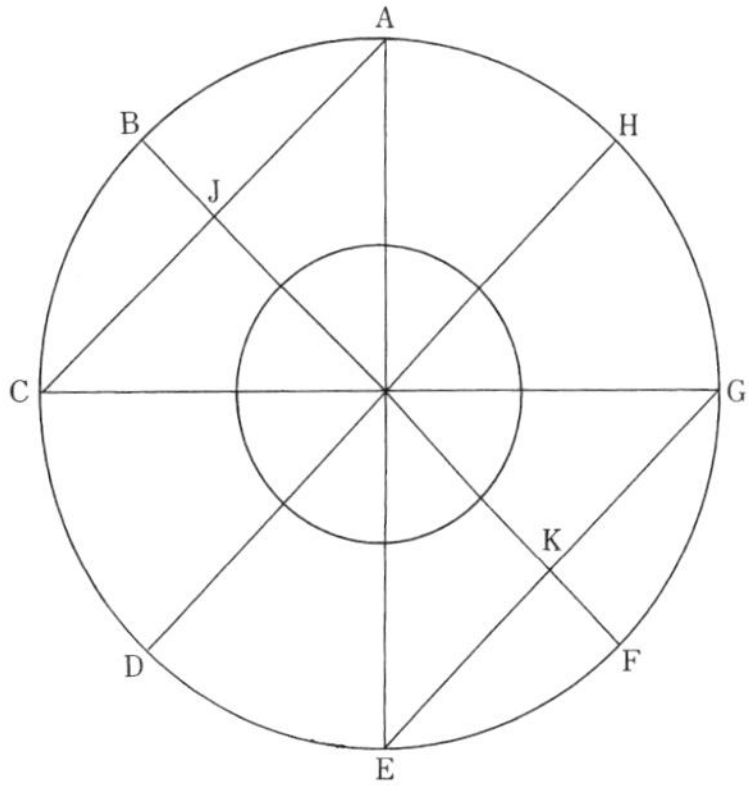

　ここに記される大琮を八角形と考えるから、こういうことになるのではないか。注に「射はその外の鉏牙」という。鉏牙は総て外に向って出るものである。特に「外の」と言うからには、この注釈者の頭にあった器には、外以外の鉏牙があったはずである。一尺二寸の器で厚さが一寸というから、板状の器であるが、車釭（図2-6）

図2-1　『周礼』賈疏の琮の考え方（筆者図）

のように真中に孔があり、鉏牙のついた器というと、図2-2のような器がある。輝県琉璃閣一四〇号墓出土のもので、戦国のものである。四・三×三・九五cm、厚さは一cm。この型式の器についての注釈が前引の鄭玄の注に残っていたとすると、図2-3のようなことになる。一辺は一尺二寸、四辺の刻み込みによって四隅に斜辺四寸の射が作り出される。それに挟まれて各辺に切り残された鉏牙がある。これは内の鉏牙で四隅の射は外の鉏牙である。

この型式の琮は良渚文化に始まる厚味のあるものから、時代が降ると高さの低いものが生れ、戦国前期の図2-4のような中央に筒状の突出のないものに変って行ったのである。このような形は四隅と各辺の鉏牙を含めて簡単には八方と形容されたであろう。その辺で製作の伝統も絶え、戦国中期になると図2-5のような、文字通りの八方形で間に合わされるようになった、というのが大体の趨勢と考えられる。ここに引いた各類を琮と認めることは正当と思われる。

呉大澂はその著『古玉図攷』に長方形の突出を飾った琮（仿製品）をかかげ、当時これが釭頭（人を載せるかごのかつぎ棒の端の飾り）と呼ばれたのを、『説文』に「車釭に似る」と言われた車釭に当て、それを琮とした。清時代のかごのかき棒の頭と漢の車釭（図2-6）とは全く別物である。呉氏の琮についての解釈は他にも駔、八方等誤りが多いが指摘するまでもなかろう。ただし「射」に対する誤解は注意しておく必要がある。「射」を今回琮と呼ばれる器の上下の孔の出口に突出する円筒形に当てているものである。「射」の訓話も注釈も無視した素人考えである。琮のこの部分は殷墟婦好墓の報

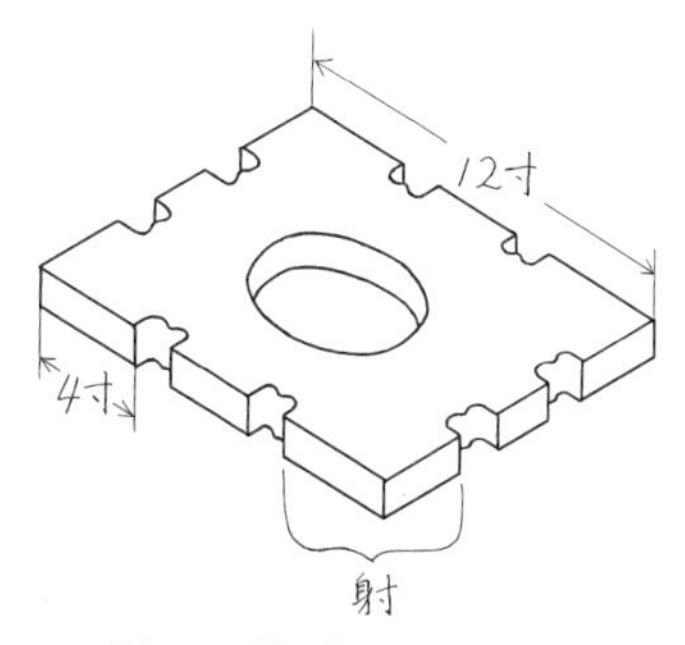

図 2-3 『周礼』玉人に記される大琮(筆者図)

図 2-2 戦国時代の玉琮 輝県琉璃閣(104 より)

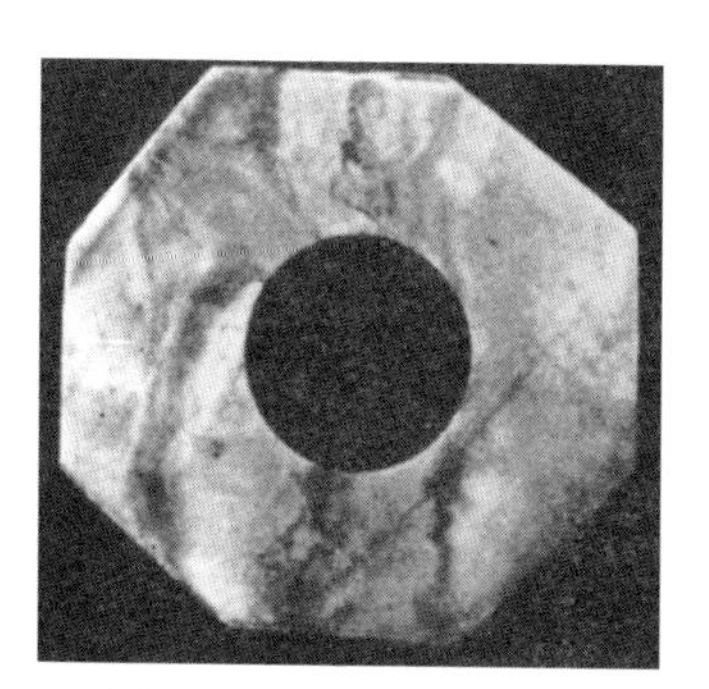

図 2-5 車釭形の石琮 戦国中期 洛陽(104 より)

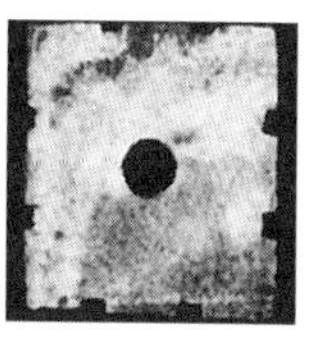
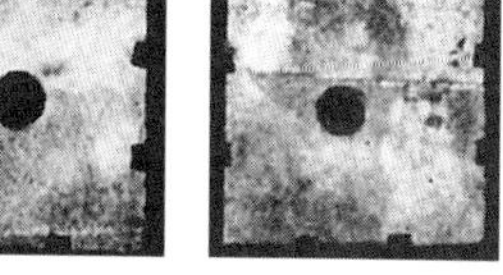

図 2-4 玉琮 汲県山彪鎮 戦国前期(104 より)

図 2-6 鉄車釭 漢 洛陽 (104 より)

告書にも「射」と呼ばれるなど、恐らくこの古い呉大澂の説を無批判に踏襲したものであろう。『周礼』は時代と共にだんだん変化して、薄い板状に作られた物を琮と呼んでいることが知られた。時代を追って次々と古いものに遡ってゆくと、殷周時代の、もっと高さの高い遺物に到達する。このような遺物も恐らく同じ名で呼ばれたことは確かと思われる。

殷周時代の琮と良渚文化の琮の系統関係は現在のところ材料不足でくわしくはたどりえない。龍山文化後期ぐらいに当る陝西省の各省荘第二文化あたりに、横向に刻線が入ったり、円い目の入った丈の高くない琮があり、揚子江流域の玉器の系統を引くものと思われる。[14] 同文化の素紋のマッシヴな類には丈の高いものが多く、[15] これも良渚文化の丈の高い類を思い起させる。殷墟婦好墓からは浮彫の蟬紋と似た紋称の琮が出ているが、この蟬紋と呼ばれる紋様は龍山文化の朱鳥であり、良渚文化で琮に丸い目の火の神の附いていたことを思い起させる。

殷周時代の琮には素紋の丈の低いものが普通だが、中には数少ないものであるが後に引く図2-7、11のようにその時代風の紋様を彫った例があって、琮も形骸化していなかったことが知られる。図2-7は天馬曲村六二一一号墓の出土で、伴出青銅器から西周ⅠAの墓と知られる。

殷時代以後、琮に図像が刻まれていることは珍しい。図2-7にはC字形の角(つの)を持った饕餮が彫られている。この琮に降る神がこの姿の神であったことが良渚文化の琮から類推される。図2-8は殷墟婦好墓出土の玉器であるが、鱗紋の短い大圭のトに饕餮面が作られていて、よく見るとその饕餮は

(1)

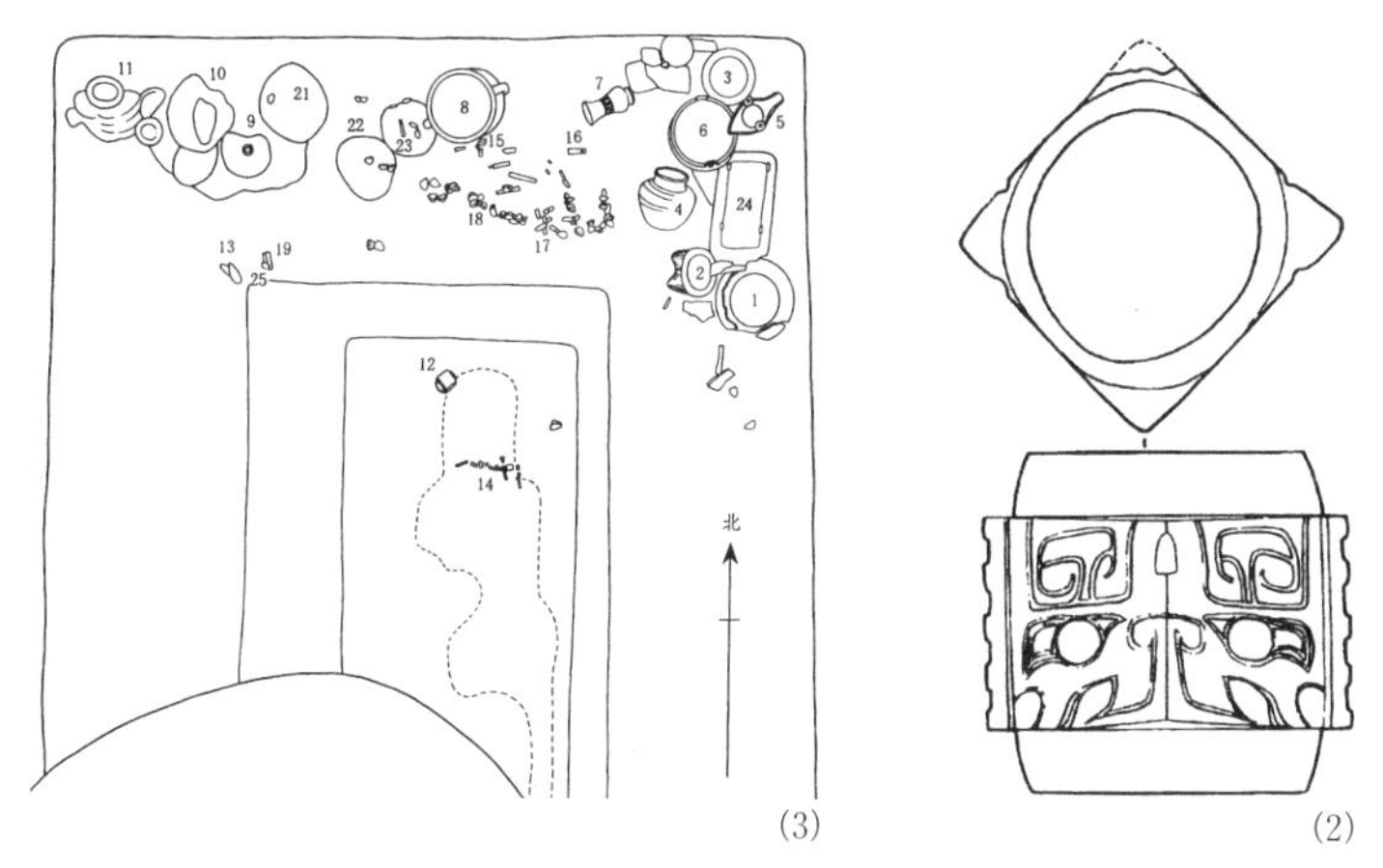

図 2-7　(1)(2)玉琮　西周前期　天馬一曲村 6121 号墓　(3)玉琮出土図
(118 より)

図2‐8　玉大圭　殷後期　安陽殷墟（70より）

図2‐7と同じ角を持っている。大圭は図2‐8の上半に見るように、上に少しくびれのある棒状の玉器で、板状のものも多い。通常、形から柄形器、琴撥等と呼ばれる。普通は下端に図2‐8と異なり、饕餮などが附いていない。大圭の使い方について『周礼』典瑞に、

王は大圭を晋み……もって日に朝す。

と言い、『周礼』玉人の官にその作りについて、

大圭は長さ三尺、上を杼し、終葵の首（頭）なり。

という。後漢の学者、鄭玄は注に、杼は閷するなり、終葵は椎なり、という。閷は削って細くすること、「上を閷し、終葵の頭なり」とは上を削って細くし、頭は椎の形にする、ということで、殷から西周に多い、いわゆる柄形器の形そのままである。夏鼐はこの注釈をどう読んだのか、「みな誤りである」などと言い、「この種の器は小型で、圭のように先が尖っていないから、古人がこれを『大圭』と呼んだはずはない」と言う。[16] 大圭の大は大小の大ではなく、質素なもの、の意であることを知らなかったらしい発言である。『礼記』礼器に、

礼には素をもって貴しとするものあり……大圭は琢せず、大羹は和せず、大路は素にして越席。

とある。[17]

図2-8で下端に象られた神、図2-7(1)、(2)の琮に彫られている同じ神が、日の神か、それと関係のある神かどうか今のところ明らかでないため、『周礼』でこの大圭の用途について「日に朝す」と書いてあることの当否は判断できない。興味深いのは次に引く発掘の証である。前に圭についての論文を書いた時見落していたので追加として引いておくと、図2-9は長安花園村一五号墓で、大圭と並んで琮が被葬者の頭上から出土し、胸上からも出土している。伴出青銅器からみてWCIBの墓である。この地の大圭について報告に次のように記される。[18]

六件あり、みな明器である。鞘のあるものとないもの二つに分けられる。長安花園村一五、二五は鞘のついたもので、形は短剣に似ていて、柄には環状の凸陵が二本廻っている。器身は魚皮の鞘に入っている。鞘の面には魚鱗紋が整然と排列し、鞘の端には小孔を穿ち、形は魚目と似ている。鞘身の四面には各々長くて真直な凹槽が一本通っている。玉質は硬く、色は青黄色。通長一八、幅一・八、厚さは〇・五cmある。鞘のないものは全部で五件ある。

とある。墓の発掘図と遺物を照合すると、鞘の附いていたのは被葬者の胸の上にあった一番長いもので、琮と並んで出土したのは鞘のなかったものである（図2-9(3)）。大圭に魚皮の鞘を伴っていたのは珍しい。『周礼』にこの大圭にだけ晋(さしはさ)む、と書いてあるが、晋むのが携帯の習慣であったことと合

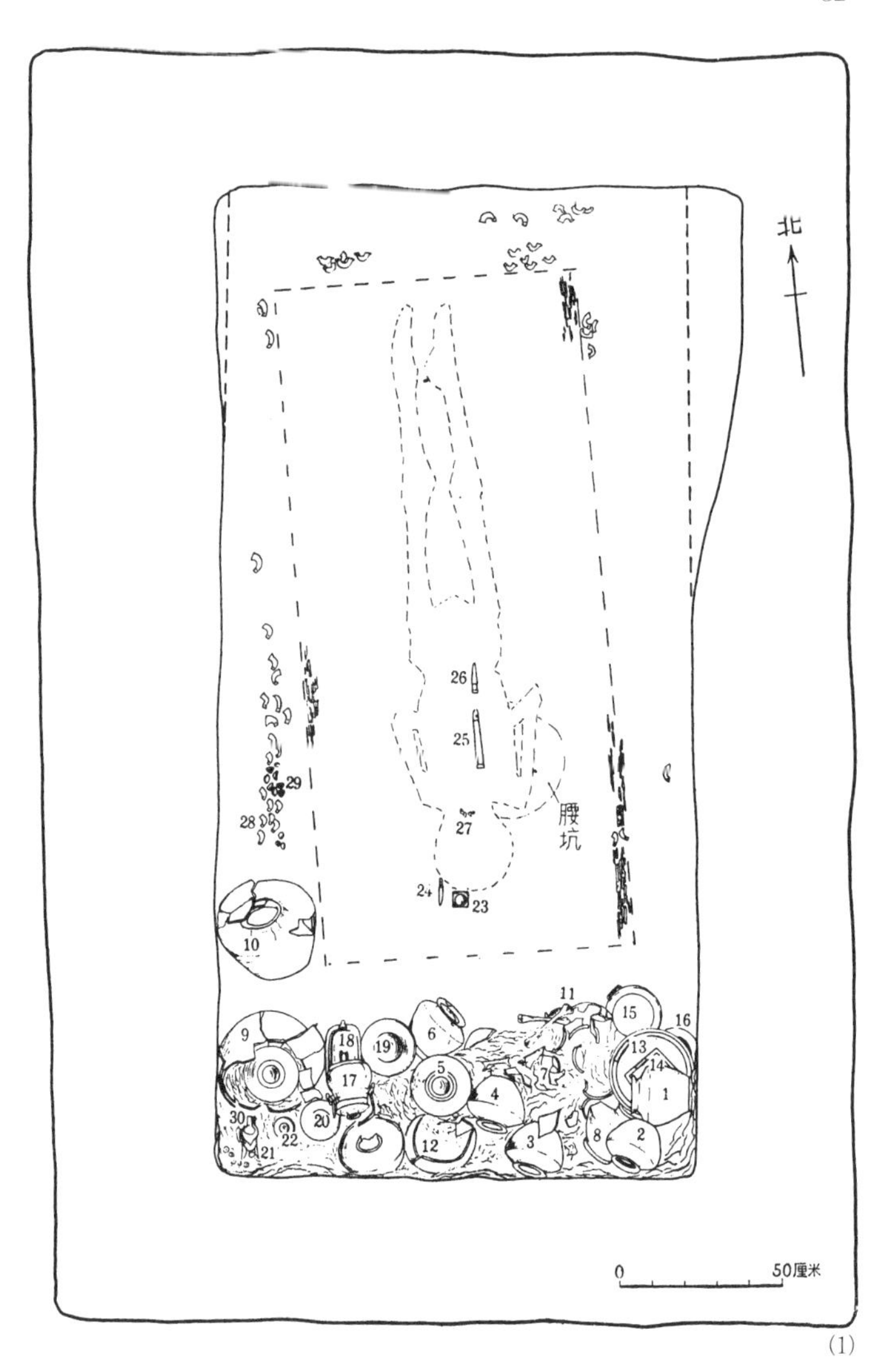

図 2-9(1)　玉琮と玉大圭出土図　西周前期　長安花園村

(3)

(2)

図2-9(2)(3)　玉琮と玉大圭　西周前期　長安花園村(『文物』1986.1より)

致する。西周中期に小玉の飾りを伴うもの（図2-14）の先駆と思われる。

殷以後の琮には図像が刻まれることはあまりない。図2-11は四面に一羽づつ大きく横向の鳥が刻まれ、この琮にこの姿の神が降されたことが推定される点興味深い。この琮の出土したのは擾乱された長安張家坡一八二号墓であるが、この鳥は嘴の附け根あたりから嘴を越して前に冠羽と芋形の冠が垂れる。芋形の冠は嘴の下に下向きに曲っている。これほど強く曲っている例は少いが、図2-10は少し曲った例、図2-12、13は直角近く曲った例である。図2-12は後向に曲っているが図2-13では、図2-11同様、冠羽と共に前向に曲っている。先の円くなった芋形の冠は西周中期から青銅器に多く使われている。私が宝鶏と呼んだものである。[19]また先端の尖ったものも少くない。

この鳥は大圭に彫られることが多い。この器は突き立ててそこに神を降すものである。図2-8に鱗紋のついた大圭が立って下に犠首があるのは、この大圭にこの犠首が降った所と考えられる。

同様にして図2-11の琮に大圭を立てて祭祠すると、この琮に彫られているように鳳凰が降ってくるはずであるが、この時代鳳凰は図2-10、

13

12

10

図2-10　鳥紋玉圭　西周中期　Courtesy of the Arthur M. Sackler Museum, Harvard University, Grenville L. Winthrop Collection（同博物館写真）
図2-12　鳥紋玉圭　西周中期　Courtesy of the Arthur M. Sackler Museum, Harvard University, Grenville L. Winthrop Collection（同博物館写真）
図2-13　鳥紋玉圭　西周中期　出光美術館（筆者写真）

12、13のごとく琮にでなく、大圭の方に彫られることが多かったのである。

西周中期になると、大圭の附属品として小形の玉その他を使った飾りが発見されるようになるが、図2-14には大圭と同様な飾りの小玉が、曲った芋形の玉器の下部に附けられるようになっている。図2-14のものは素紋であるが、普通の大圭のような彫刻が加えられるようになったのが図2-10である。

この鳳凰の芋形の冠は何だろうか。こういうものは自然

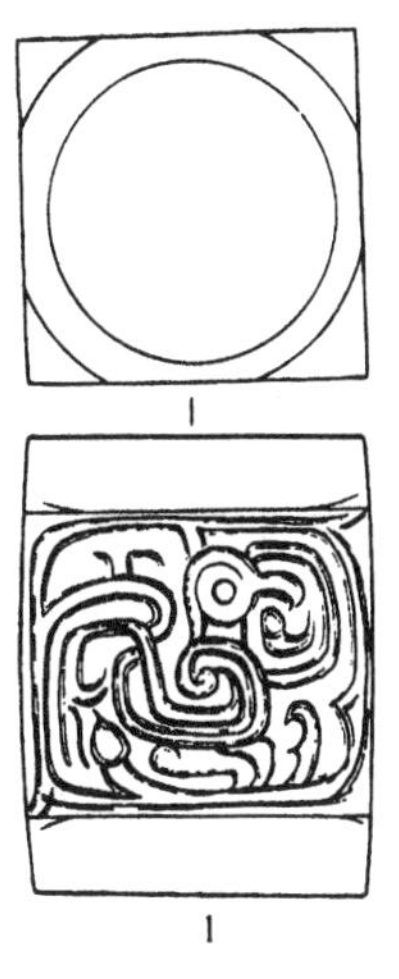

図 2-11　鳥紋玉琮　西周中期　長安張家坡(71 より)

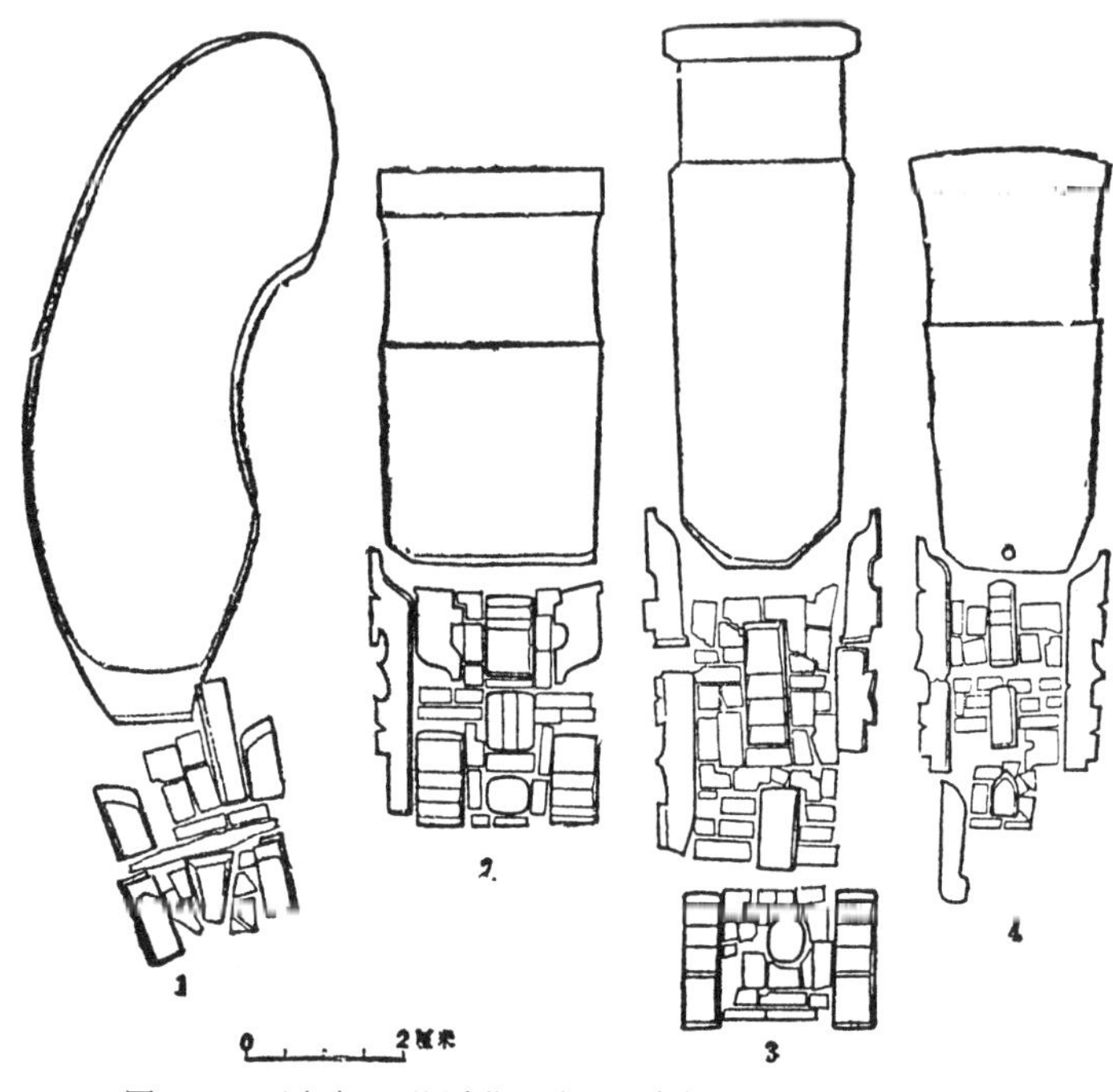

図2-14　玉大圭　西周中期　宝雞茹家荘(145上,図235より)

にいる鳥類や獣類の間には見出すことができないが、と考えていたら、大英博物館蔵の大圭に図2-16のごときものがあった。芋形の角の中に細かい筋が入っている。こういう筋は図6-41のピルスベリ・コレクション中の鼎の足の神像の髪の毛でわかるように、毛髪を表わしたものと思われる。この芋形のものは毛髪を束ねた髦のようなものである。毛髪を束ねて「気」を増強するものだと思われる。毛髪製だから図2-16のように直立するほど堅く作ることもできるし、図2-13のようにぐにゃりと曲る位やわらかいものも出来るわけである。

なお、この鳥形の神は西周時代に流行った神であるが、当時何と呼ばれたものか不明である。天から降ってくる神だから火の鳥、朱鳥と関係があったと想像される。また天上の神だから当然龍の類と親しい関係があったと見え、玉器の刻紋で一緒に見出される。『周礼』にこの大圭を持って「日に朝す」、とあるのもこの関係から言い伝えられたかもしれない。こういう関連について、どういう伝説があったのか知る由もないが。

大圭について少々紙面をとってしまったが、図2-9のように被葬者の頭の上方に琮が副葬された類としては他に河南省の平頂山北滍村の西周末の一号墓[20]、三門峡上村嶺の西周末の二〇一三号墓[21]で同じ所で玉琮が発見されている。

他に大圭、琮の用法と関係があると思われるものに済陽劉台子の出土例がある（図2-15）。出土品の中に「白玉匕」があり、右手に握っていたというが、写真をみると大圭である（図2-15(4)）。また「花玉琮」があり、人骨の左手の拇指のところから出たという[22]（同図(3)）。大変保存のよい墓である。伴出銅器などからみて西周中期のものと知られる。

以上見てきた殷周時代の琮は戦国のものを除き、方柱状ないし方形の厚い板の真中に円孔を穿ったものであることが知られた。この形は漢時代に宗廟の「主」について言われる形に対応する。「主」

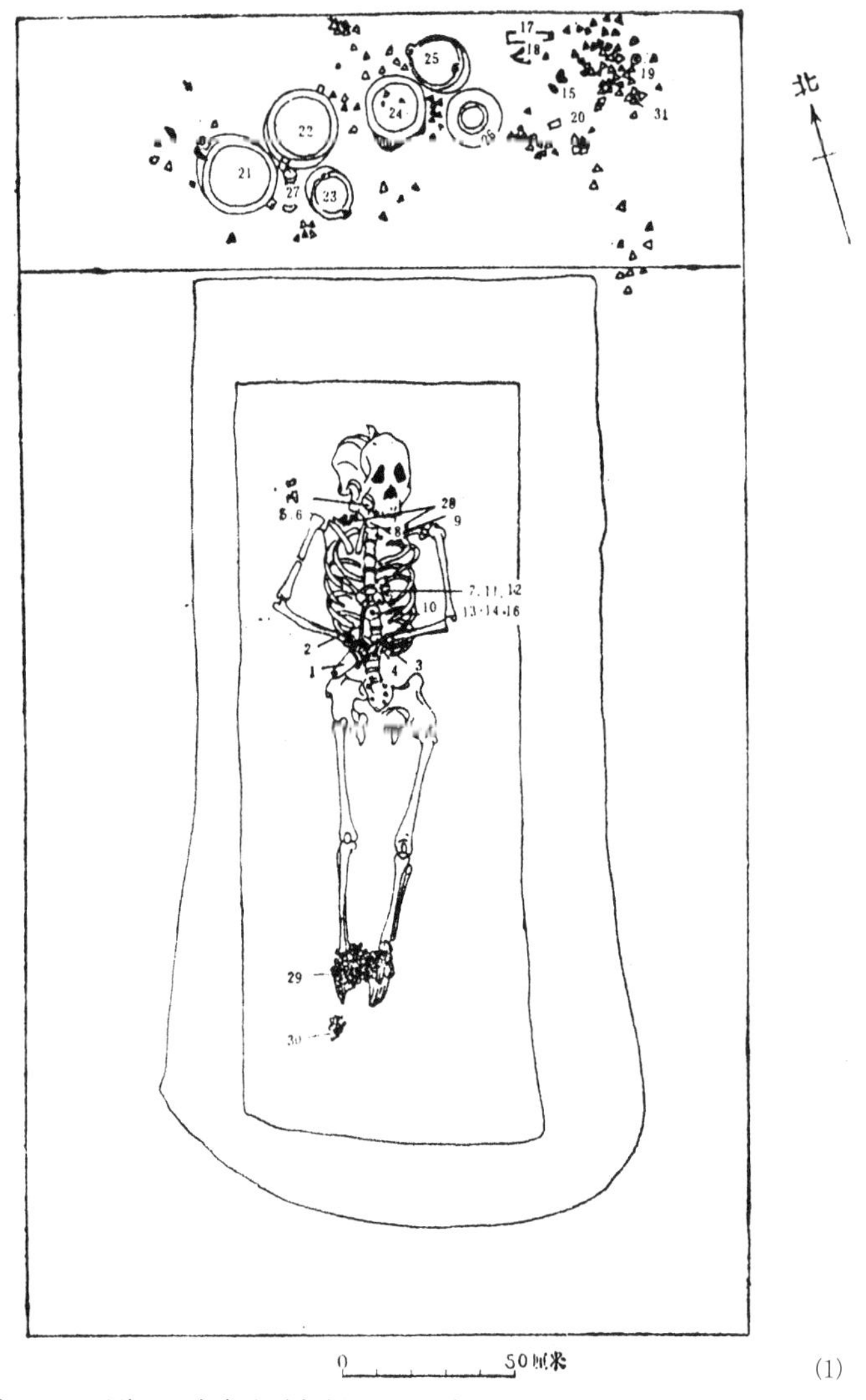

図2-15　玉琮・玉大圭及び出土図　西周中期　済陽劉台子(『文物』1981.9より)

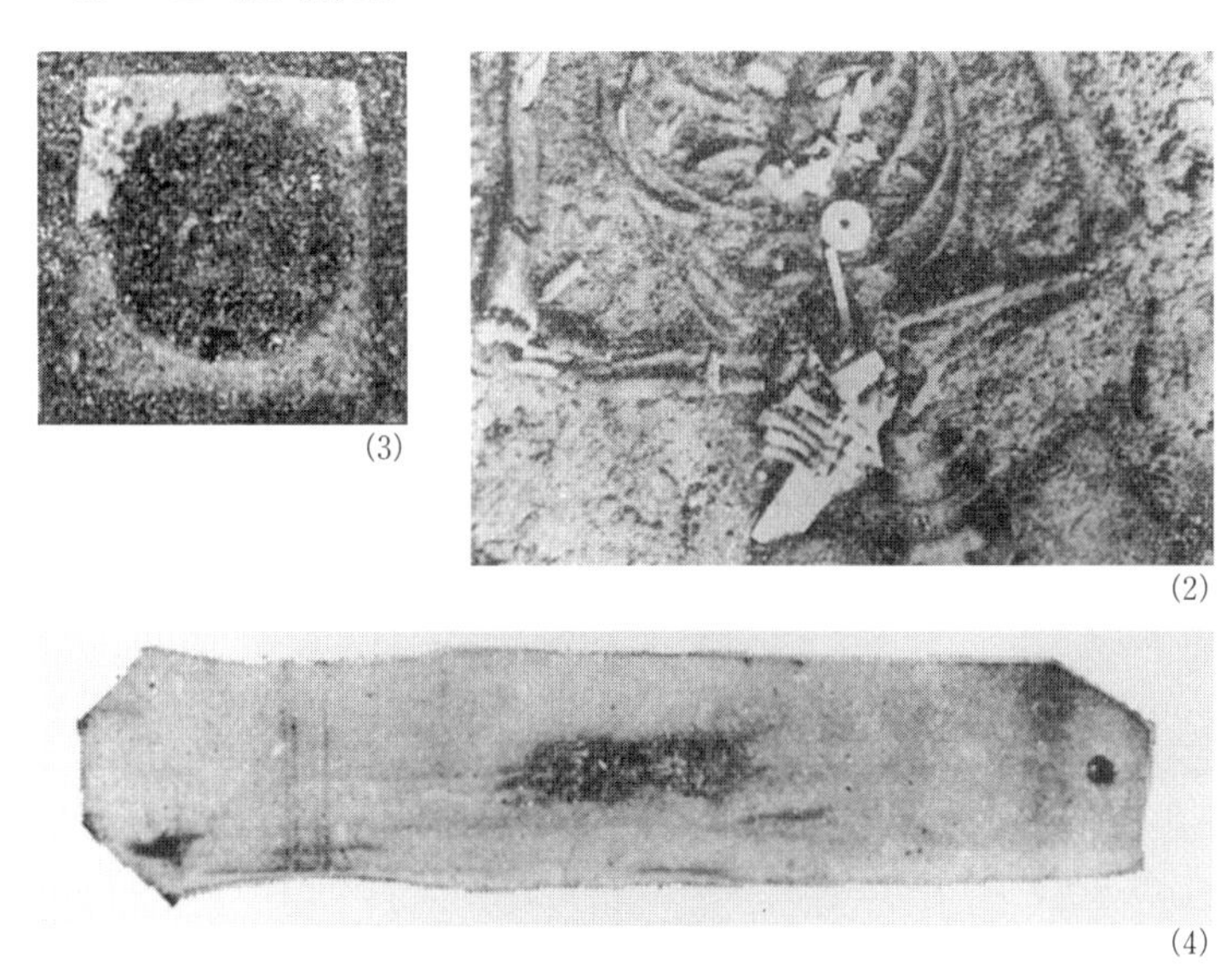

(3)

(2)

(4)

図 2-15(続き)

図 2-16　鳥紋等大圭　Courtesy of the Commitee of British Museum
(同博物館写真)

の形に関する記述としては、後漢時代の経学者の間に伝えられたものが一番古い。例えば『春秋公羊伝』文公二年「丁丑僖公の主を作る……」の条の何休の注である。

主の状は、正方にして中央を穿ち、四方に達するなり。天子は長さ尺三寸、諸侯は長さ一尺。

というものである。また『礼記』曲礼、下「喪を告ぐるに天子登假と曰い、これを廟に措き、之が主を立つるときは帝という」の条の孔穎達の疏に後漢の鄭玄の『五経異義』を引き、

主の状は、正方にして中央を穿ち、四方に達するなり、天子は長さ尺二寸、諸侯は一尺。

とある。大子のものには長さに一寸の違いがあるが、あとは全く同様である。こういう説が後漢の経学者の間に通行していたことが知られる。

これがどのようなものを言わんとしているのか考えてみるに、ここに先ず「正方にして真中に孔が穿けられている」というから、正方形の中央に孔がある、と理解される。また後に「長さ一尺三寸」とか「長さ一尺」という所から、先の正方形の一辺の長さは欠くとしても、細長いもののはずで、全体は正方柱状と考える他ない。正方柱状で正方形の中央に孔が穿けられているとなると、これは長軸方向に孔が穿たれているということになる。こういう器物と言えばこれは琮そのものではないか。琮の形は方柱の長軸沿いに円孔があるが、正確には両方の口には低い円筒形が作り出されたもの、と言うべきである。しかしこれではくだくだしい。それを覚え易いように簡潔に言い表わすとなれば、後漢の学者が口をそろえてくり返しているような表現になる。

さきに引いた漢代の学者の「主」の形についての記述の中に、その形に作ることによって「四方に達する」と出てくるが、これはどうとるべきか。唐人の中には「主」に穿った孔が四方に向って通じている、と取った説があった。『太平御覧』巻五三一に引かれる唐の成伯璵の『礼記外伝』という本に、

天子の廟の主は長さ一尺二寸、諸侯は一尺、四向の孔は午達して相い通ず。

という。すなわち四方に向った孔が十字形に相通じている、というのである。これは前引の漢人の伝える「主」の制に「四方に達す」とあるのを孔についてのことと取ったからに違いない。しかし「正方にして中央を穿つ。四方に達するなり」とあるのに対し、正方形の中央に穿けた孔が四方に達するのだ、というように取ることは始めから無理な話ではなかろうか。ここは当然「四方に達する」とあるのは琮の四方形についてのことだと取るべきである。『周礼』大宗伯の黄琮について、鄭玄が「琮の八方は地を象る」と、すなわち琮の「八方」形をしているのは地を象るのだ、と言っている。漢人の観念で天は円形であるのに対し、地は方形のものであり、琮の八方がこれに対応している、というのである。この「八方」は琮を上から見た形について言っていることは疑いない。しからば、同じ漢代の経学者が主について「四方に達する」と言った時、これが主を上から見た時の形の「正方」「四方」形について解説しているのであることについては何の問題もない所であろう。

「主」につき祖先の祭祀に使うものについて見て来たが、他に社の「主」というものがある。『周

礼』小宗伯に、

若し大師あれば、則ち有司（大祝）を帥いて軍社を立て、（遷廟の）「主」を載せた車を奉じてゆく。

とある。社の「主」は、行く先々で社の前で賞罰の行事を行う必要があるから携行するのだ、とされる。『周礼』春官、肆師に、

凡そ師、甸し、牲を社宗に用うれば則ち位をつくる。

という。鄭玄は注に、

社は軍社、宗は遷主なり。

という。「主」が「宗」の名で呼ばれている。主が琮と同制であるところから来たことは疑いない。祖先の祭祀に使用される琮の中央に通った孔において、祖先の霊が天からでも地中からでも出て来てそこに宿れるようにそう作られている、と解されるが、社も天地の気を通ずるものとされ、亡国の社はその上下に遮蔽を作って天地と通ずるのを禁ぜられるもの、といわれる。『公羊伝』哀公四年の条に、

六月辛丑の日に蒲社に火災があった。蒲社とは何か。亡国の社である。社は盛り土である。それに火災があったとはどういうことだ。亡国の社は上に屋根をかけ、上をおおって下に木の小枝が敷いてある（それが燃えたのだ）。

というごとくである。

『礼記』郊特牲に、社は天地の気の通う所だというが、実際にはもっと具体的に、社は天の神の地上における出張所的なものと考えられていたのである。前章に引いた『春秋公羊伝』荘公二十五年の条に、日食になると社で鼓を打って牲を用い、社に赤い糸をめぐらせる行事が記される。社で行う行事の効力が即時天上の太陽に現れるのでなければ、日食のような緊急の異変に際し、遥か離れた地上で行事など行われるはずはない。社の「主」が、先にみた祖先の霊を天地の間から呼び寄せて宿らせる能力を具えた「主」と同様、太陽をそこに宿らせるものと信ぜられたことは疑いない。

盛り土の社があった(23)ことは右に引いた所で明らかであるが、もう少し詳細な構造については『韓非子』外儲説右上に見える社鼠の話にうかがわれる。すなわち、

君また夫(か)の社を為(つく)る者を見るか。木を樹ててこれに塗る。鼠その間を穿ち、穴を掘りてその中に託す。これを燻せば木を焚かんことを恐れ、これに灌すれば則ち塗のくずれんことを恐る。これ社鼠の得られざるゆえんなり。

と。ここで言われている泥で塗った樹木の社はどのような形態のものであったろうか。泥の中に鼠が穴を掘って住みつく、というのだから、この泥は木舞(こまい)に泥を塗った昔の日本式の家屋の泥壁程度の厚さのものではあり得ない。何十センチか以上の分厚い塊状のものに相違ない。木と泥が密着していては、風で木が揺れた時泥に当ってひびが入るから、少々隙間があけてあったはずである。この隙間に乗じて鼠が入り込んだと思われる。そこに鼠が住みついていてなぜ悪いのか、また悪いのならなぜ塗った

泥を一度つぶして作りなおさないのか。それはこの泥の塊りが社の本体で、神の住家だからである。燻すとか、水を注ぐとか、非破壊の方策があれこれ考えられたのはそのためと考える他ない。土の部分が社にとって重要であったことについては『逸周書』作雒解に記される次の話が参考になる。すなわち周初に成王が諸侯を封建する時、国都に大社を作り、その壝（壇と垣）の東は青土、南は赤土、西は白土、北は驪土で、中央の空いた所は黄土をつめ、封建される諸侯の対応した方向の土を黄土に包んで授与し、諸侯はそれで各自の社の土盛りを作るのに使った、というのである。この物語には五色と五方の観念が完成された形で反映され、周初の記録などでなく、この観念のでき上った戦国以後に形成された物語であることは明らかである。しかしこの物語は漢代の経学者の間に広く信ぜられたものであるらしく、そこにあるのは、社の壇を作る土は、そこらの有り合せの土では不可で、特別の土でなければならない、という観念である(24)。この物語の場合、王の社から分けてもらって来た大事な土を使って諸侯が方形有孔の壇を成形するのである。そういう貴重な材質を使って作ったものであるからこそ、鼠に穴をあけられたり、住みつかれたりした時、それを退治するのに水をかけてぐずぐずにしてしまったりしては困るのである。祖先の霊の宿る宗廟の「主」と同様、神が天上から、或いは地中から来て宿る場所だったからに他ならない。霊魂の依る「主」が徳にあふれた玉で作られた—琮—のと同様、社は王の社を構成していた、生産力にあふれた土で作られることが必須であった、という観念である。

この社の神の宿る本体である土で作った壇状のものが壝（い）の名で呼ばれていることは示唆に富む。死んだ王の霊を呼びもどそうとする復の礼で王の車に建てて城を廻る旌旗が綏（旞（すい））で、この旌旗に王の霊魂が乗り移ることが期待されているわけであるが、この旞はまた旞（すい）と書かれ、この社の壝と同じ旁の字で書かれたことが知られるのである。両者が同じ機能を持つ、同じカテゴリーの物品であったことによる、と解される。

盛土の社については、時代が降って漢代の明器によくうかがわれる。戦争中の遼陽の後漢墓の発掘品で図2-17、18のような遺物が知られている。図2-17は方八寸二分、高さ二寸の箱状の作りで中央に孔があり、周囲に柵を設ける。駒井氏は土壇のようであると考え、相似た遺物図2-18の方は上面に塼敷きのような線が引かれる所から、土壇で中央の円い部分は塼を敷かず土になっているものと考えた。そしてこれを土を封じた社と考えられなくもないが、国や里の社に当るものは家では中霤と言われた所から、これを中霤を象ったものとした。その場合、五祀の中の戸、竈、門、井などが漢墓の明器中にあり、五祀の一つの中霤も明器の中にあるのにふさわしい、という考えも入っているのである。思うに、図2-17、18の中央の孔は壇の土の露れた所ではなく、社の木の建てられる孔と見るべきである。また駒井氏は五祀の中の中霤を社と同様、特別の宗教的建造物と考えたのであるが、これは誤りである。戸、竈、門等と並ぶ家邸の中の一つの施設の名で、そこで祭祀が行われたというだけのものである。図2-17と近い性格と思われる遺物は勉県からも発見されている（図2-19）。後漢中期

図 2-17　社明器　後漢　遼陽徐往子
(36 図版 13.3 より)

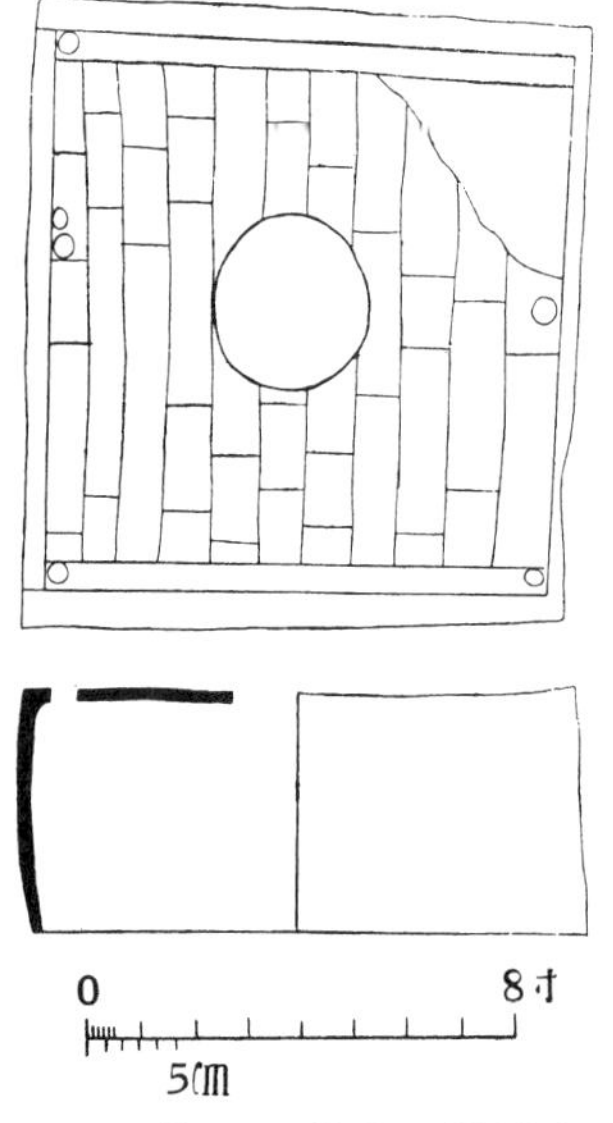

図 2-18　社明器　後漢　遼陽徐往子
(36 第二十図より)

の墓と考えられている。方形の台の中央に饅頭形のものが作り出されている。この墓は未擾乱であったが、これは四合院の西北側に置かれていた所から、それの附属的なものと解説されている。この建物の西南に接して水田の明器が置かれていた。この遺物はむしろこの方に関係あるもので『周礼』大司徒に田主というものと見られる。すなわち、

その畿の彊を作り、これに溝と盛り土で目印を作り、そしてそれぞれの行政区劃毎に土地の神と

穀物の神を祀るための壝（土壇と垣）を作り、その土地に合った木を樹えて「主」とし、その木の名でその社と土地の名とする。

というのである。王とか諸侯の社でなく、それらの墓の主人が自分の所有地に保有していた社と見た方がよいであろう。なお図2-19の方は図2-18のものに比べ孔が小さい。或いはここに木を植えるのではなく、切った木を樹てる型式の社の模型かも知れない。

ここに社の模型と考え、中央に木が立つと見た遺物（図2-17、19）には上に垣がある。垣の中に木が立つ図像は前漢末から後漢初の墓に使われた塼のスタンプ紋によく見られるものである。図2-20

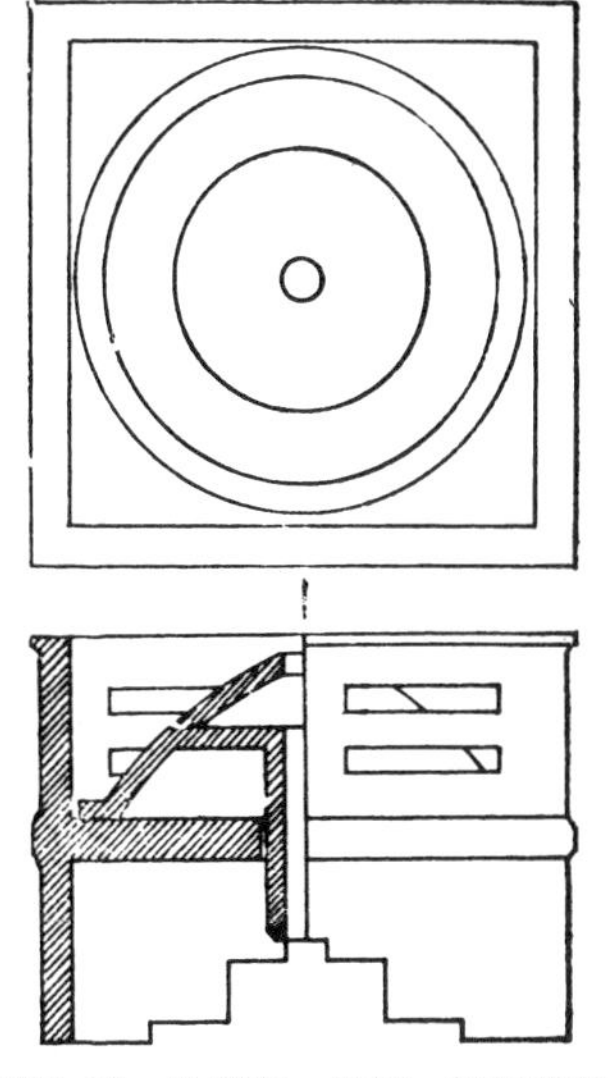

図2-19　社明器　後漢　勉県老道寺公社（『考古』1985.5より）

図2-20　社のスタンプ紋　前漢末～後漢初墓塼　鄭州（45より）

図2-21　社のスタンプ紋　前漢末～後漢初墓塼　鄭州（45より）

の木は斜交する矢来に囲まれ、左右に蓋（きぬがさ）が立てられている。図2-21も木の下に粗い斜線がある。これも垣と見られる。木の左右に立つのは蓋を二つ重ねた形と見られ、幢と呼ばれたものと思われる。これは旌旗の一種であり、貴人の使用するものであった。ここがただの立木でなく、神の宿る所であることを示すものと解される。図2-22では垣に囲まれた独立樹の左右に闕が立つ。闕は宮殿や官庁、邸宅等の入口に作られるものである。幢と同様、この木がただの木でないことを示すものである。図2-23も似た図柄であるが、中央の木の下にはコないしヨ字を横にした形の低いものがあるだけで垣はない。ここは角張っている点から、地上に露出した木の根と見ることはできない。低い壇と考えられよう。図2-24の木は左右に幢や闕はないが、根かたに粗い平行線が引かれている。この平行線は駒井氏によって塼敷きと解された図2-18の明器を思い出させる。

図2-20～22の図像では垣の中の木の下が土壇になっていたかどうか確かめられないが、図2-23を参考することにより、恐らく壇があったと推定することができる。そうすると、図2-17～19の明器

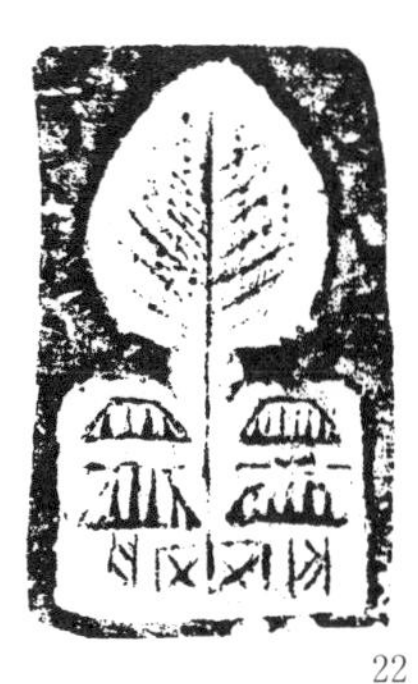

24　23　22

図2-22　社のスタンプ紋　前漢末〜後漢初　墓塼(9下,楼樹五より)
図2-23　社のスタンプ紋　前漢末〜後漢初　墓塼(9下,楼樹四より)
図2-24　社のスタンプ紋　前漢末〜後漢初　墓塼(9下,楼樹六より)

と、図2-20〜22の図像により、木の立った漢代の社の型式を知ることができることになった。方形の高くない土壇の中央に円孔があり、そこに木が立つ、という基本形である。そこで土で作った壇に注目すると、方形の厚い板状、菓子の金鍔状の土の塊の中央に円孔をあけたもの、ということになる。これは高低様々な変化はあるにせよ、方柱の中央に円孔をあけた祖先祭祀用の「主」と同形ということである。これで社の「主」も宗廟の「主」も、同じ「主」の名で呼ばれた所以が納得されるであろう。

図2-25は山東省臨淄附近発見の石碑の拓本で「梧台里石社碑」と書かれている。『水経注』淄水の条に記される後漢霊帝熹平五年（一七六年）建立の石社碑に当てられる。裏面の画像の型式はこの年代と矛盾しない。画像は碑の穿（下半分欠失）の上に立つ大きな樹木が主題である。木の右下方は肱と腿に羽毛の生えた仙人がいて、左方の普通の衣服を着けた人間に物を差し出している。樹の上方には二羽

図2–25　梧台里石社碑　臨淄附近
後漢(49より)

の鳳凰がとまって向い会う。この木は仙人、鳳凰が居るからただの木ではあるまい。上方、空中に鋪首に見るような顔が表わされている。この光景に現れるのだから、この木に下って来たこの石社の神に違いない。ただ、「石社」というが、石は何に使ってあるのか、この画像では明らかにし難い。

図2-26では木の下に環がつながり、社の木が鋪首の面に代っていて木の下方に眉と目がある。図2-28で顔が木の上方に浮いていたのが下りて来て木と合体したごとくである。図2-26は合体の程度が進んだものである。図2-27、28では更に程度が進んで、木は殷周の饕餮の箆形のごとく、小さく

図 2-28　神面・樹木のスタンプ紋
漢　墓塼(45 より)

26

図 2-29　神面・樹木のスタンプ紋
漢　墓塼(45 より)

27

図 2-26　神面・樹木のスタンプ紋　前漢末～後漢初　墓塼(45 より)
図 2-27　神面・樹木のスタンプ紋　前漢末～後漢初　墓塼(45 より)

なっている。図2-25~29のごとく木と降った神の面の合体した図像は変化が多いため挙げ出すと、きりがない。

先に石社が出て来たが、それに系ると思われる画像があるのでその話をしよう。湖北省随県の曾侯乙墓の内棺の画像がそれであると考える。一九七八年発掘された大墓で、出土した青銅器の銘文から被葬者の名が知られ、それにより曾侯乙墓と呼ばれた。幸い殆んど擾乱されていず、大量の青銅器、玉器、漆器が発見された。内棺(図2-30)というのは外棺に納められた被葬者を入れるための棺で、木製、四面と蓋は漆塗りで、朱漆の地に黒と金黄色で紋様をつける。出土後一五年間、水をかけて保存されていたのを、トヨタ財団の援助でグリオキサール法によって脱水強化され、一九九八年七月~八月東京国立博物館で展示された。筆者図[25]はその際写されたもので、報告書の模写図を下敷にして作られたもので、剝げた所や後補の所は略した。報告書の模写は出土後間もなく、現在ほど剝げない間に一人の画家によってなされたそうで、かなり忠実な写しである。

墓室に据えてあった方角で言うと、棺の南面を除き、北、東西面に四角い窓と大きな面積を占める番人が画かれる。蓋は大体同じ図柄のくり返しで、残りの面積はビッシリ画かれた鬼神で埋められている(図2-30)。この鬼神を検討してみよう。

この画像には境の線などないが、図2-30のように小さくまとまった画像の単位の集合で、同じものは殆んどない。郭徳維という人は[26]『山海経』などの古い本を引いて来て、そこに出てくる鬼神の特色がここの画像と一致するというが、一致する所が少しはある、というだけで、アイデンティファイできるとまでは至らない。

郭徳維はまたいう。[27]

四面の各組は画法が基本的に同じ、或いは大同小異であるが、完全に一致するものはない。棺上に画く前に若干組の図案の標本を渡され、臨模者は筆法を任意に加えたり減らしたりし、画法を変更したり、一部の動物の形を換えたりして、その結果これらの組の図は同じようであるが細かに比較すると完全には同様でないようにしてしまい、棺全体の図柄も一層複雑なものにしてしまった。

と。画家が粉本によって漆で画をかくのに、このような変化を任意につけ、西周いらいの伝統的な記号も含めて（後述）何かをつけ加えたり附け加えなかったりすることが出来ようとも思われない。これらの画像の特徴は、総て粉本の中にあったのである。恐らく曾国の中央政府に具えられた神々の図像集のようなものの中から採られた、と考えられる。例えば幾らでもある絡龍を基本とした図像でも、異った土地に伝搬し、写し伝えられ、また区別のため何かが加えられたりする間に、だんだん異なったものに変っていったことだろう。

ここで興味深いのは、棺の長い方の両側面の間に相違の認められることである。すなわち、東面に比べ、西面の画像の数がかなり少ない。どうしてもう少し平均に間配られなかったのであろうか。思

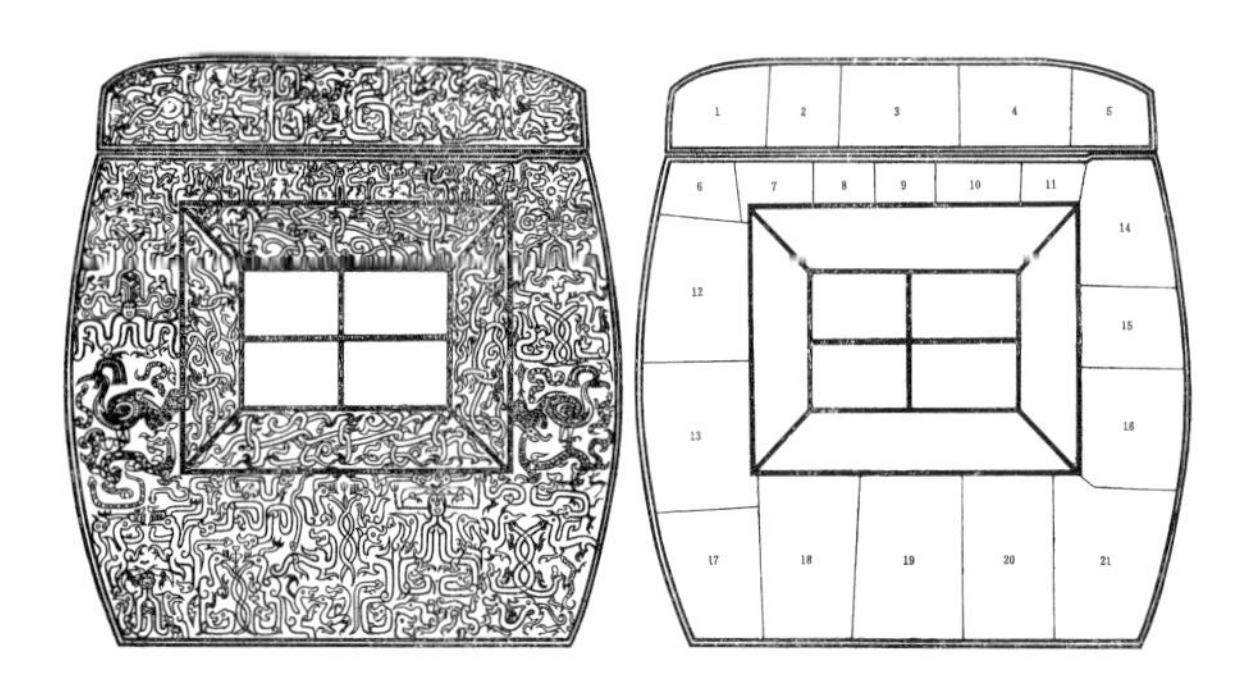

蓋	左半						右半						
上部	第一方格			第二方格			第一組	二	三	四	五	六	七
中部	第八組	九	一〇				第三方格			第四方格			
	一一	一二	一三										
下部	一四	一五	一六	一七	一八	一九	二〇	二一	二二	二三	二四	二五	

蓋							
上部							第一組 二 三
中部	第一方格				第二方格	第三方格	第四方格
	四	五	六	七			
	八	九	一〇	一一			
下部							

図2-30　曾侯乙墓内棺の図像配置図(112 より)

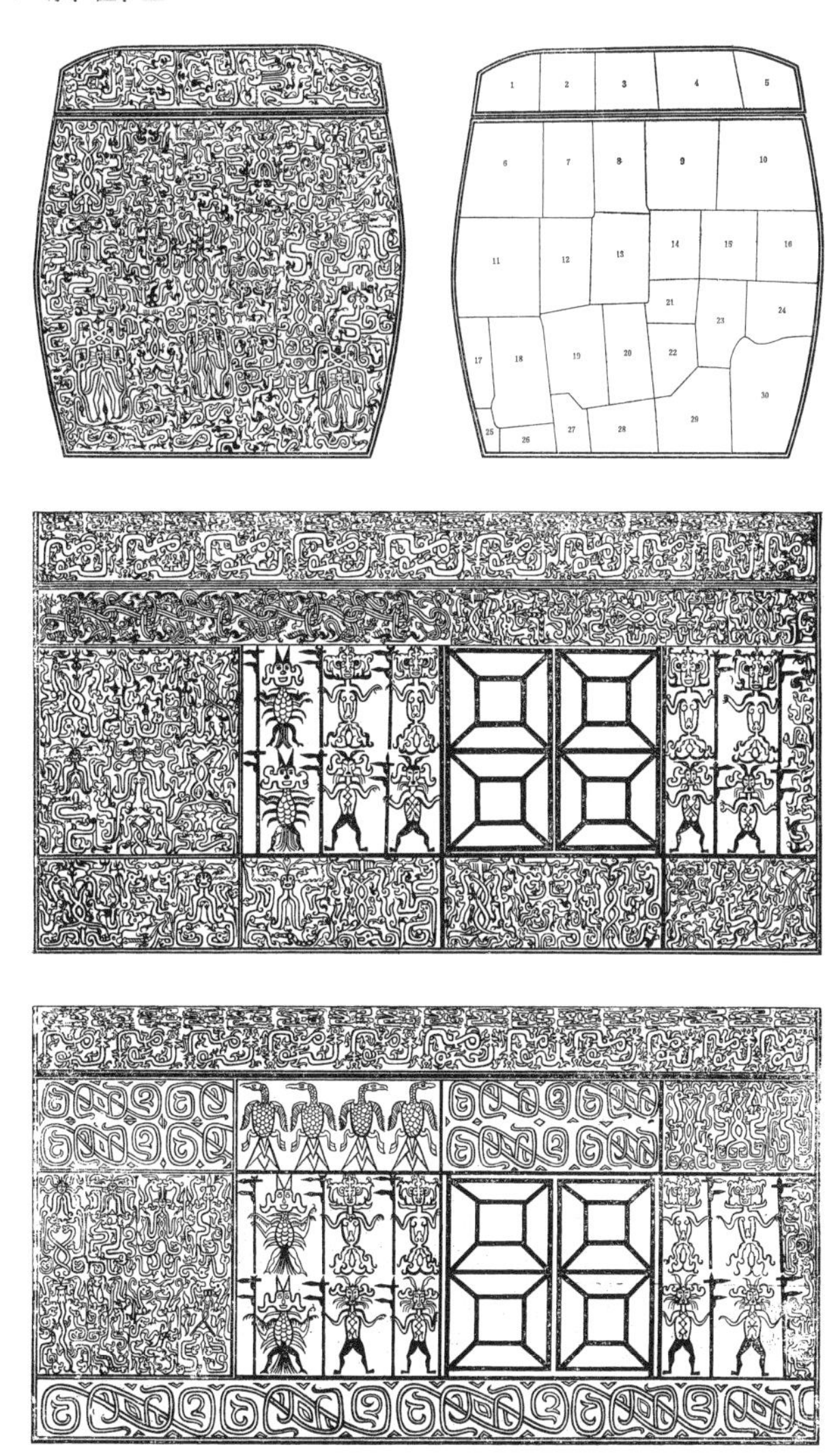
1
2
3
4
5
6
7
8
9
10
11
12
13
14
15
16
17
18
19
20
21
22
23
24
25
26
27
28
29
30

図 2-30(続き)

図2-31　曾侯乙墓内棺画像と西周銅器紋様(112より)

図2-32　曾侯乙墓内棺画像と西周銅器紋様(112より)

うに、各面に画かれた画像は、実際にその神の祀られた場所に対応させてあったのではなかろうか。方角の対応の原則があったので、他の方角の神の図像で埋め合せるわけにゆかなかった。そこで繰返しの図案を持ってきたりして場所を塞いだというわけである。

次に個々の図柄を仔細にながめた時に気附くのは、西周いらいの伝統的な図柄である。わかり易いものは幾つかある。長い柄のついた花形の羽冠などそれだろう(図2-31)。また鱗紋、絡んだ蛇の尾の間と山紋の山の間(図2-32)、V字形双鉤紋——中央上部動物の動物の間と鳥の胸の下(図2-33)、菱形——最上部中央、龍の間と雲紋中央、下(図2-34)、

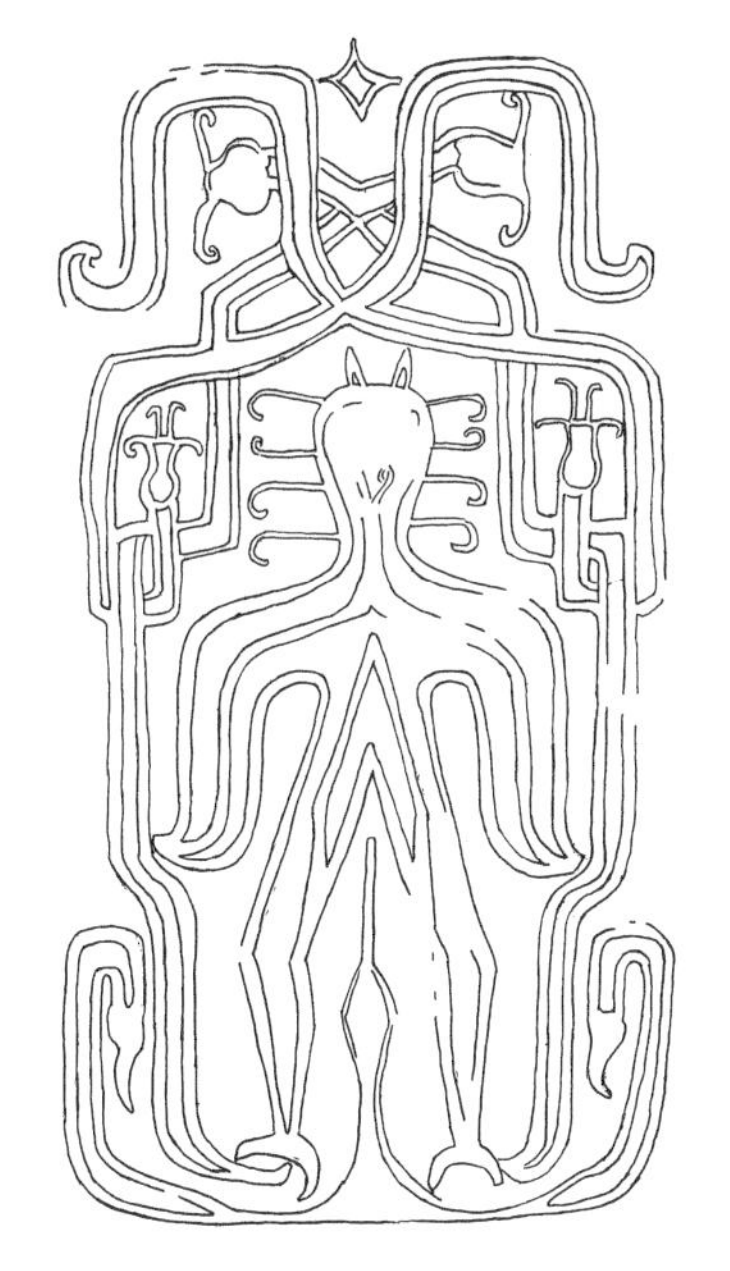

図 2-33　曾侯乙墓内棺画像と戦国画像(112 より)

図 2-34　曾侯乙墓内棺画像と戦国紋様(112 より)

黼紋（左下の動物の下）、動物の腰（図2-35）等、殷いらいの伝統的な紋様も発見される。また主に捩れ合った双龍の交点の上方に見出される記号風の図形で、同時代の図像中の旗印と共通した点の多いもので、「物」と呼ぶことのできるものもある（図2-30）。

内棺の図像で圧倒的に多いのは、中心をなす縄のように絡んだ龍である（図2-31、32、36）。これは戦国時代に多い、鳥などが蛇を退治する紋様と区別さるべきで、曾侯乙墓に絡龍紋を鳥が啄む紋様はない。両側から鳥に挟まれたこの絡龍は、当然退治さるべき悪神とは考えられず、御神体と言うべきだろう。地方的な神でこれだけ数の多いものといえば、各地の社の神と思われる。

これについてヒントを与えてくれる遺物がある。後漢のものであるが、新沂瓦窰出土の石柱である（図2-37）。全面に絡龍が刻まれている。説明はないが、出土図の前室の、北寄りにある円がこれらしい。石柱の上が少し細くなっているので平面図で一重の円で表わされているらしい。高一三〇㎝とあるが、前室は藻井になっているから天井に閊えない。その近くから鼎や豆が出土している。生前尊崇していた銭樹を墓室に持ち込んだ例は後に引く。漢墓に石柱の出土した例が他にあるのか気附いたことがない。漢墓はありふれているので日頃注意していないからである。

少し離れているが、雲南省に石寨山文化がある。漢〜晋平行の漢文化の影響の濃厚な文化である。銅鼓の鼓面に沢山の人物や家屋、器物が青銅で作りつけられ、祭祀等の光景が表わされる。その類の中に裸の男が後手に柱に縛りつけられ、前に蛇が何匹も這い上る柱の立つ光景がある。地の神に人牲

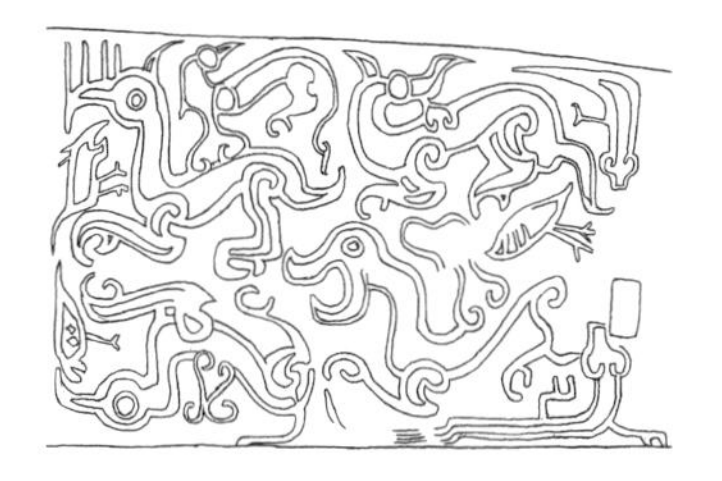

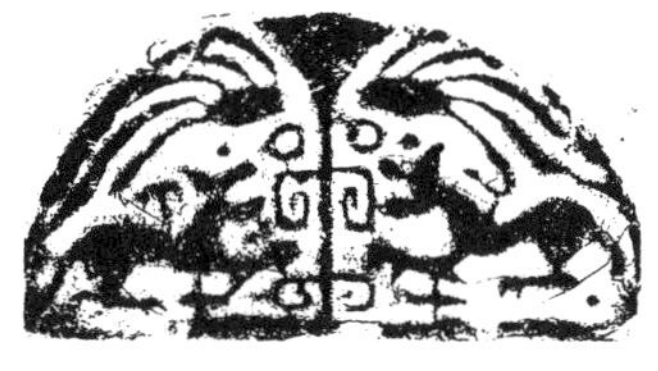

図 2-35　曾侯乙墓内棺画像と春秋銅器紋様(112 より)

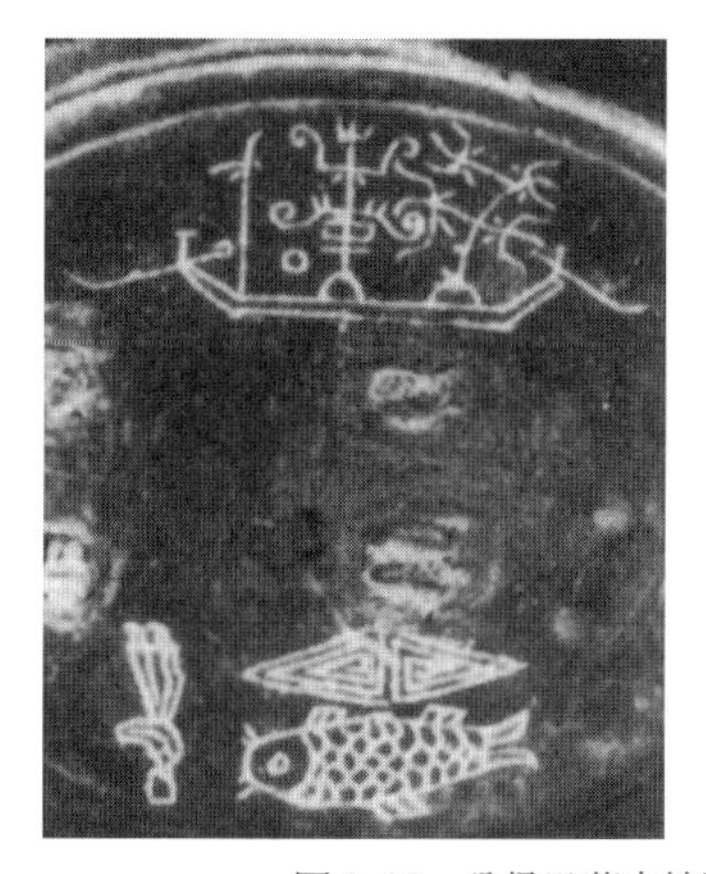

図 2-36　曾侯乙墓内棺画像と戦国画像(112 より)

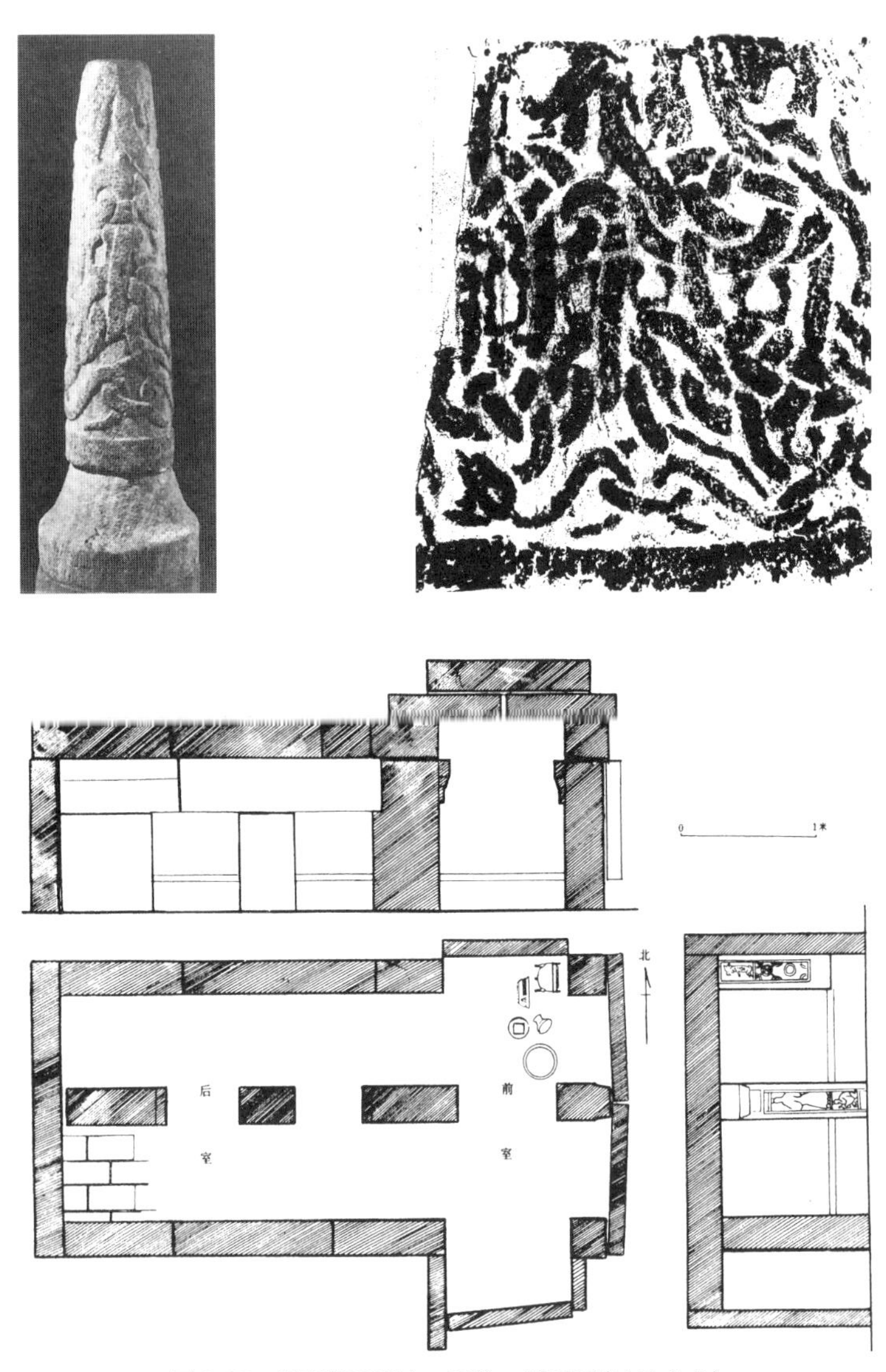

図 2-37　漢画像石墓内の石柱　新沂瓦窰(47 より)

が捧げられる光景に違いない。図2-37の石柱の牲格を推定する参考となろう。

例は少ないにせよ、石柱に絡龍を刻んだものが墓中にあり、前引の遼陽の漢墓の社の明器の例と同様、社の石柱を墓中に持ちこんだ可能性が大である。石かどうかは不明だが、曾侯乙墓の内棺に社の画像が多数あったのも、こういう柱に画像を刻んだ社の画像であると考えた所以である。

三　青龍、白虎、朱鳥

前一世紀にできた歴史書『史記』に天文のことを記した天官書という章があるが、それをみると中国の天の星座についての所伝は驚くほど古いらしい。考古学の発見により知られることであるが。河南省東北部、黄河の西側に濮陽という所があり、仰韶文化の墓や住居址が発掘された。[28] M45では一体の人骨が手足をのばした形で葬られ、その両脇に貝殻を使って一匹ずつ等身大の動物が地面に画かれていた（図3-1）。報告書にこれらの動物を龍虎と呼ぶが、東側のは頭、胴、尾が長く、西側のは頭が短かく、そう呼ばれるにふさわしい。馮時という人は龍虎の頭と被葬者の足先に貝を三角形に並べ、人間の脛骨二本を平行に添えた図柄があるのを北斗七星を象ったものと認め、龍虎を天の星座と見ると、貝の図像は実際の天体と相対位置が合致すると言っている[29]（図3-2で、虎は右側、参、觜とある所、龍は同図左側、角から箕まで）。

図3-3は南陽郊区の画像石で後漢時代のものである。画面の中央に尖りの三つ出た冠をかぶった神が坐り、左右上下に青龍、白虎、朱雀、玄武の四神が画かれ、その左右に円盤をかかえた人身龍身の神が二柱立ち、円盤には一方には鳥が画かれ、もう一方には何もないが、日月に違いないという。

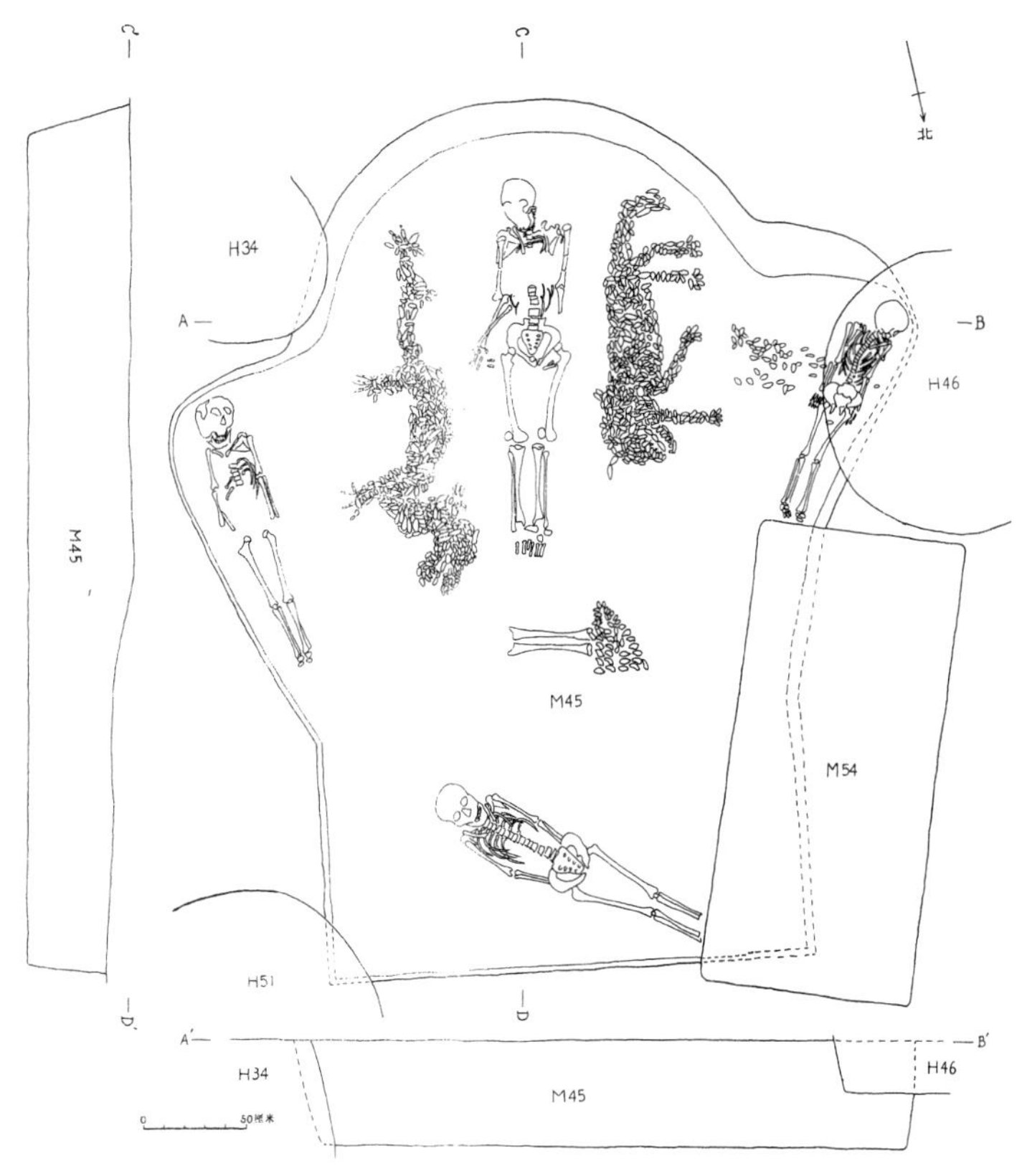

図 3-1　貝殻の地面画　濮陽西水陂　仰韶文化(『考古』1988. 3 より)

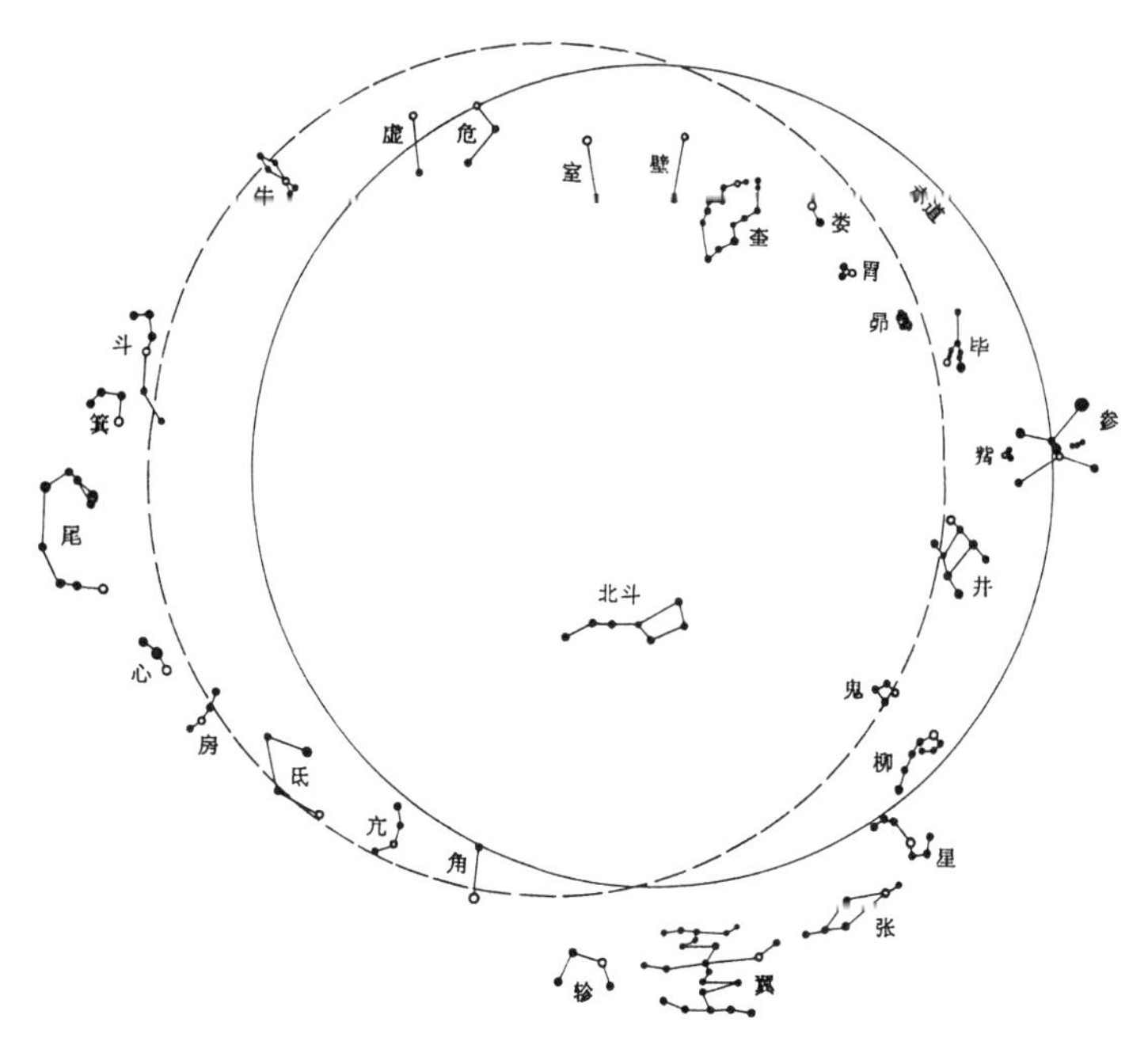

図 3-2　二十八宿北斗図(『文物』1990. 2 より)

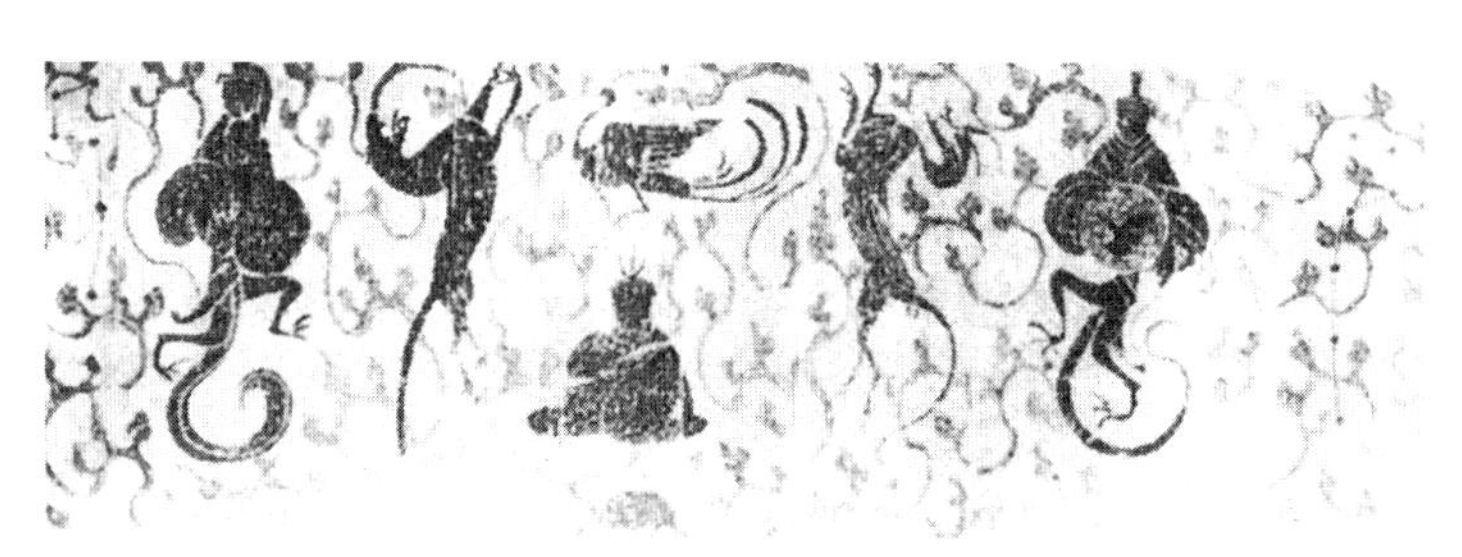

図 3-3　天皇大帝, 四神等図　南陽郊区　漢画像石
(『中国文物報』1992. 9. 6 より)

右と左の端には小点で北斗と南斗が画かれている。[30] 報告書は中央の三つの尖りのある冠を著けた者を天帝と見ている。天皇太帝と見たらよいであろう。この画像石は死体と天皇太帝が代っただけで、図3-1の貝殻の画と同じということになる。漢時代頃、四神の龍や虎の画は無数にあるが、画は天の星と関係なく動物としての龍（昔は実在すると考えられていた）[31] や虎として画かれている。[32] 馮氏の云う通りとすると、この慣習は仰韶時代に遡ることになる。馮氏によるとこの墓は仰韶文化の后岡類型の時期に当り、C14の年代（樹輪校正済）によると前四千年代の始めという。

この墓の被葬者は足許に北斗七星をふまえ、龍虎を従え、天帝に自らを比していたことになる。天下を統一した秦始皇帝なら兎も角、たかが地方の小首長でこの威張り方、余程お目出度い時代だったのであろう。

ここの貝の絵は他にもあり、説明のつけ難いものがあるが、その用途について台湾生れの民族学者張光直（最近、不幸物故されたと聞く）は巫師（みこ）の乗り物説を出した。[33] 同様な貝殻の画で、図3-4で一人の人間が動物の横に立っているものがあり、張氏の言うのには、この人間はこの動物に乗っている所で、この動物は巫師が天地の間を自在に往来する所の乗物だと言うのである。中国人で張説に賛成する人は多い。然し動物の横にいる人間の足は胴の真下にあるが、乗っているのなら人の足はもっと前になければいけない。この人は横に立っているとは見られても、到底乗っているとは見られない。気の毒ながら張説の成立しないことは明らかである。

図 3-4　貝殻の地面画　濮陽西水陂　仰韶文化(『考古』1989. 12 より)

『史記』天官書のことは最初に記したが、そこでは恒星は中央と東西南北の五つのグループに分けて記述され、各方向のグループは中宮、南宮等、東西南北、中に宮の語をつけて呼ばれる。[34] そして中央を除いて各宮には動物の名の入った星座群の呼称と中心的な星座名が挙げられ、各星座群名には五行の夫々の方角に対応する色の名が冠せられ、東宮は蒼龍（青い龍）、南宮は朱鳥（赤い鳥）、西宮は白虎（白い虎）、北宮は玄武（黒い武装した動物〔カメ〕）の名の星座が記される。これが日本でもよく知られる天の四方の神、四神である。それらの動物は東南西北の各宮の中の、太陽の運行するコース上、ないしその近くから選ばれた二八の星宿（二十八宿）中の目立った星座の形を夫々の動物、その他の形に見たてたものである。『史記』のテキスト中に西方の星座中のオリオンについて、三つの星の外にある四つの星は、白虎の左右の肩と腰だ、というように、解説の附けられるものもある。解説はなくても、星の並び方から名の由来の察せられるものもある。蒼龍の名がサソリ座の形から察せられるごとくである。

漢時代以後、四神の図像は鏡背紋とか、地下の墓室の装飾等無数に画かれているが、そこに表わされている図像は（青い）竜、（白い）虎等の形をとった画像で、西洋の星座のごとく、その名の星座の星をつないだ形とは異なり、それが星座に由来する神であることを忘れさせる龍とか虎そのものの図像になっている。

朱鳥について『史記』天官書に「南宮は朱鳥」とあり、朱鳥は四神の一つに数えられる時に朱雀と

図3-5　朱雀　漢方格規矩鏡(鏡紋より)

も呼ばれる。「雀」はスズメでなく鳳凰の意味とされ、漢以後の画像ではその時代に鳳凰と呼ばれる鳥の形に画かれる（図3-5）。

朱鳥は四神のうち、『史記』でその形について一番丁寧な説明の加えられているものである。『史記』天官書の関係部分と唐の司馬貞の『史紀索隠』と唐の張守節の『史紀正義』とは普通『二十四史』のテキストに一緒に刷られている。ここに論旨と直接関係のない部分を省いて引くと、次のごとくである。

『史記』
南宮は朱雀と権と衡と太微である……

『正義』柳という星座の八星は朱鳥の味（嘴）で天のコック長である。宮中の御馳走を司る官を管轄し、味を調合する。

『史記』
柳は鳥の注（嘴）であり、木草を主る。

『索隠』案ずるに、『漢書』天文志は「注」を喙に作る。『爾雅』云う「鳥の喙はこれを柳という。孫炎（魏の人）いう「喙は朱鳥の口で、柳はその星の聚合である」と。注をもって柳星となす、故に草や木を司る。

『正義』喙はチュウの音。一に「注」に作る。柳八星、星七星、張六星は鶉火となす。十二支の方角でいうと午に当る（図3-7参照）。

『史記』

七星は頸なり、員官と為し、急事を主る。

『索隠』案ずるに宋均（魏の人）云う、頸は朱鳥の頸なり、員官は喉なり、物喉嚨にあれば久しくは留らず、故に急事を主るなり。

『正義』七星は頸となす。一に天都と名づく。衣裳と文繡を主り、急事を主る。

『史記』

張は素なり、廚となす。客に觴することを司る。

『索隠』素は嗉なり。『爾雅』いう「嗉は鳥の受食の処なり」、と。

『正義』張は六星。六個を嗉という。天の厨房の食物と飲物を主り、賓客に対し褒美に賜る酒をすすめることを司る。

『史記』

翼は羽翮となす。遠客を主る。

『正義』翼二十二星は軫四星、長沙一星、轄二星、軫を合せて七星は鶉尾で十二支の方向でいうと巳にあり……翼二十二星は天の楽府（詩歌、音楽を採集、保存する役所）で、また夷狄（中国の周

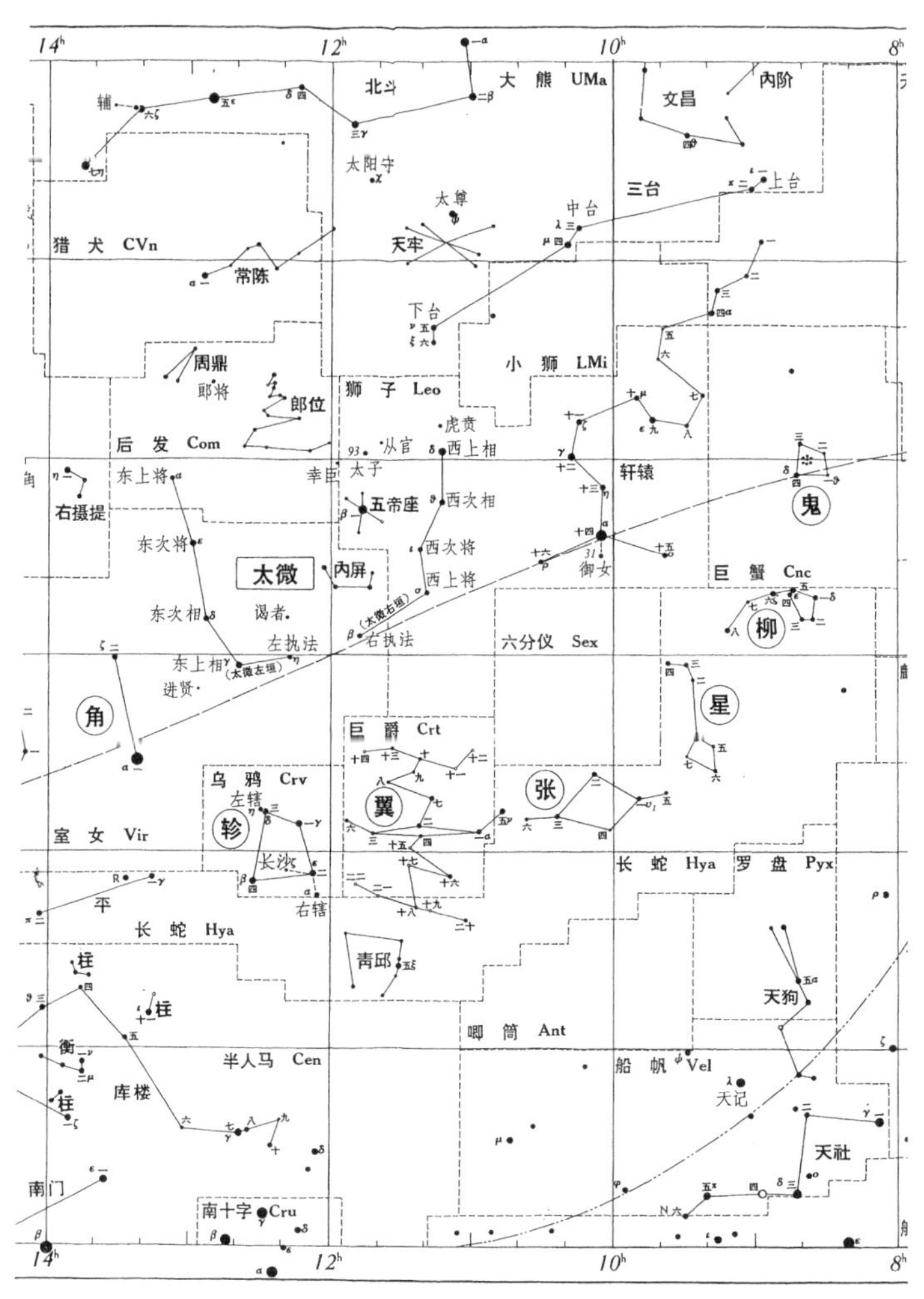

図 3-6　朱鳥の宿(『考古』1975. 3 より)

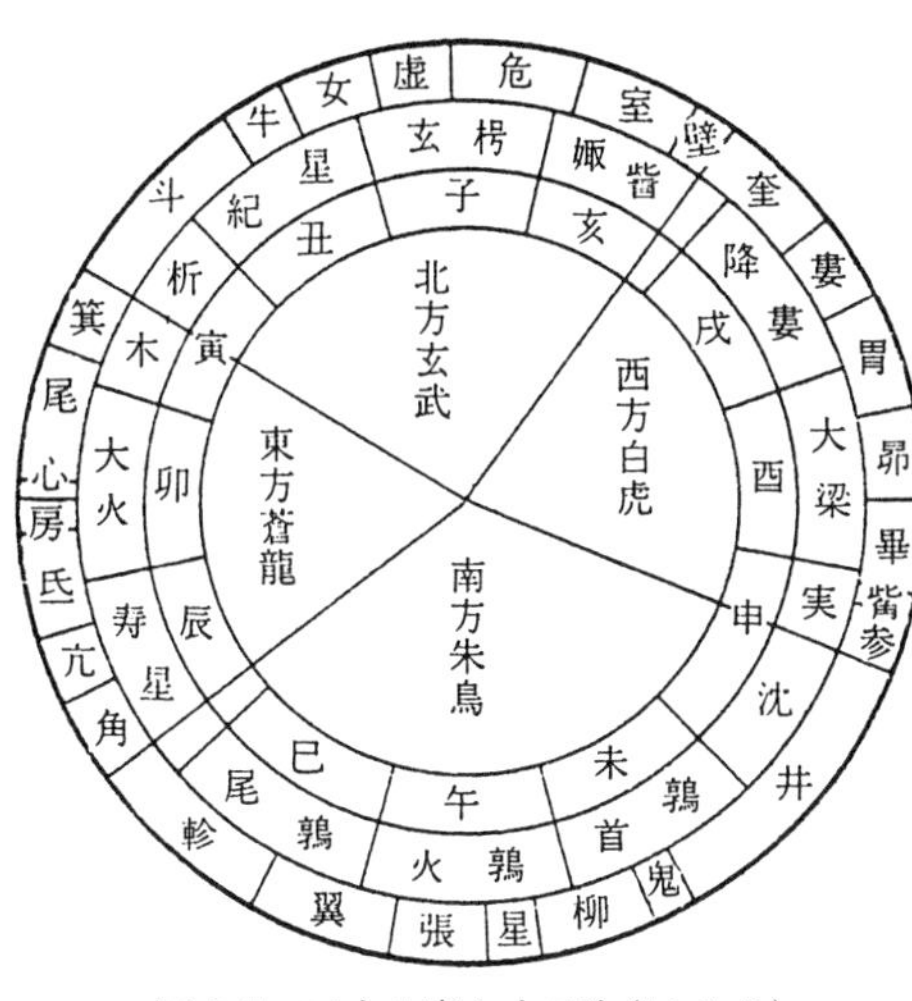

図 3-7　二十八宿と十二次（94 より）

辺の野蕃人）を主り、遠来の客を主る。

とある。郭璞は『爾雅』釈鳥「其の粻は嗉」の注に、

嗉とは食を受くるの処、別名は嗉、今江東に粻と呼ぶ。

という。嗉は鳥の胃の手前にある器官で、どんどん飲み込んだ餌を一時ためておく処、俗に云う「えぶくろ」で、現在も正式には嗉の字を使って嗉嚢と呼ばれる。『史記』の星名の「張」は『爾雅』に出てくる「粻」に当る名称と思われる。ここが厨で客を觴することを司るというのは理にかなっている。

さて先の柳の条および翼の条の『正義』に夫々鶉火、鶉尾が出てきた。これは二十八宿とは別の天の別分、十二次（じ）に属する呼称である。木星はほぼ十二年かかって全天を一周する。そこで天を十二支で表示された方角に対応するように十二等分し、木星がどこにあるかによってその年が十二支で示されるどの年に当るかを知ることができる（図3-7）。十二に分けられた方角に玄枵（げんきょう）、星紀（せいき）等々と特有の名称が附されている。この図で見るように、二十八宿は長短不揃いであるため、十二次とは不規則なずれがある。前引の『正義』は二十八宿の名で示された星座が十二次のどこに該当するかを解説したものである。

十二次は『春秋左氏伝』に出て来、専ら木星の位置を示すのに用いられていて、この書物の成立した時期、前四世紀には存在していたことが推定される[35]。一方、二十八宿は前五世紀後半の曾侯乙墓出土の衣裳箱に現れており[36]、十二次に比べて自然発生的な性格を持っていることよりしても、それより古くより始まっていたことが考えられている[37]。二十八宿と十二次が全体として起原的に如何なる関係にあるかは筆者の現今の関心外である。しかし橋本氏の「十二次の南方に位置する鶉首、鶉火、鶉尾の三次が二十八宿の南方朱雀という鳥類の形象と一致することは注目すべきである」、との指摘は興味深い。

『爾雅』釈天に、

注はこれを柳といい、柳は鶉火である。

とあり、後半について郭璞は注に、

鶉は鳥の名、火は南方に属す。

という。注は前引『史記』天官書の「柳は鳥注たり」の「注」に当り、二十八宿中の星座であるが、『爾雅』はそれの呼称である柳を十二次中の鶉火をもって解しているのである。そして鶉火の名称について郭璞は、鶉は鳥（この星座の鳥、朱鳥）の名で、五行で火は南方に属するからこの星座名に「火」を加えて鶉火と呼んだ、と解していると思われる。そうであれば青龍、白虎のように五行の属性を動物名の上に冠して火鶉とでもすべきであろう。また十二次の鶉火は図3-7に見るように柳、星、張、翼にまたがっていて、柳は十二次の鶉火だということにはならない。

『周礼』考工記、輈人に、

鳥を画いた旟（旗の種類の名）は七本の吹流しがあり、もって鶉火を象徴している。

とあり、鄭玄は注に、

……鶉火は朱鳥の宿の柳である。それに属する星宿があり、星宿には七個の星がある。（七本の吹流しはこの七つの星を象る）

と説明する。鄭玄は柳が鶉火でこの柳に附いている「星」の星が云々と言うのであるから、二十八宿の柳が鶉火だと考えているのである。すなわち『爾雅』と同じ考え方である。郝懿行は『義疏』に柳は鶉火の最初にあるからそれで代表させたのだ、と説明するが如何であろう。

柳が鶉火だという考え方は『左伝』にもうかがわれる。『左伝』襄公九年の条に宋の国であった火災に関聯して晋公が部下に下した質問の答えとして次のくだりがある。

昔の（伝統的な）火を司る官は（神として扱われ）、心宿の祭祀の際にそのお相伴にあずかり、或いは味宿の祭祀の際にそのお相伴にあずかり、火の出納を行った。そこで味は鶉火といわれ、心は大火といわれる。

とあり、杜預（晋の人）は注に、

昔の火を司る官（の神にまつり上げられたもの）が火の星の祭祀のお相伴で御馳走してもらうことを謂ったものである。冬至を含む月から五ヶ月日の月、鶉火が日没後に真南に来る時期に、民をして陶器や鋳物に火の使用を認め、それから六ヶ月後、大火が太陽と重なって夜間に見えなくなると、その火の使用をさし止める。

とある。ここでは鶉火、大火といった十二の次の名称が味（柳）、心といった二十八宿の一つを指すのに使われている。前引の『爾雅』の郭璞の注や『周礼』の鄭玄の注のような言い方のあったことが、ここからも知られる。

以上により、鶉火、大火は火を司る火正の神と関係の深い、それらより上位の神で、柳と心の星座に関係づけられたものであったことが知られた。鶉火、大火はそれ故、鶉の火、大いなる火、と解すべきであろう。

右に見た所により、二十八宿の柳、星、張、翼と続く星座が一羽の鳥の嘴、喉、えぶくろ、翼に見立てられ、朱鳥を形成していたことが知られた。この朱鳥の嘴も含み、鳥の頭および尾の延長も并せた十二次の三つの次が鶉の首、鶉の火、鶉の尾と名づけられている所をみると、十二次のこれらの名称は二十八宿より後起のもので、鶉の火の星を核にして作られたものではないか、と考えられてくる。

二十八宿と十二次の成立ちが全体としてどういう関係にあるのかは、専門の方にお考えいただくとして、筆者にとって差当り重要なことは、朱い鳥の星座群の中の鳥の嘴に当る星座が鶉という鳥名で呼ばれていることである。

鶉というと、誰でもウズラと思う。ウズラの嘴は太く短く、曲りも少ないのに、柳の星座のどこがこれに似ているのか、不可解である。しかしこの星座の名の鶉はウズラではなく、ワシの意味でなければいけなかったのである。後漢の許慎の作った字引『説文解字』には鷻（たん）の字があり、

鷻は雕なり……『詩』（谷風の什）に曰わく、鷻にあらず、鷲にあらず、と。

とある。現行の『詩』をみると、鶉にあらず、鳶にあらず、とあり、『詩』の鷻は鶉（たん）と書かれている。（注に音は「たん」と読まれている。なお『説文』の引用中の鷲は現行の『詩』に鳶とあるのが正しく、鷲は写し違えとされる。[38]）

『毛伝』に、

鶉は鵰（ワシ）なり、鵰と鳶とは貪残（貪慾で凶悪）な鳥なり。

とある。段玉裁は『説文解字注』に『説文』の鷻が現行の『詩』に鶉と書かれているのは、字を簡略化したものだ、と記す。そして『説文』には別に隹に从った⿰享隹の字があって⿰酉隹の属なりと釈され、こちらがウズラの字である。経典中で鶉首、鶉火、鶉尾と書かれる鶉の字は本当は鷻と書くべきであり、『詩』魏風（伐檀）に出てくる縣鶉（吊した鶉〔狩猟の獲物〕）、『礼記』内則に出てくる鶉羹（鶉のスープ）

の鶉は雛（ウズラ）で、コンテキストによって読み分けなければいけない、と言う。

朱鳥の星座中の柳の星座の鳥の嘴はワシの類の嘴に見たてられたものであることが知られたのであるが、それにしても図3‐8、12のように、曲りが強すぎるものがある。図3‐6の星座にふられた番号の五、二までで十分であり、三、四は余計である。これは動物のワシの嘴ではなく、神化された天上の鶉の星座を象ったもの、と見てはじめて解釈が着こう。

鶉（たん）＝鷳＝ワシというと、直ちに思い浮べられるのは現今も中国の山地に広く分布し、昔の中国人にもよく知られていたはずのイヌワシであろう（図3‐9）。全体に黒褐色であるが頭の上から後頸にわたる部分の羽毛は長く、柳葉状をなし、黄赤色で、それによって現代の中国名で金雕と呼ばれている。この頭上の羽毛は図鑑で伏せた状態で画かれることが多いが、図3‐9では横からの風を受けてボサボサと立った状態が示されている。少し長いが図3‐8のごとくである。この星座は前記のように鶉火、すなわち鶉の火の星と呼ばれ、サソリ座のアンタ－レスと並んでその天での南中が陶器製造や銅器鋳造業の火の使用開始の目印とされるが、アンタ－レスとは異なり、柳の星座には目立った赤い星もない。その星座が春の気の盛んになる時期に、日暮時に真南に来るということと共に、それが火のような色の冠羽を持ったイヌワシの頭の星座だったことに強く系っている、と考えれば、これはもっともなことと理解されよう。

図3‐8の冠羽は随分長く表わされているが、ここには誇張がある。普通はもう少し短い。このよ

図3-8　朱雀　西周前期青銅器紋様（京大人文研考古資料より）

図3-9　イヌワシ（『大百科全書』生物 III より）

うなS字形の冠羽は殷周より四千年も古く、河姆渡文化に遡る。図1-1の日が鳥に負われ、その鳥は曲った嘴とS字形の冠羽を持っている。それはイヌワシの姿である。幻日が太陽の鳥なら、幻日から生れた鳥はイヌワシの姿で表わすのが当然と考えられたに違いない。現実の幻日は外向の真直な嘴状の尖りをもち、S字形の冠羽などない。イヌワシがこの時代に既に太陽の鳥だったから太陽の鳥がイヌワシの姿で表わされたのである。

河姆渡文化の円盤と双鳥が太陽と幻日から生れ、二千年ほど後の良渚文化の太陽神の神面と、その両側の鳥首付の目の形（図1-21）にたどられ、それが更に千数百年後の殷文化の青銅器で、饕餮面と両側の龍身鳥首神（図3-10）ないし饕餮の身体の外端が鳥頭に化す

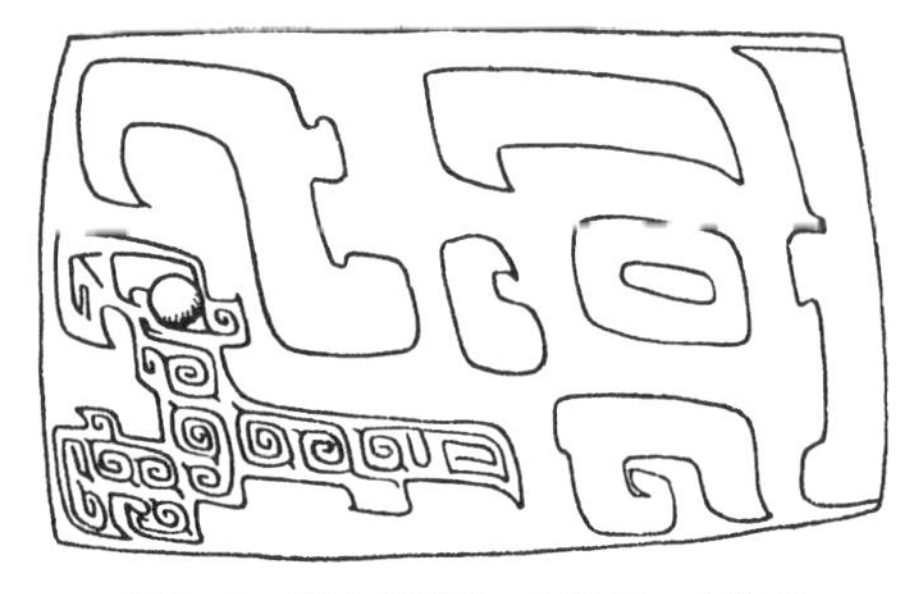

図3-10　龍身鳥首神　殷後期　青銅斝（97 a より）

図3-11　鳥と合体した饕餮　殷後期　爵（京大人文研考古資料より）

図3-12　内に朱鳥を飾る戈　殷後期　安陽殷墟（70 より）

るという形（図3-11）で再現していることは以前に筆者の記した所である[39]。近頃の若者は中華三千年と聞くと、中華ソバの丼やシウマイの駅弁の箱の雷紋（角張ったS字形の連続紋）を思い出すと聞くが、中国の紋様もこの幻日のごとく三千年も昔に既に数千年の歴史を持つものがあったのである。

さてこのイヌワシを象った図像は図3-12の戈（刃の根本に直角に柄をつけて敵に向って振り下す）に見出される。ワシは柄の後に喰（は）み出す部分に飾られている。殷後期に例の多い装飾であるが、大きな巻き込んだ形の嘴の後に目と冠羽があり、頭の下に足が附く。身体らしいものは目の後のL字形で表わしたつもりだろうが小ぶりである。朱鳥の星座と比べてみるとこれは柳の部分だけに対応し、星(せい)、張、翼は省かれているようであり、先に『爾雅』に「味はこれを柳といい、柳は鶉火なり」とあったことが想起される。別に柳一つだけを挙げて朱鳥の星座全体を代表させた、というような言いまわしの問題ではなく、こういう鶉火の図像があっての話だった、と考えればわかり易い。

イヌワシは前引の『詩』の注に貪慾で凶悪な鳥といわれる。イヌワシは大型の鳥(ガンやハクチョウ)や獣(シカ、ヤギ、キツネ、ヒツジ)を捕えて食う。殷時代、殷王朝は盛んに侵略戦争を起し、捕虜や財貨を鹵獲して帰り、捕虜は祭祀の犠牲に使用した。イヌワシの星座の神の像は、その武器の守り神として極めて似つかわしいものだったといえよう。

この星座の神は図3-13のように、酒杯の飾りとしても使われる。象牙を彫刻してトルコワーズを象嵌した婦好墓出土の豪華な品である。把手の上部に鶉火が図3-12の戈と同じような具合に表わされている。同様頭でっかちな表現である。酒杯の飾りに使われるについては、『史記』天官書、南宮の始めの『正義』に柳の星座が天のコック長として、宮中の御馳走を司る宮を管轄し、味を整える、と記されていたのが想起される。朱鳥の身体である星座の一つ張について『正義』には「天の厨房の食物と飲物を主り、賓客に対し褒美に賜る酒をすすめることを司る、という。そういった所伝が二千年ほど昔、殷代に遡るらしいことがこの遺物から推定される。

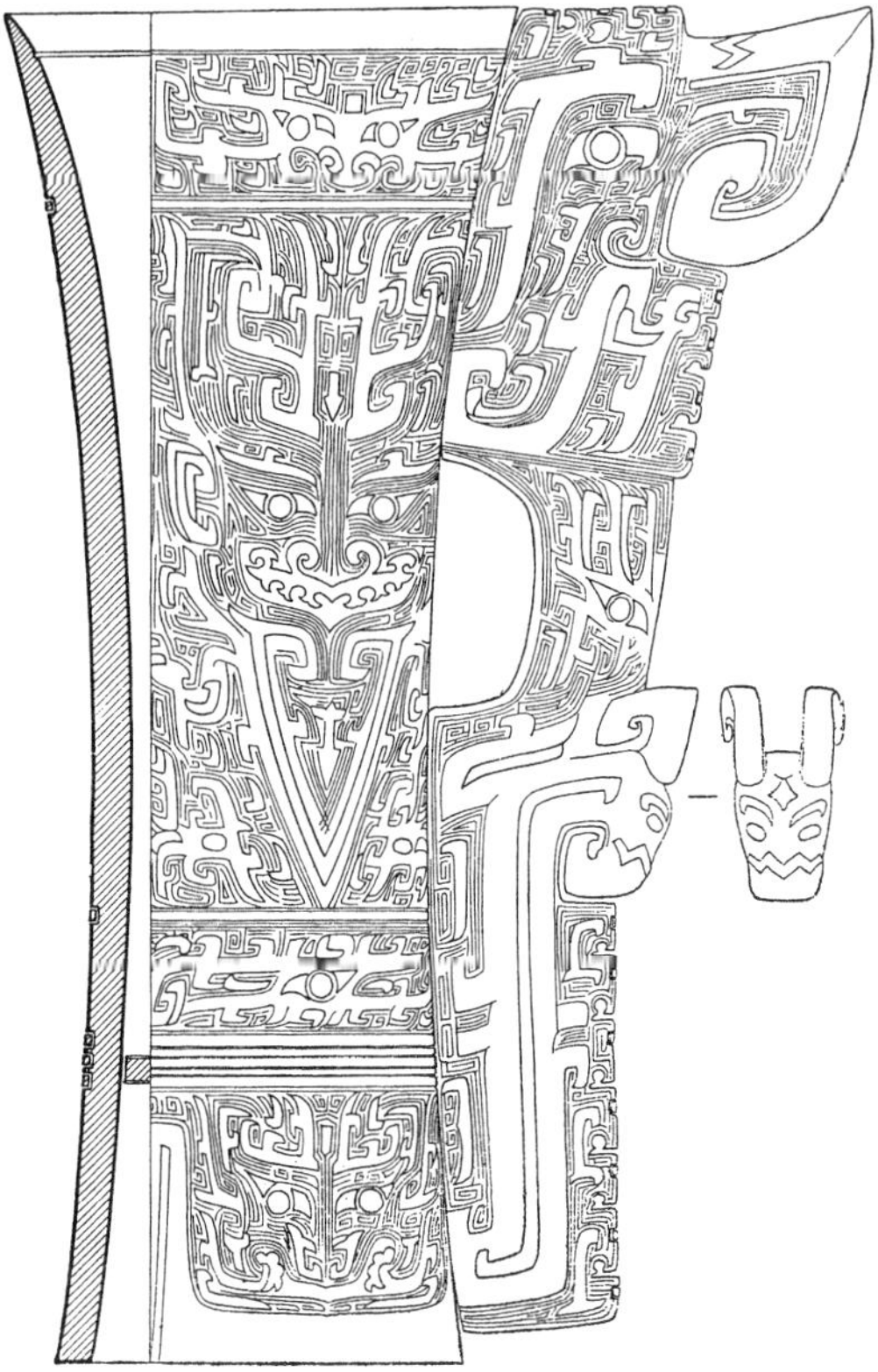

図3-13　把手に朱鳥を飾る象牙杯　殷後期
安陽殷墟(70より)

この柳の働きは酒杯の飾りとしてぴったりである。この杯を背にしたワシの星座の図像は、天のコック長で、杯を背に負い、天上から地上の酒宴の場に下り立った、という趣向である。

酒杯は木や角などの腐って失われる材で作られることが多かったと思われ、遺物は滅多に残らないが、鶚をデザインしたこういう遺物は多かったと思われる。図3-14は把手が透しで抽象化している

図 3-15　青銅杯　西周中期
長安張家陵(68 より)

図 3-14　青銅杯　西周中期
長安張家陵(68 より)

図 3-16　イヌワシ・神面　玉斧　龍山文化　国立故宮博物院(筆者図)

が、図3-13を頭に置いて見れば、鶚のデザインを線化したものであることがうかがわれ、図3-15は更にそれを抽象化したものであることが知られる。また稀に残る遺物が二つとも鶚のデザインを下敷きにしたものであることは、そのデザインが如何に広く行われたかを察知せしめる。

次に時代を少し遡って龍山文化とそれに次ぐ石家河文化のこの鳥を少し丁寧に見てみよう。図3-16は凸線を細く紐のように彫り残して他の部分を平に削るという大変手間のかかる技法から龍山文化の作と知られる。大きな嘴を持った猛禽が頭にS字形の毛冠を着け、顔を横に向けて直立する。翼を半分拡げ、肩に尖りが出ている。嘴によって猛禽と知られるが、これはイヌワシである。よく鷹などと呼ばれるが、鷹で冠羽を持つものは華北に居ない。カンムリワシという小型のワシが居て、後頭の羽毛が長く冠状になっているが[40]、分布が現在華中以南に限られる。イヌワシは目が人の目のような形に表わされているが、イヌワシは目頭や目尻に羽毛があってこのように見える。翼に小さな尖りが出ているのは小翼羽といい、人間の手の第二指骨に当る所にあって風切羽根が生え、浮力を調節するのに使う。図3-16では嘴の根方に嘴を横切る線がある。ワシ、タカの類で嘴の基部を被う皮膜（蠟膜と呼ばれる）ものがあるが、その縁に対応するらしい[41]。図3-16のイヌワシは空中を遊弋する時のように翼を一ぱいに拡げていない。また物にとまっている時のように翼をたたんでもいない。この画像のように半分たたまれたような翼は獲物に襲いかかる時の一瞬の形（図3-17）を図式的に表現したものであろう。

どの図像をみても足を伸し、指は開かれている。物の上に棲ってのであれば、指は下の物に接していなければならない。また空中を飛翔している時は図3‐17のように指はちぢめている。とすると、このような図像は空中から獲物に摑みかかろうとして指を開いた瞬間を写したもので、肢は下方の獲物に向って伸されているはずであるが、描き易いように身体と同じ方向きに伸されたもの、ということになる。

第一章で天津市藝術博物館の龍山文化の玉器を引いた（図1‐22）、翼を半分拡げたイヌワシの足下に亭形の屋根形があり、その下に円い目の入った顔があり、その性格についてイヌワシの火の神と組になっているから、良渚文化のものに似た円目の顔は火の神と同様な性格を持つものと考えたのである。思うに、殷墟婦好墓から出た玉器で、裸の男女が裏表で彫り分けられた遺物がある。何の神かわからないが、男女異なった神様が一枚の玉器に彫り分けられているからには、それらが同類の神であり、しかも属性が異なっていた、と考えなければならない。例えば多産の神様であるが男用と女用が違っている、とか。図3‐16もそういった類ではないかと考えられる。一方はイヌワシ＝朱鳥の神様で火の利用の季節的な神で、裏側は太陽の照りつける暑熱の神様で、同じ火熱の神様でも所管が違うとか。

図3‐17　イヌワシ　宮崎学氏撮（平凡社『鷲と鷹』より）

図 3-18　イヌワシ・神面　玉斧　石家河文化　上海博物館(筆者図)

図 3-19　イヌワシ・神面　玉斧　石家河文化　天津市藝術博物館(筆者図)

そう思ってみれば、図3-16は右側は左側の反対の面であるが、円目の顔の頂上に亭形を戴き、草葉状の物を両側に延しているなど、図1-22のイヌワシの下に伴っていた円目の神と共通した所を持っている。

図3-18、19は、図3-16のイヌワシが両翼をのびのびと梯形に拡げているに対し、全形が長方形に近い形にしか開かず、いじけている所から考え、一つ時代の降る石家河文化のものと考えられる。どちらも一面にイヌワシが居、裏側は円目で亭形を伴った神になっている。図3-18では亭形が大きく、図3-19では小さい。図3-19では目の上の先端に巻鬚形の附く飾りが目の両側に垂れ、目は目尻にト字形が附くが、このような目は巻鬚形の飾りの附いた図3-16左下段の欄に見る目のようなものから変化したものと思われ、円い目に分類できる。即ち、図3-18、19にもイヌワシと亭形のついた円目の神の組合せが見出されたことになる。

図3-18、19の円目の神は、円目といっても図3-16のものと頭上の突出物に大きな違いがあったが、図3-20となると図3-19と同様、目尻に「ト」字形の突出があるにせよ、円目の一種を持ち、突出も大げさで下に逆さの亭形が着くなど、図3-16に近い。この神は円孔斧に附けられているが、円孔の上に小さい兎口（みつくち）形の口がある。この兎口形は小さくてわかりにくいが、図3-22の目の近くに典形的な兎口が見られる。図3-20では枝岐れした突出が下に垂れていたが、図3-21では水平に出ている。兎口形の口は図3-22の呉県張陵山発見の琮にあるが、細工も原始的で、後に切妻屋根形に出張って

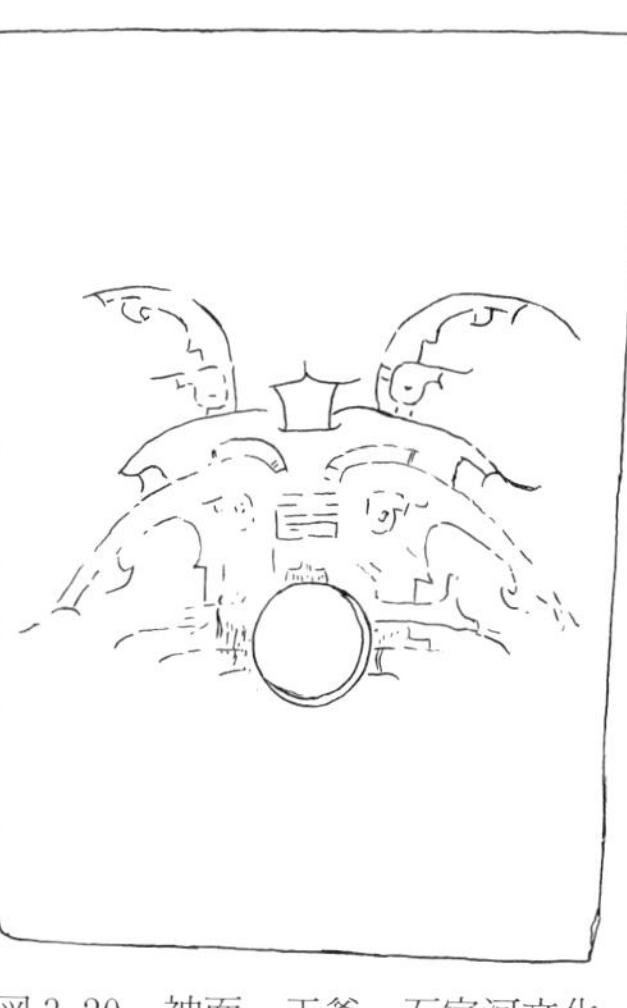

図3-20　神面　玉斧　石家河文化
Arthur M. Sackler Museum, Harvard University（筆者図）

来る神面も本体に板状に貼り附いている。兎口形の口の古い例と見られる。円目と兎口形は日照両城鎮発見の玉斧にも見られる（図3-23）。龍山文化のものである。これも高い巻鬚形の飾りを着けている。

円目で兎口を持つ神というと、図3-24、25にある。どちらも透明度の強い黄色い玉に彫られ、裏表違った顔を持つ。図3-24は白目のある神の頭から羽根束が高くのび、先端は裏側に向って反る。図3-25は長い柄があり、下端に石家河文化に多い虎の頭を彫っていて、これが石河家文化のものであることを明らかにしている[42]。少し縦長の特長を持つが、これが石家河文化の顔の特長である。

図3-25は細長い玉材で作られているため、上方や側方に図3-21のように巻鬚を長く突出させることはできないので大人しい感じであるが、図3-25左と図3-21は円い目、兎口等同じものを表わしたものである。兎口は上にウのようなものがかぶさっている点などそっくりである。

図3-21には円目の神とは別に、神面がもう一つあった。横顔で長い髪を延し、短く刈った髪のようなかぶり物を頭上に着け、耳輪が見える。木の葉のような羽根（殷墟婦好墓出土の鳳凰の尾がこの形で

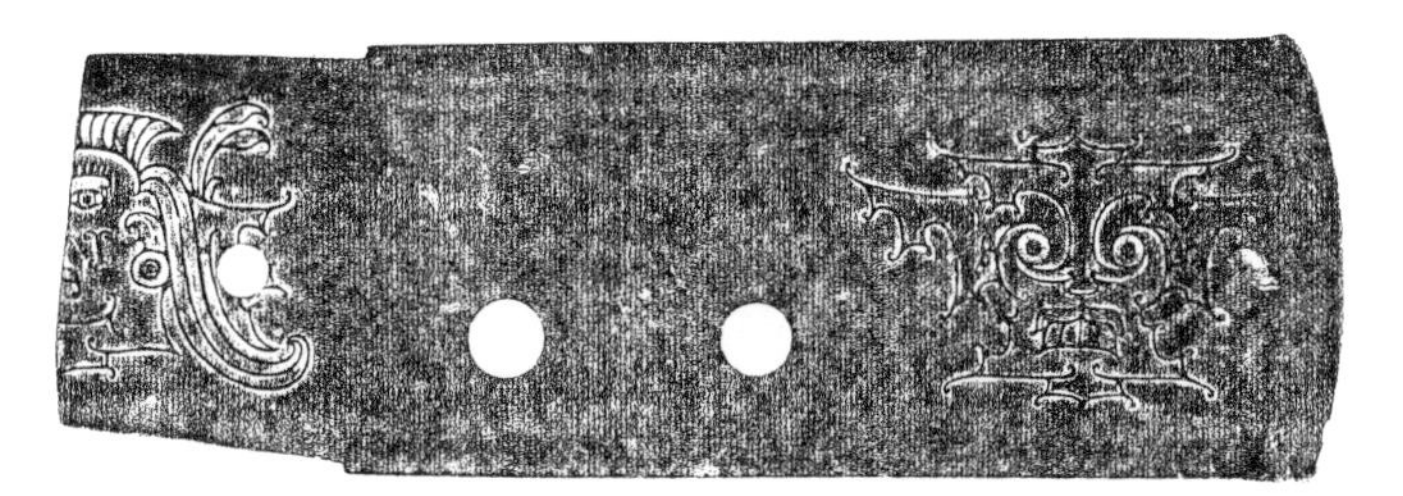

図 3-21　神面　玉斧　龍山文化　上海博物館(同博物館拓本)

図 3-22　神面　琮　良渚文化　呉県張陵山(121 より)

図 3-23　神面　玉斧　龍山文化　日照両城鎮(『考古』1972.4 より)

図3-24　神面　石家河文化(8より)

図3-25　神面　石家河文化(8より)

ある）と、円目の神が着けていたような巻鬚形の長い飾りを着ける。図3-26の玉斧では一面に円目の神がいて、裏側に人間のような顔をした神面があり、耳輪の外側に長い毛髪を下に巻き込んだ図3-21に見たような首がある。両側の首は浮いていてどこにもつながっていない。この両側の首には立った羽毛や巻鬚状の飾りがないが、頭上のかぶり物、耳輪は同様である。

図 3-26　神面　玉斧　龍山文化　国立故宮博物院(筆者図)

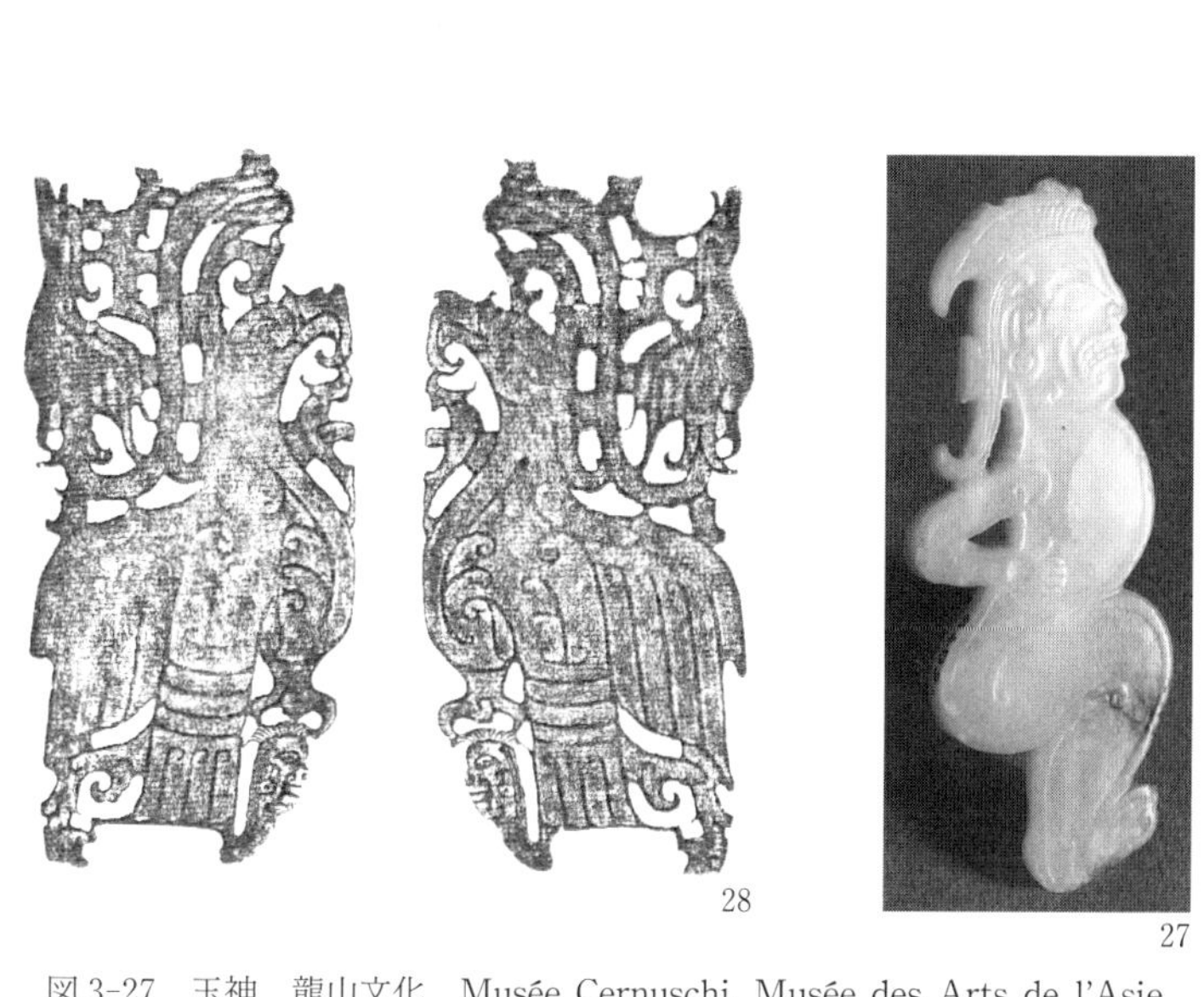

図 3-27　玉神　龍山文化　Musée Cernuschi. Musée des Arts de l'Asie de la Ville de Paris (同博物館写真)
図 3-28　玉製イヌワシ　龍山文化　上海博物館(同博物館拓本)

図3-29　玉製イヌワシ，神面　石家河文化　故宮博物院(28より)

同様な首は図3-27の玉にも見られる。これには裸の人体が着いている。乳房が見えない。男性であろうか。首だけの表現は図3-28、29にも見られる。イヌワシの足下にあり、図3-28は一個、図3-29は二個あって、首はイヌワシの爪の下にあるが、爪は開いており、首をつかんではいない。

図3-28について鄧淑蘋[43]は、巫鴻がこの鳥が人の首を攫う光景と見、この鳥形の神に人間の犠牲を捧げて祭祀している光景と解したのに付し、図3-27のように同様髪を長く垂した人が分離して表現されている例のある所から、その解釈は正しくないとする。その点は確かにその通りで、人間の首を攫うのであれば、しっかり爪で掴んだ状態を描写したらよい。第一、図3-29のように片足に一個ずつ二個を攫うであろうか。現実の猛禽は一匹の動物を両方の肢でしっかり掴む。昔の人はよく観察していたはずである。鄧氏はこの猛禽の神を猛禽類といった意味を持った語鷙に読みかえられる語、摯を名として持った小昊の姿と見た。しかし類を指す語は神の名にふさわしくないであろう。

イヌワシの爪の下にいる人頭については、図3-26が参考となろう。ここでは人頭は中央の大きな神の耳の外に神とは何のつながりもなく表現されている。おそばに侍(はんべ)っているだけである。イヌワシの爪の下の人頭も、そこが空いているから、そこに侍っているのである。

なお図3-26でこの人頭形を伴う神の裏側は円目の神である。図3-16、18、19では円目の神はイヌワシ形の神が伴っている。この原則でゆくと、同図左の人頭形を伴った人間に似た顔の神はイヌワシの神ということになる。星座の形のイヌワシ形の神を神様らしい姿で表わすとこうなるわけである。そう考えてみれば、何よりの証拠、図3-28、29と同様、人間の首の形を伴っているではないか。

そうとわかってみれば、図3-24、25の円目の神様と対になった白目のある神は、顔の上の冠の形に相違があるとはいえ、この図3-26と同じ神である。長い牙が上下にぶつ違う、両方の口の端が上にあがった口の形も同じである。図3-24、25で円目の神の裏側になる、白目のある目を持った顔はイヌワシの火の神だったのである。

それではイヌワシ形の火の神、人間風の顔をもった火の神に侍っている長い毛束、髻を持った人首形の神は何か。考えるまでもない竈神の髻である。先秦時代、竈神は髻と呼ばれた。『荘子』達生に、

竈に髻あり。

とあり、『釈文』に、

司馬いう、髻は竈神なり、赤衣を著け、状は美女のごとし。

という。髻をぶら下げていたから髻と呼ばれたに違いない。『釈文』の司馬はその序録に引く『司馬彪注』で司馬彪は西晋の恵帝末年に卒した。この時分になれば髻も裸でなく着物を着せられ、美女の姿と考えられるに至っている。西王母もその昔、『山海経』西山経に「豹尾虎歯にして善く嘯く。蓬

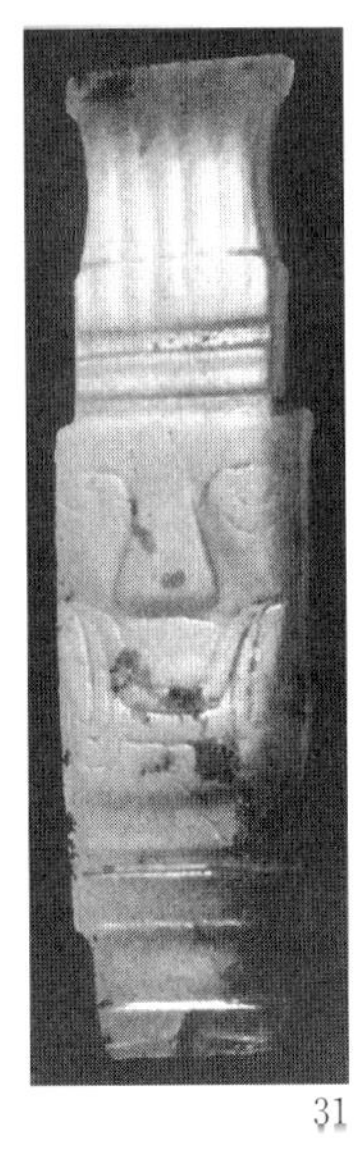

31

30

図3-30　神面玉板　龍山文化　Courtesy of the Freer Gallery of Art, Smithsonian Institution, Washington D. C.

図3-31　神面大圭　Courtesy of the Edward and Louise B. Sonnenshein Collection. Art Institute of Chicago（同コレクション写真）

髪にして勝を戴く」といった浅間しい姿であったのが文明化して女に変っている。髻も石器時代には美女とは言えない姿に表わされることが多かったが、図3-30を見ると結構整った顔に表わされることもあったらしい。

竈神は『太平御覧』（巻一八六）に引かれる『淮南万畢術』に、

竈神は晦の日に天に帰り、人の罪を白す。

とあり、晦の日に天に帰って人の罪を言いつける、というが、天に帰るというから、天上の火の神の子分に相違ない。この長い毛の束、髻を下げた神は、イヌワシの火の神の足の下にいることもあるし、長い牙を持つ人間らしい顔の火の神の両脇に侍ることもあった。図3-24の頭上には白目のある顔から上端が後向に反った羽毛を束ねたような飾りが立っているが、巻髪状の飾りがない。殷以前のものと思われるが、属する文化は同定できない。図3-32も高い羽毛の束らしいものを頭上にいただく。頭の横に巻髪状の飾りがあったらしいが欠失している。これも所属する文化を同定し難いが、広い鼻、長い牙は龍山系のものと言えよう。

同様束ねた羽毛を着けた神に図3-31がある。長い牙と大きな鼻は図3-24と共通しているが、巻髪状の飾りがない。

図3-33は安陽小屯三三一号墓の発掘品である。墓は出土青銅器から殷後期の早い時期のものである。目、顔の輪廓、羽毛飾りなど、突線で輪廓がとられ、この彫法から殷後期より早い時期の製作と知られる。長い牙は失われている。突出する羽根の形なども殷後期にはないもので、龍山系の遺物にヒントをえて作られたものと推定できる。この墓の時代まで竜山系の遺物が残り、朱鳥の火の神の信仰が残っていたことがうかがわれる。

図1-11(2)はコレクション中の遺物で、製作技法から殷後期より少し古いものと知られる。頭上に噴水形の羽毛の飾りがあり、一面は白目のある目、一面には円（菱形に変る）形の目が彫られ、図3-24、25の伝統を伝えているが、製作技法、目の形などは殷後期のものに変っている。長い牙や巻髪状の飾りは失せている。殷後期まで龍山いらいの火の神の伝統の存続がうかがわれる。

図3-34は新干出土の同系統の神の像である。頭上に噴水状の羽毛の飾りを持ち、頭側に短いもの

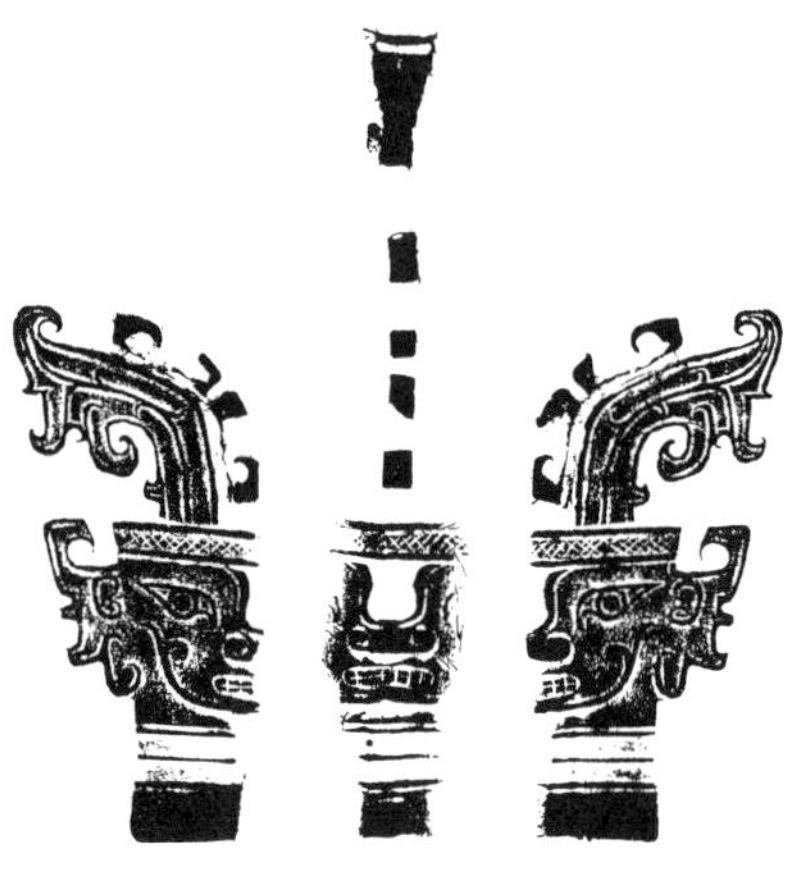

図 3-33　玉神　安陽小屯(51 より)

図 3-32　玉神頭
(78 より)

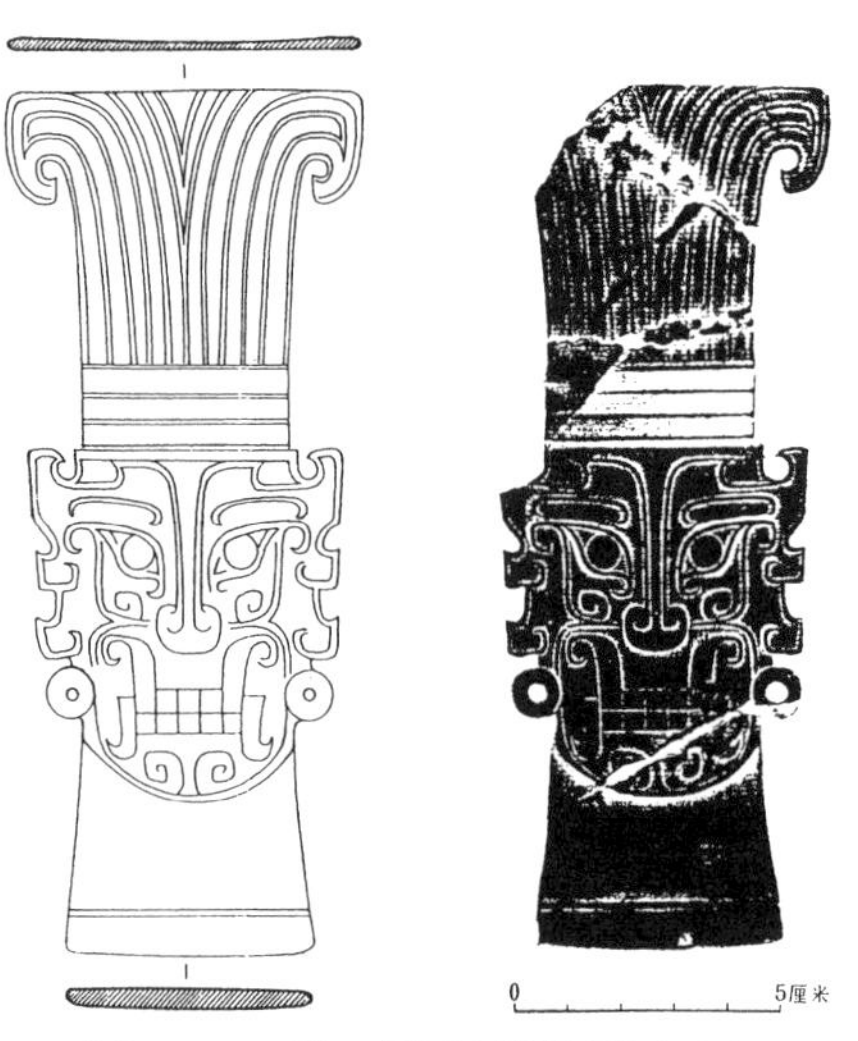

図 3-34　玉神　新干大洋洲(32 より)

に変っているが巻髪状の飾りと長い牙がある。目、巻髪状の飾りなどは、線の両側を彫り窪めるだけの技法に簡略化され、その点殷後期製作たること疑いないが、長い牙、羽冠、巻髪状の飾り、顎や頬の突線の装飾などには殷後期以前の伝統を残している。この点ここの青銅器に殷中期の中原の青銅器の紋様の伝統が色濃く残されている現象と対応している。

さてここまで来て、図3-35の豊鎬遺蹟の出土品を検討してみよう。張長寿は図3-35が一九八五年豊鎬遺蹟から出土し、そこから出土した陶鬲から、この墓は西周早期のものと知られることからこの玉器は西周早期のものと考えている。この玉器は盗掘坑から発見されたのであるが、この墓の副葬品だったろうと考えている。[44] この墓の出土品だった可能性は大としても、この墓に同時代のものばかりが副葬されたかどうかは問題があろう。様式から西周初期の遺物とは考えられないからである。この遺物は白っぽい玉製板状品で上部は中央は平頂の冠状をなし、目は梭形、……顔の両側に曲った飾りがあり……双頬、口上、下顎に細線の渦紋がある。

頭の上の冠、牙のはみ出た口、顔の外の飾り、顔面の細線の紋様は西周時代にないもので、龍山文化系の類似の顔に見るものである。

張氏は自分の論文に類似の玉製品の主だったものを集成し、梭形の目のものと円い目のもの、表裏でこの二種のあるもの、の三つに分け、どれも大体同じ時代と考えている。材料を集めて見たらわかりそうなものであるが、それらの内で顔の幅の広いもの、面長のもの、顔の横の飾りの長いもの、短いもの等。時代による違いが認められる。図3-32、33に示したように、この神は殷時代にもその時代的特色を帯びて作られつづけ、すぐ後に引くように周時代にも作られつづけているのである。

図3-36は琉璃河二五三号墓の出土品である。伴出青銅器は西周ⅠAのものである。頭上の羽飾はヨとEを並べた形に変化し、牙も顔の横の飾りも失われている。小鼻が大きい所に古い面影が残る。

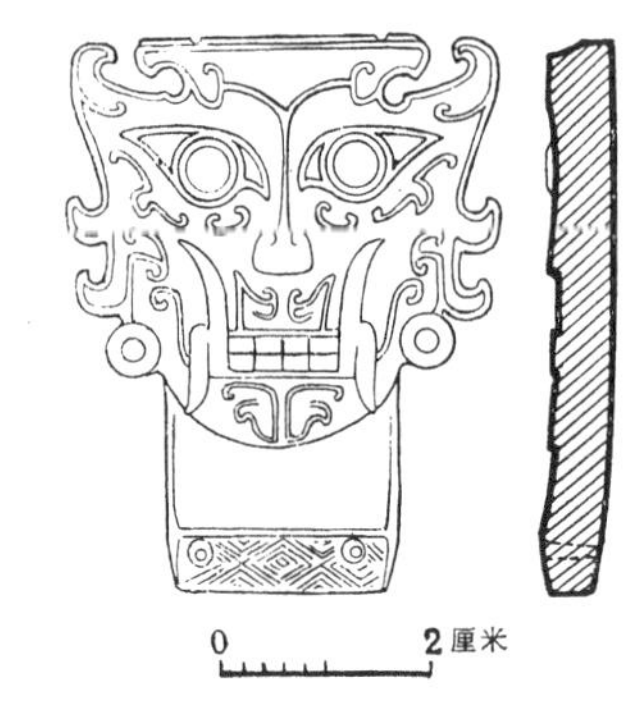

図3-35　玉神　長安豊鎬遺蹟(78より)

図3-36　玉神　琉璃河鎮　西周前期(119より)

図3-39　神面　光山宝相寺上宮崗　春秋中期(『考古』1984.4より)

図3-37　神面　西周前期(155より)

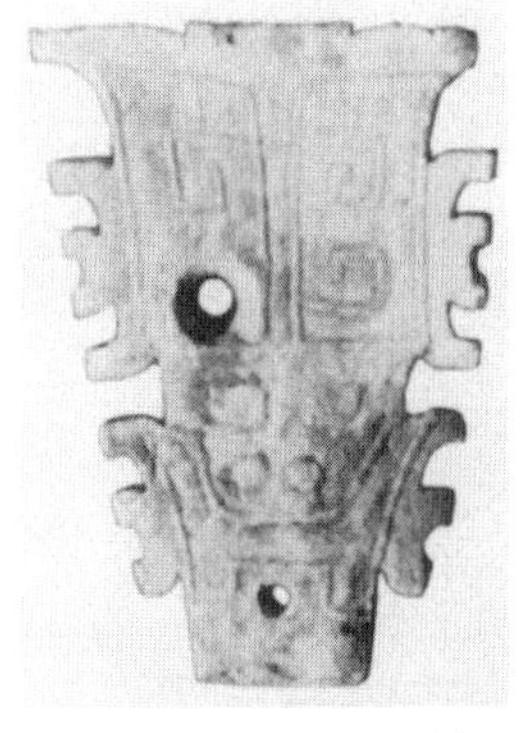
図3-38　神面　西周前期(155より)

図3-37、38は出土地不明品だが側面の鉏牙は西周ＩＡの特色を持っている。大きな小鼻や羽冠の形が図3-36と近い。これらは西周Ｉの例と言えよう。

竈神の髻は、はっきりした殷の例が今のところ少ないが、春秋前期の例がある。図3-39の河南省光山宝相寺上宮岡出土のものである。遺蹟は河南省南部にある。青銅器が出土し、銘文から黄君夫妻の墓と知られた春秋中期のものである。多数の玉器が出ているが、中に図3-39のようなものがあった。一対あってどちらも片面は白目のある目、片面は円目になっている。aは凹線のみ、bは一面が凸線になる。頭に短く刈り込んだ髪のような冠を戴き、その前後は上が外に張り出し、頭の後には反り返った毛束が翻って、龍山文化の髻の姿そのままである。しかし昔の髻は臼目のある目の神のみで円い目のものはなかった。両種の目の神が裏表になっていたのは図3-24、35のような火の神の像であった。この時代になって火の神の白目のある目のものと円い目のものの二種類に対応して髻も二種類作られるようになったのであろうか。或いは玉を細工する職人の誤りであろうか。

まさか職人の誤りとは思えない。この時代は二種の火の神に属する二種の髻があると考えられることがあったらしい。彫刻の技法は他に沢山発見された玉器と同じであるが、表わされた対称は龍山文化以来のもので、不思議な程よく似ている。髻の伝統は綿々とつながっていたとしか考えられない。『論語』八佾（はちいつ）に公孫賈が孔子に言った言葉に、「その奥に媚びんより、寧ろ竈に媚びよとは、何の謂いぞ」というのがある。家の奥に祀ってある神の御機嫌をとるより、竈の神の御機嫌をとった方がよい、とその時分の世俗の諺を引いたものという。図3-39の遺物から百年程たつとこの時代になる。

仰韶文化というと、その早い時期の半坡類型の人面と魚を組合せた紋様をすぐ思い浮べる。図4-1のような類である（口絵1参照）。これがどういうテーマを表わしたものであるかにつき、実に様々なことが言われている。全く関係資料や所伝は残っていないので、各人言いたい放題という感じである。それに関した二十説を批評する、という論文[45]がある位である。この論文に紹介されているのは、⑴トーテム説、⑵水虫説、⑶氏族成員装飾図像説、⑷巫術活動のお面説、⑸神話説、⑹神話中の祖先形象説、⑺原始信仰説、⑻入墨説、⑼魚の図像を象った説、⑽外星人を象ったという説、⑾権力象徴説、⑿月崇拝説、⒀太陽神崇拝説、⒁原始暦法説、⒂図案化、福字説、⒃人の精霊が頭蓋から飛び出す説、⒄生命の神象徴説、⒅女性性器象徴説、⒆原始嬰児出生図とする説、⒇巫師が法を行うとする説、㉑が著者の説で、魚の増殖を祈る図とする説である。その後その他の説も出されているが、多少ましなのは⒄ぐらいである。

新説だか珍説だか、新しい説を出さなければならないとあせる前に、物に密接してよく考えたらいかがかと思う。この図から人面を除けると双魚である。図4-1の人面の口の所に左右にのびている

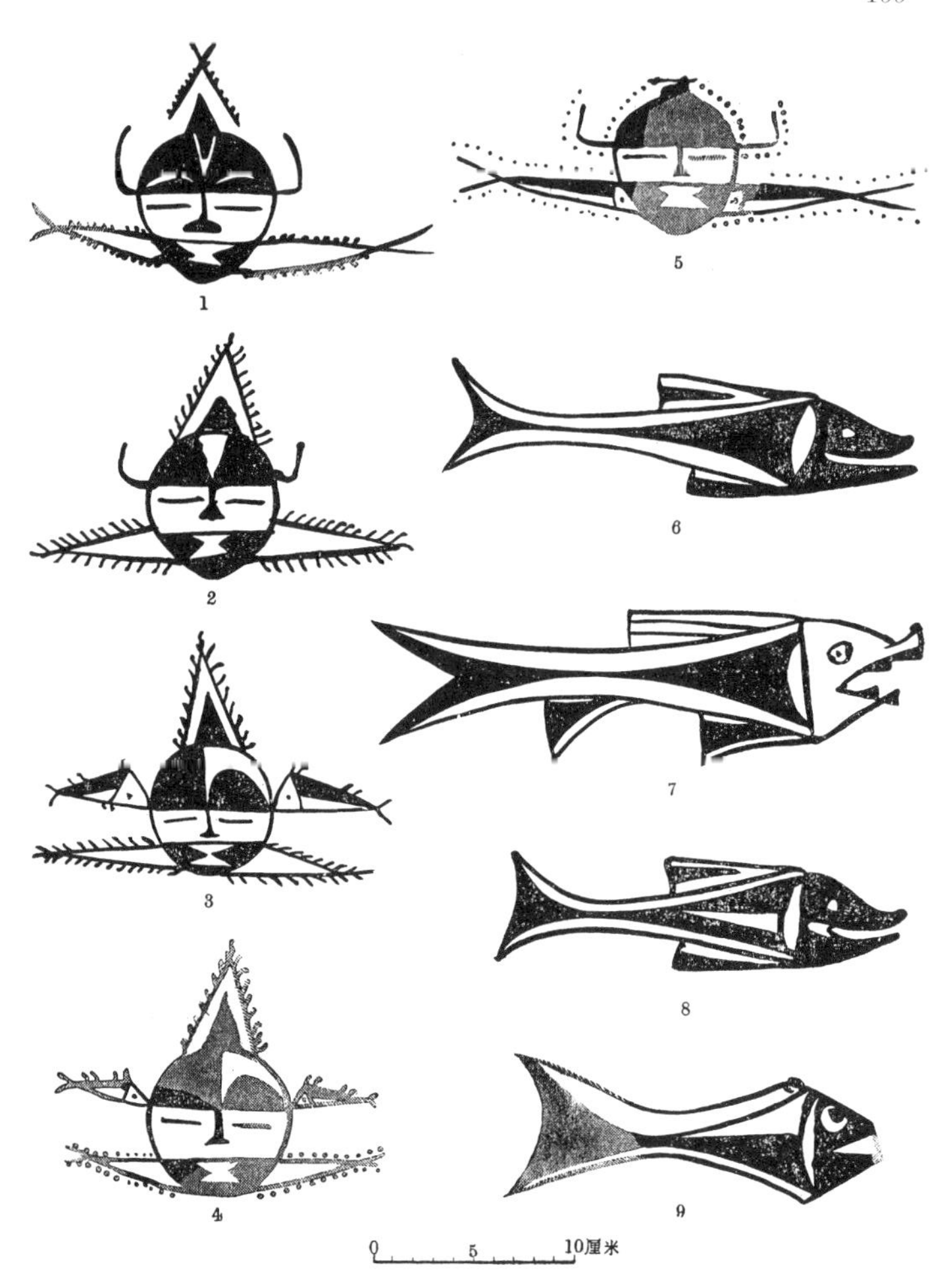

図 4-1　土器図柄　仰韶文化　西安半坡(65 より)

のも、鬚のようにも見えるが、左右から口に食い込んだ部分と外に喰み出た線の形をみると魚である。聞一多は経典の『詩』に関連して、魚に関しては情交の対象として異性が魚にたとえられていると記している。[46]中国では現在に至るまでそうであるらしい。周より遥か以前、仰韶文化でも恐らくそうであったろう。

漢時代頃の双魚紋の所謂洗（盆）で「宜子孫」（子孫がどんどん出来るように）といった吉祥語の銘文の入ったものは多数にのぼる。容器類ではなぜ盆に限って吉祥語が入っているかについて中国人の書いた文章を読んだことがある。[47]現代、洗面器が嫁入道具に入っていることに言及しているものである。戦争中中国の東北に行っていた人にきいたところでは、現地の娼婦の所では、つき添った婦人が洗面器に入れた湯で事後の始末をしてくれるという。漢晋の盆は確かに事後の処置に使ったものであろう。子孫がどんどん出来るように、というような文句が鋳込んである所以である。ちり紙のない時代にどうしていたか知らないが、仰韶文化の時代など、陶器の鉢を今の洗面器代りに使ったらよいであろう。仰韶文化の双魚紋は漢の盆の双魚紋同様「子孫に宜し」の意味を荷った吉祥紋であったに違いない。

仰韶文化の鉢の人頭は何か。偶然かも知れないが、図4-1の仰韶文化の人頭と同じような頂上の尖った三角形のかぶり物をかぶった人像は図4-2にみえる。この図は沂南漢画像石墓の墓門の東側の支柱で、中央の大きな顔の人間形の両側に下半身が蛇になった神がいて、伏犠と女媧といわれる。中央の大きな人間には鬚があり、右側には矩（方を画く器）左側には規（コンパス。円を画く器）が立つ。

図4-2　伏犠・女媧・高媒　漢画像石　沂南（59より）

いうまでもなく陰陽の象徴である。両側の蛇身の男女は手をさしのべている。中央の人間形の男は強力な腕で伏犠、女媧を抱きかかえている。伏犠、女媧というと男女の人間の元祖のような神で、それを強く抱きかかえて結びつけようという中央の神は、人間の男女を結合させる神、高媒の元祖のような神に違いない。その口で魚同士の口づけを誘導している半坡文化の尖り帽の神はこの沂南の神の祖先といえよう。

図4-3は臨汝県閻村発見の仰韶文化の土器で、口縁の下に短い棒が植えられているのは、口に革を張り、周囲の孔に紐を通し、これに縄を引掛けてピンと張り、太鼓として使うものである。甕棺として使われ、多数が出土している。

これは紋様が珍しい。斧と鳥が画かれていて、鳥には魚がとびついている。この鳥は嘴と足が長く、コウノトリといわれる。その通りである。この画について多くの人が論文を書いているが、皆見当外れである。鳥が魚をとる時には胴の真中をくわえ、次いで丸呑みにする。すなわち、この画は鳥が魚をとる画ではない。コウノトリの嘴の先に魚が口を接しているだけである。聞一多が魚は情交の対象の比喩に使われることを記していることは先に引いたが（注46）、その例として『詩』曹風、候人を引く。

鵜（ウミウ）は梁にとまっているが、嘴を濡らしてもいない。かれしはセックスもしてくれない。

南の山には雲が湧き起るが、可愛い子はセックスに飢えている。

魚（女の子）はたまらず梁から飛び上ってウミウ（惚れた男）の嘴にキスした光景ということになる。

鳥の横には石斧が立っている。実用の斧というより、飾られた戦闘用の斧といった所である。男は戦争に行かねばならない。戦争になれば女どころではない、ということであろうか。

図4-3　土器コウノトリ・石斧図
土器大鼓　臨汝閻村(72より)

臨汝閻村の甕棺には他に裸の女の下半身があったり（図4-6(1)）、精気の失われた男性性器一対の画（図4-6(2)）があったりする。[48]意図は測りかねる。[49]

先史時代から殷周時代まで、男性性器の土製品が比較的多く発見され、性器崇拝の対象と解説されている。[50]恐らくそうだろう。

昔中国では、気候がよくなると、川で浴み

図 4-4　土器の踊りの図　仰韶文化　大通上孫家寨(74 より)

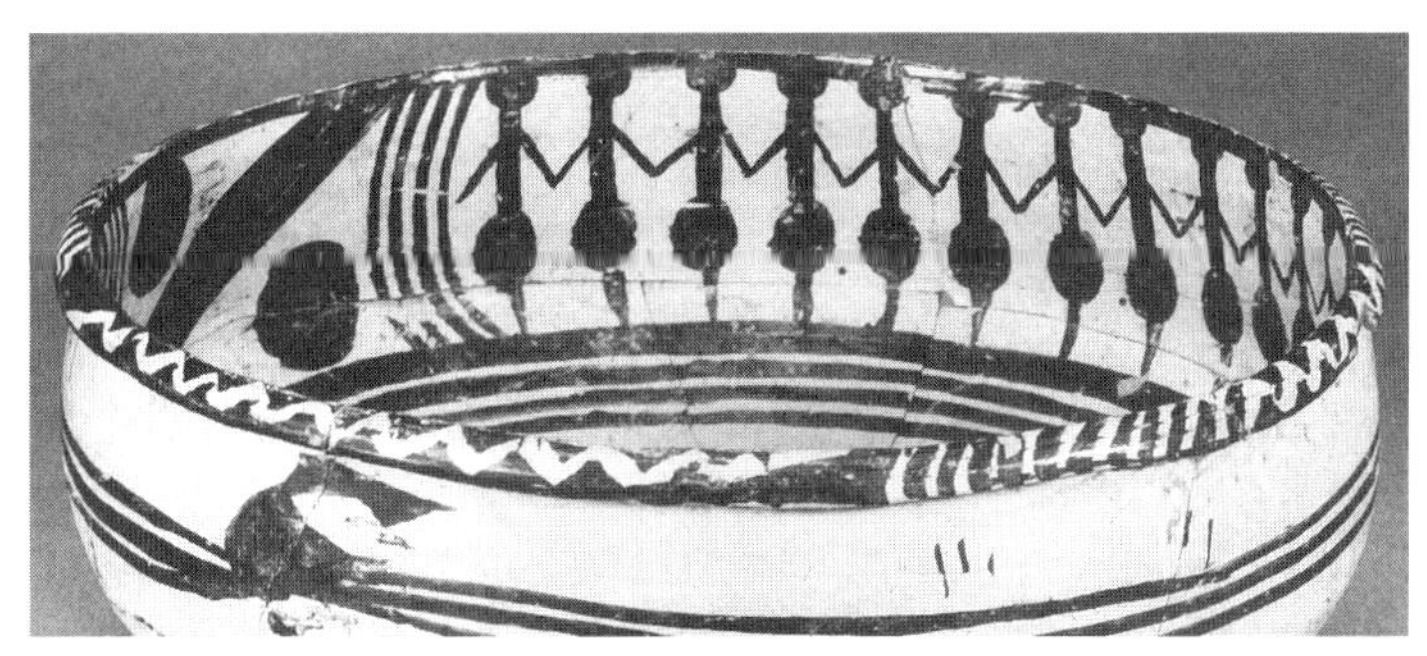

図 4-5　土器の踊りの図　宗日文化　同徳県巴溝郷(73 より)

図 4-6　土器の性器の図　汝州洪山廟(13 より)

するという口実のもと、若い男女が集って歌垣が行われた。着物のすそを端折って川に入る。当時男女とも下ばきは着けていなかったという。対手を見附けるチャンスとされた。

図4-4の鉢には髻を下げた未成年が並んでいる。歌垣の光景とみられる。甘粛省出土の仰韶文化の鉢である。手をつないで踊っている。股間に下っているのは尾という説もあるが、髻の方向から見ると前向で男である。図4-5も甘粛省出土である。腰に円が画かれているが、何の表現かわからない。頭に髻がない。図4-4が男とするとこれは女で、前だけを隠すものを着けているのであろうか。男女とも真裸ないしそれに近い恰好である。これでは何か起らなければ不思議であろう。何か起った後にはこの鉢が役に立つ。

図4-7　土器上の女性像　馬家窰文化
楽都柳湾三平台(『考古』1976.6より)

怪しげな品物が出てきたついでに紹介すると、図4-7は青海省出土の彩紋土器である。仰韶文化の一類で馬家窰文化の壺である。上半半面に少しレリーフを加え、黒で彩紋が施される。ちょっと見えにくいが、壺の頸部に大きな正面形の頭があり、目の両側を耳が限っている。目から涙がこぼれているのか、そのような入墨があるのか、情ない顔である。胸の上部に乳があり、中間に臍があって、その下に大きな性器が表わされ、その下端に膣口が画かれている。性器は両手で押し拡げられているごとくである。その両側にあるのは足の裏で腿、脛はない。足を投げ出した全裸の女性で、浅ましい姿である。衣類をすっかりはがれて泣いている、可愛そうに何があったのだろう、と思うのは我々現代人の早合点である。

この壺の反対側には簡略化された蛙の紋様がある。蛙というと通常雨乞いの象徴と解されている。こういう雨乞いの儀式があったのだろう。

甲骨文（殷時代の卜いに使った亀の甲や牛の骨に刻まれた記録の文字）に「火」ヘンに「交」という文字がある。『説文』（漢代の字書）に、

　烄は木を交えてもやすなり。

とある。葉玉森という学者は、

　自分は考えるのに、『尸子』という本に殷王が白木の馬車を白い馬に引かせ、白い茅で身を包み、自分を犠牲にした、という。これは殷の始めの頃、雨を求めるのに、人間を犠牲に用いたのである。

という。[51] 殷時代、雨乞いに人間が犠牲に用いられることがあった、という所伝があったのである。「烄」字関係の卜いの記録に「次いで雨が降った」、とその効果の記されるものがある。殷よりもっと野蕃な新石器時代、人間が盛んに犠牲にされ、いやだと泣いている女がその辺に珍しくなかった、と

いうことも考えにくい。朝鮮に葬式などの時に泣き女(め)という職業的な女を雇うという。雨が降らない、困った、と泣く役があって、そういう女が珍しくなかったので、それを土器の装飾モチーフにしたのかも知れない。図4-8のような泣きべそをかいた女の姿が土器に用いられるのはその証ではなかろうか。

仰韶文化の中規模の宗教関係の建物跡は甘粛省の秦安大地湾で発見されているが遺物は出ていず、建築の具体的な用法もわからないので、後に紅山文化の東山嘴の建築を記すついでに記すこととし、先に紅山文化の遺物を記そう。紅山文化というと、遼寧省西部西拉木淪(しらむれん)河沿岸に拡がった紀元前四千年中頃から同三千年半頃の新石器時代文化である。その玉器(ぎょくき)が有名であるが、中国の中心文化とは係りの少ない、やや異質のものである。

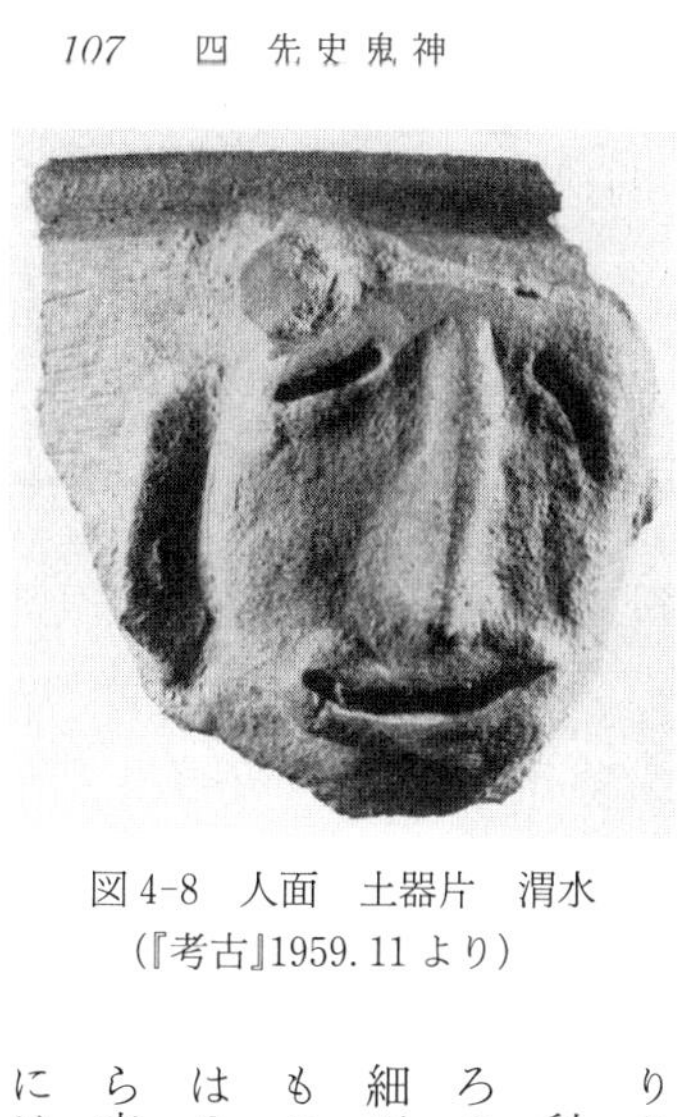

図4-8　人面　土器片　渭水
(『考古』1959.11より)

科学的発掘で出土したものは多くないが、かなりいろいろの玉器が知られている。中でも材料の大きさ、質の吟味、細工の精粗という点からみて、最も尊重されたと思われるものの中に句雲形器と呼ばれたものがある。図4-9~11はその一類である。この類は句龍や巻龍から、或いは亀から来たとか、いろいろ説が出されているが、殆んどそれらには似ていない(52)。龍とか亀とかわかり易い具象的な遺物が作られているのに、それらと殆んど似ない抽象的な形をもった器物が作られるようになった、ということは考えにくい。また目のようなものが二つ並んだ、細工の技術の進んだものから、図4-9のように素樸な、いわば出来のよくないものが生れた、という考えもあるか[53]、普通に考えるとこれは逆であろう。

句雲形玉器について私ならこう考える。図4-9で中心的なのは中央にある回字形の透し紋である。これは雷を象徴し、四周にある曲った角形は当然雲ということになる。後漢の許慎の『説文』に、

靁(雷)は黔昜(陰陽)が薄(迫)り動いて物を生むものなり……回転する形を象る。[illegible]は籀文の靁。間に回あり。……

とある。ゴロゴロという、ものが回転する音が(字に)入っているのである。漢時代には雷は陰陽がぶつかり合うもので、物が転がるゴロゴロという字が雷という文字に入っている、という伝えがあったのである。そして陰陽がぶつかり合うので物が生れるものだ、と考えられていたわけである。雷は落ちた所は木でも人でも粉砕する恐ろしい力を持っているが、生産的なものと考えられていたのである。紅山の酋長達が胸にぶら下げる印にふさわしい品物だったと言えよう。

図4-10は遼寧省建平県牛河梁第二地点一号塚から出土したもので、杜金鵬が句雲形玉器の王と呼ぶ精品である。真中に二つ、瞳孔が孔になった円い目が並び、そこから始まる逆「し」字形の浅い溝が下縁に達する。目玉を廻るもう一つの溝が目玉を一廻りして下縁にとどく。二つの目玉の間からも

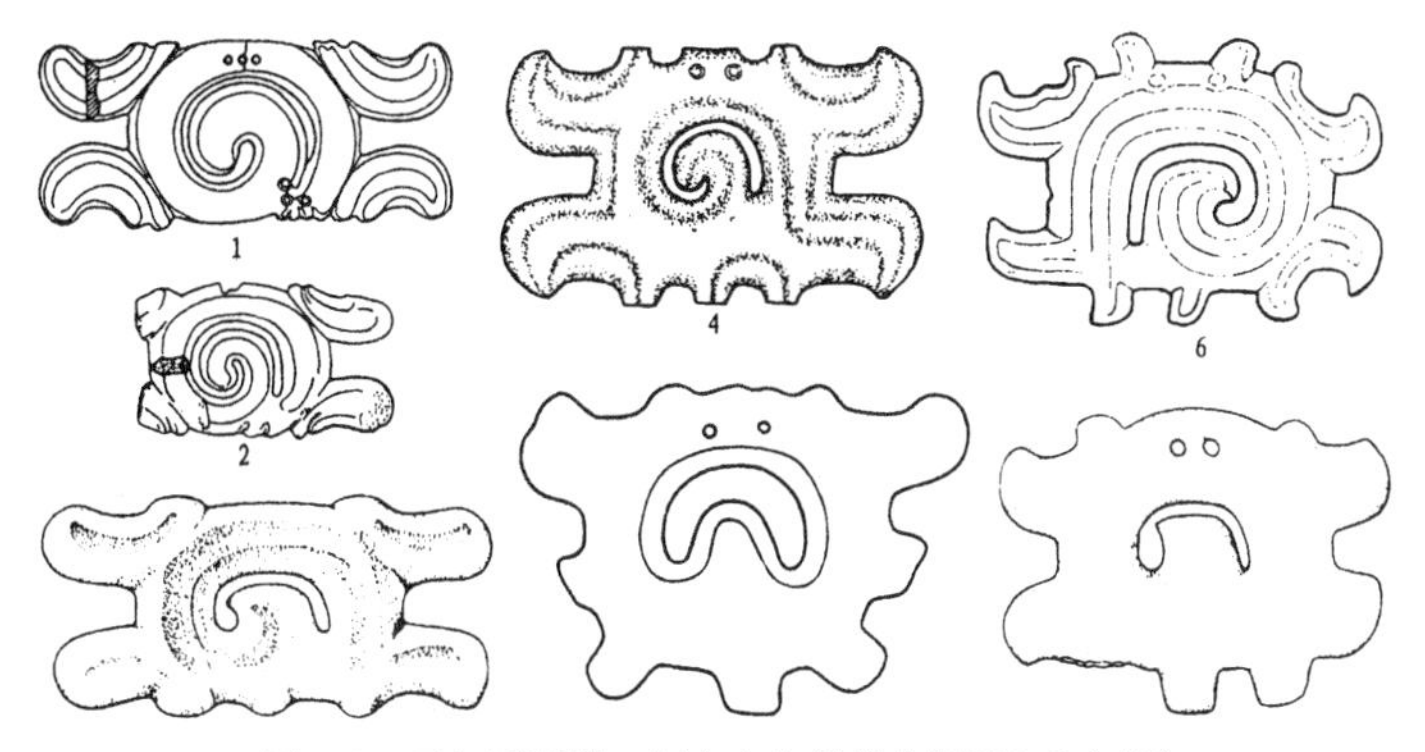

図 4-9　玉句雲形器　紅山文化(『考古』1998.5 より)

図 4-10　玉句雲形器　紅山文化　建平県牛河梁第二地点一号冢(73 より)

図 4-11　玉句雲形器　夏家店下層文化　敖漢旗大甸子(70 a より)

う一本の溝が下縁に達し、合計五本の溝は前歯のような突出を作る。これらは図4-9の回字形の名残である。並んだ前歯の両端は饕餮紋の下顎のような牙形で限られている。顔の上面両端は浅い溝で限られ、下と同じ牙形が上向に着く。上下の牙の間には棒状の突出があり、その間には深い溝がある。

こういう精緻な作は、図4-9のような、素樸な、細工の粗末なものと並べて見た時、誰がみても後起の品物と考えられよう。図4-11は大甸子M八二一の出土品で、小型であるが細工に匙面を駆使し、図4-10と同技法である。大甸子からは従来紅山文化とされる柄形器、筒形器も出ているが、このような細工のものは大甸子遺蹟の夏家店下層文化まで下るのではないかと考えられる。図4-10のような上等な細工の玉器も夏家店下層文化位に下げるべきであろう。目が二つ並び、下に前歯が並ぶようになったについては、殷文化の饕餮面の影響も当然考えるべきであろう。資料の増加に俟ちたい。

これらの句雲形器は上部に小孔があったり、出口の二つある地下道式ともいうべき孔が裏にあったり、わかっているものでは立派な玉製品の副葬された墓から出土している。牛河梁ではそういう立派なものの副葬された墓が幾つか発見されている。石積の集合墓の形で、当時は人通りの多かったと思われる峠道に築かれている。立派な雷の象徴を胸に着けた著名な人の墓に通行人が皆参拝して行ったと考えられる。

この近辺には下を石で固めた土壙や、叱り飛ばしているような怖い顔の女神の泥像片（図4-12）などを埋めた穴も知られている。目に黒い石を嵌め、赤く塗られている。出土したのは小さい穴である

図 4-14　玉龍　紅山文化　翁牛特三星他拉(58 より)

図 4-12　女神像　泥像　紅山文化　凌源•建平県境牛河梁(23 より)

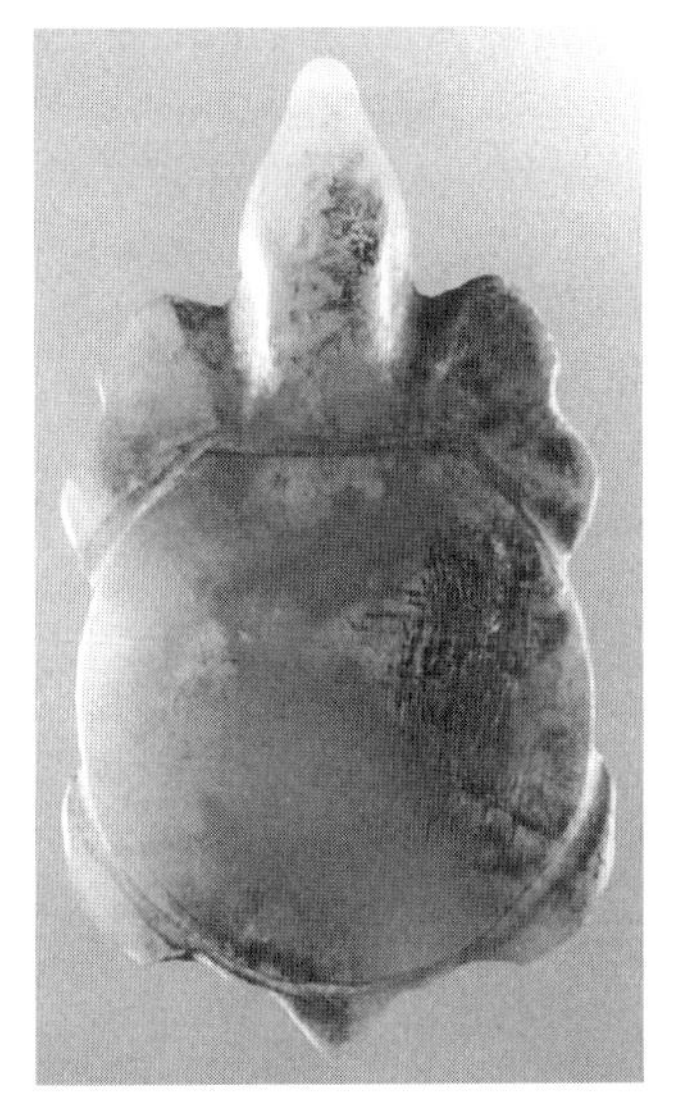

図 4-15　玉亀　紅山文化　阜新胡頭溝(58 より)

図 4-13　石猪龍　紅山文化　牛河梁一帯(58 より)

から、そこで崇拝されたのではなさそうである。よく知られるものであるが、何の神様だかわかっていない。

紅山文化の墓には玉製の立派な腕輪などの装身具の他、猪龍なども含めた想像上の動物像なども発見される。猪龍とは大きな耳、目を持った大きな頭に環状の太い胴が着いた動物形の神像である（図4-13）。細長い頭に細い目と長い冠羽をつけた三星他拉（さんしんたら）で発見された龍（図4-14）とはまた別種で、これは偶然の発見であるが冠羽、尾の先の形は紅山文化のものである。これらは殷周時代の青銅器、玉器の龍とは直接つながらないが、間接的に関係のあったことは疑えない。

他に紅山文化には亀（図4-15）、ミミズク（図4-16）など小品が作られている。ミミズクは翼を半分ちぢめ、獲物に飛びかかる姿勢である。ミミズク形の神は後世戦国時代、刃物で傷つけられないお守りに使われ、画像石では真暗闇の世界の守衛であった[54]。もっと古い昔の用法を推測するよすがとなろう。

牛河梁から二五㎞ほど東南、喀喇沁（からしん）左旗の突出した台地上の東山紅山文化遺蹟から長さ数十m幅五〇m許りの石造りの建物址が発見され（図4-17）、高さ数㎝の素焼の泥の妊婦像の断片、高さ二〇㎝ばかりの素焼の裸体大型人物坐像の断片等が発見された[55]（図4-18）。新石器時代の人物裸体像の発見は中国で初めてのことである。これは子宝をさずかりにお参りする所に違いない。小型の裸像は奉納されたものか、おびんづるさんのように参拝者がなで廻すものか明らかでないが、どちらにしても

図 4-17　東山遺蹟　紅山文化(54 より)

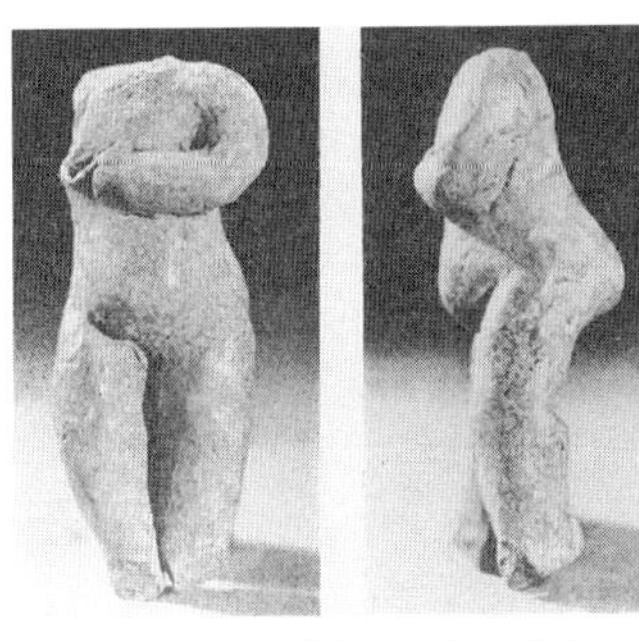

図 4-18　泥妊婦像　喀左東山紅山文化(『文物』1984. 11 より)

図 4-16　トルコワーズ　鴟鴞　紅山文化　喀左東山嘴(58 より)

中々よくできている。

ここに遺蹟が出てきたついでに、先に先送りした秦安大地湾の遺蹟を記しておこう。図4-19はF901の平面図である。一七×九mばかりの大広間を中心に、東西両側室と後室の附いた大規模な建物で、木の掘立柱と藁を芯にした壁と屋根を持ち、南側の広場に石の土台が並び、葦簾(よしずばり)張りの仮の休憩処が設けられたと考えられている。室内の床を素焼の小片を軽量骨材として混ぜたコンクリートで固めてある。世界初というので喧伝されている。柱の配置や広間の礎石の使用など、建築技術も先進的なものとされる。[56] 広間には大きな囲炉裏がある。F411は規模が遥かに小さい、壁のない公共建物であるが、床に図4-20のような墨画が発見された。方形の中にバッタのような虫がいるのであろうか。上は男女でこの家の祖先などと言われるが定かでない。

この建物から土器が出土し、それらが量器だと考えた人がいる。[57] よくわからない所もあるが、物をしゃくう道具と大きなバケツのようなものの容量が一対一〇〇であることは確かなようである。この論文の著者はここから一〇〇kmばかり離れた仰韶文化の遺蹟で大型建物の背後に貯蔵用の竪穴が設けられ、中に穀物の腐ったものが発見された例を想起し、このF411の後室で発見された甕も穀物を入れたものでないかと考えた。そしてこの甕三個位の分量では二三人の一年分に過ぎないから、酋長が穀物を集めて会食用にしたのではないかと考えている。多数の人に穀物を供出してもらうからには、公平を期するため、当然量器が必要である。量器の存在は穀物の供出が行われた証拠である。また穀物

中世鎌倉のまちづくり
災害・交通・境界

高橋慎一朗著

山と谷が取り囲み、南に海が広がる鎌倉。寺社や遺跡、都市の「かたち」が中世の雰囲気を現在に伝える。多様な機能を持つ橋や禅宗寺院、武家屋敷から武士たちの暮らしを分析。人や物が絶え間なく行き交う都市鎌倉を探る。

四六判・二二八頁／二八〇〇円

朝廷の戦国時代
武家と公家の駆け引き

神田裕理著

戦国時代、天皇や公家たちはいかなる存在であったのか。足利将軍や天下人が、天皇・公家たちと交渉を繰り広げ、互いに利用し合った実態を解明。朝廷の「武家の傀儡（かいらい）」イメージを覆し、天皇・公家の主体性を再評価する。

四六判・二八八頁／二四〇〇円

池田綱政
元禄時代を生きた岡山藩主

倉地克直著

明君と知られた父光政と比較され、きびしい評価を受けてきた岡山藩池田家の二代目当主。だが実際は、大規模新田の開発や、閑谷学校の整備、後楽園の造営などの事蹟もある。時代に呼応した統治をすすめた人物像に迫る。

四六判・二四〇頁／二六〇〇円

核軍縮の現代史
北朝鮮・ウクライナ・イラン

瀬川高央著

東西冷戦後、米ソの中距離核戦力削減、ウクライナや朝鮮半島の非核化交渉、イラン核交渉などによる核軍縮が進んだ。安全保障上の利害の異なる関係諸国が、いかに核拡散の脅威を低減する合意を成立させてきたかを解明。

四六判・二六〇頁／一九〇〇円

歴史文化ライブラリー

●19年8月～10月発売の3冊

四六判・平均二二〇頁　全冊書下ろし

人類誕生から現代まで／忘れられた歴史の発掘／常識への挑戦／学問の成果を誰にもわかりやすく／ハンディな造本と読みやすい活字／個性あふれる装幀

487 〈謀反〉の古代史 平安朝の政治改革

春名宏昭著

平安前期、充実した国政運営が進展する一方、承和(じょうわ)の変をはじめとする政変が頻発したのはなぜか。有能な官僚による「良吏(りょうり)政治」の下で変質する天皇のあり方などを読み解き、政治を動かす巨大なエネルギーの実態に迫る。

二〇八頁／一七〇〇円

488 戸籍が語る古代の家族

今津勝紀著

国民の身分台帳たる戸籍。古代にも戸籍に人々が登録され、租税負担の基本となっていた。どの範囲の親族が記載されたのか、人口総数や平均余命、歳の差婚が多かった理由等々、古代の人々の暮らしを明らかにする。

二二四頁／一七〇〇円

489 平将門の乱を読み解く

木村茂光著

「新皇」即位―。皇統を揺るがせ、朝廷に衝撃を与えた平将門の乱。乱の原因を探りつつ、その過程に八幡神や天神など新しい神々が登場する意味や王土王民思想が発現される要因を分析し、反乱の国家史的意義を読み解く。

二七二頁／一八〇〇円

摂関政治最盛期の「賢人右府」
藤原実資が綴った日記を待望の現代語訳化！

『内容案内』送呈

現代語訳 小右記 全16巻

倉本一宏編

四六判・平均二八〇頁／半年に1冊ずつ配本中

⑨「この世をば」

【第9回】二八〇〇円

寛仁二年（一〇一八）正月～寛仁三年（一〇一九）三月
道長三女の威子が後一条天皇の中宮に立ち、「一家三后」という形で道長の栄華が頂点を極める。その宴席で和歌を詠むことを求められた実資は、道長の詠んだ「この世をば」を皆で唱和しようと提案。その胸中や如何に。三一二頁

好評既刊

①三代の蔵人頭 二八〇〇円
②道長政権の成立 二八〇〇円
③長徳の変 二八〇〇円
④敦成親王誕生 二八〇〇円
⑤紫式部との交流 二八〇〇円
⑥三条天皇の信任 三〇〇〇円
⑦後一条天皇即位 三〇〇〇円
⑧摂政頼通 三〇〇〇円

名久井文明著 A5判／各四五〇〇円

食べ物の民俗考古学 木の実と調理道具

縄紋時代の人々は、木の実などの食べ物をいかに処理し、利用してきたのか。出土遺物が形成された背景を、従来の考古学では研究対象にしてこなかった民俗事例から追究。食べ物を素材に「民俗考古学」の地平を広げる。一七六頁

生活道具の民俗考古学

籠・履物・木割り楔・土器

縄紋時代以降、人々は籠や履物などの生活道具をいかに作り、使ってきたか。出土遺物が形成された背景を、従来の考古学では研究対象にしなかった民俗事例から追究。生活道具を素材に「民俗考古学」の地平を広げる。一九二頁

古代日本の国家と土地支配

松田行彦著 A5判・三四四頁／一一〇〇〇円

古代の人と土地との関係を、経済面と国家との関係から追い、地域社会の土地慣行を復元。班田収授法の理解に必要な大宝田令条文を、唐の土地制度と比較分析して、土地をめぐる諸問題への律令制国家の関与を追究する。

中世足利氏の血統と権威

谷口雄太著 A5判・三五〇頁／九五〇〇円

中世後期、足利氏とその一族（足利一門）は、自らを尊貴な存在と権威付けていた。なかでも別格の吉良・石橋・渋川の三氏（御一家）を具体的に検証。足利一門を上位とする武家の儀礼・血統的な秩序形成から崩壊までを描く。

足利一門守護発展史の研究（新装版）

小川　信著　　　A５判・八三四頁／一二〇〇〇円

中世政治史に新生面を開いた室町幕府・守護体制の実証的研究を新装復刊。足利一門（細川・斯波・畠山）の発展過程を追究し、三管領として政権の中枢を占めた理由を解明する。研究の進展に今なお寄与する労作。解説付。

近世地方寺院経営史の研究

田中洋平著　　　A５判・二五八頁／一〇〇〇〇円

近世寺檀制度の枠組外にあった小規模仏寺は、いかに存続しえたのか。関東地域の祈禱寺院・修験寺院・無住寺院を中心に、宗教・金融・土地集積など多様な活動を検討。寺門を取り巻く地域社会と寺院経営との関係に迫る。

日本陸軍の軍事演習と地域社会

中野　良著　　　A５判・二六〇頁／九〇〇〇円

軍隊の維持に不可欠な軍事演習にあたり、陸軍と地域はいかなる関係を有したか。日露戦後から昭和戦前期を対象に、演習地の負担や利益、演習地に対する陸軍の認識を検討。天皇統監の特別大演習に関する論考も収録する。

帝国日本の大陸政策と満洲国軍

及川琢英著　　　A５判・二九二頁／九〇〇〇円

満洲国軍とはいかなる存在だったのか。馬賊ら在地勢力の編入過程や、陸士留学生、軍内統制、国兵法の意義、作戦動員と崩壊までを検証。日露戦争以後の日本の大陸政策と中国東北史に位置づけ、歴史的意義を考察する。

戦後日本の教科書問題

石田雅春著　　　A５判・二四〇頁／九〇〇〇円

教育課程や検定制、歴史教科書の記述内容などを焦点に進められてきた戦後の教科書問題研究。日教組と文部省の対立や教科書無償化、家永教科書裁判などの諸問題を、従来とは異なる視点で分析して実態に迫る。

日本考古学　第49号

日本考古学協会編集――A４判・一三八頁／四〇〇〇円

正倉院文書研究　第16号

正倉院文書研究会編集―B５判・一三四頁・口絵二頁／五〇〇〇円

鎌倉遺文研究　第44号

鎌倉遺文研究会編集――A５判・八〇頁／二〇〇〇円

戦国史研究　第78号

戦国史研究会編集――A５判・五二頁／六四九円

交通史研究　第95号

交通史学会編集――A５判・一一四頁／二五〇〇円

浅草寺日記　第39号

浅草寺史料編纂所・浅草寺日並記研究会編――A５判・八一六頁／一〇〇〇〇円

泰平の世を導いた3将軍の記念碑的伝記を
3冊一挙に新装復刊！

A5判・上製／『内容案内』送呈

徳川家康公伝〈新装版〉

中村孝也著

家康没後三五〇年、日光東照宮の記念事業として編纂された伝記を新装復刊。家康の性格描写に注力し、歴史的環境とともに全生涯を総観する。詳細な年譜と、関連史跡や文書など豊富な図版も収めた、家康研究に必備の書。

本文一〇五八頁
口絵（原色二丁・単色二六丁）
折込（原色一丁・単色一丁）
二五〇〇〇円

徳川家光公伝〈新装版〉

廣野三郎著

徳川家三代将軍として幕府の基礎を強固にした家光。その三百回忌を記念して編纂された初の本格的伝記を新装復刊。誕生から任官までの経歴、将軍の個性を中心に、その治世と鎖国令など事績を余すことなく詳述する。

本文六六八頁
原色口絵二丁・別刷一一丁
二〇〇〇〇円

徳川吉宗公伝〈新装版〉

辻　達也著

享保の改革を主導した中興の名君として知られる徳川八代将軍吉宗。没後二〇〇年にあたり編纂された伝記を新装復刊。幕府政治再建に力を注いだ事績を究明するなど、個人の伝記にとどまらず享保時代史ともいうべき名著。

本文四三八頁
原色口絵一丁・別刷一三丁
二〇〇〇〇円

検証 奈良の古代遺跡 古墳・王宮の謎をさぐる

小笠原好彦著　A5判・二二二頁／二二〇〇円

古代には大和（やまと）と呼ばれ、政治や文化の中心地だった奈良。葛城（かつらぎ）や飛鳥の古墳、王宮跡など三〇遺跡を新説とともに紹介。考古学の研究成果に「記紀」『万葉集』などの記述をふまえ、背後に展開した新たな古代世界を描く。

中世日本を生きる 遍歴漂浪の人びと

新井孝重著　四六判・二二八頁／二四〇〇円

中世前期、耕地は不安定で農民も武士も土地に根を張れなかった。底辺に生きる非人や遍歴する芸能民。襲いかかる災害・飢饉・病など、厳しい環境のなかで人びとはどのように生き抜いたのか。中世の社会史を読み解く。

鳥羽・志摩の海女（あま） 素潜り漁の歴史と現在

塚本　明著　A5判・二三二頁／二二〇〇円

国の重要無形民俗文化財「鳥羽・志摩の海女漁の技術」。原始から現代へと至る、苦難と興隆の歴史を辿り、その豊かで力強い文化を紹介する。働くことの意味、伝統・文化のありかたを現代社会に問いかける注目の一冊。

ロイヤルスタイル 英国王室ファッション史

中野香織著　四六判・二三六頁　二二〇〇円

個性ある生き方とファッションで世界の関心を惹きつける英国王室。装いや言動、恋愛や結婚は何を示し、人々はいかに受け止めたのか。威光と親しみやすさを共存させてきた英王室の歴史、そして気高い生き方を考える。

わくわく！探検（たんけん） れきはく日本の歴史 全5巻

小中学生から大人まで、歴史と文化を目で見て楽しく学べる！

国立歴史民俗博物館編　B5判・各八六頁　オールカラー　各一〇〇〇円　全5巻セット箱入五〇〇〇円　『内容案内』送呈

「れきはく」で知られる国立歴史民俗博物館が日本の歴史と文化を楽しく、やさしく解説。展示をもとにしたストーリー性重視の構成で、ジオラマや復元模型など、図版も満載。大人も楽しめる！

博物館（ミュージアム）が本になった！

❶先史・古代
❷中世
❸近世
❹近代・現代
❺民俗

近刊

※書名は仮題のものもあります。

縄文時代の植物利用と家屋害虫 圧痕法のイノベーション
小畑弘己著　B5判／八〇〇〇円

阿倍仲麻呂（人物叢書298）
森　公章著　四六判／二一〇〇円

藤原俊成 中世和歌の先導者
久保田　淳著　四六判／三八〇〇円

「王」と呼ばれた皇族 古代・中世皇統の末流
日本史史料研究会監修・赤坂恒明著　四六判／二八〇〇円

神仏と中世人 宗教をめぐるホンネとタテマエ（歴史文化ライブラリー491）
衣川　仁著　四六判／一七〇〇円

経覚（人物叢書299）
酒井紀美著　四六判／二三〇〇円

軍需物資から見た戦国合戦（読みなおす日本史）
盛本昌広著　四六判／二二〇〇円

戦国大名毛利家の英才教育 元就・隆元・輝元と妻たち（歴史文化ライブラリー492）
五條小枝子著　四六判／一七〇〇円

東海の名城を歩く 岐阜編
中井　均・内堀信雄編　A5判／二五〇〇円

信長と家康の軍事同盟 利害と戦略の二十一年（読みなおす日本史）
谷口克広著　四六判／二二〇〇円

明智光秀の生涯（歴史文化ライブラリー490）
諏訪勝則著　四六判／一八〇〇円

戦国大名北条氏の歴史 小田原開府五百年のあゆみ
小田原市編・小和田哲男監修　A5判／一九〇〇円

肥前名護屋城の研究 中近世移行期の築城技法
宮武正登著　B5判／一二〇〇〇円

城割の作法 一国一城と城郭政策
福田千鶴著　四六判／三〇〇〇円

大学アーカイブズの成立と展開 公文書管理と国立大学
加藤　諭著　A5判／一一五〇〇円

芦田均と日本外交 連盟外交から日米同盟へ
矢嶋　光著　A5判／九〇〇〇円

文化遺産と〈復元学〉 遺跡・建築・庭園復元の理論と実践
海野　聡編　A5判／四八〇〇円

モノのはじまりを知る事典 生活用品と暮らしの歴史
木村茂光・安田常雄・白川部達夫・宮瀧交二著　四六判／二六〇〇円

「令和」を迎え「平成」を網羅した十四年ぶりの増補新版！

日本史総合年表 第三版

定評ある日本史年表の決定版

加藤友康・瀬野精一郎・鳥海　靖・丸山雍成編

『国史大辞典』別巻

旧石器時代から令和改元二〇一九年五月一日に至るまで、政治・経済・社会・文化にわたる四万一〇〇〇項目を収録。西暦を柱に和年号・干支・閏月・改元月日・大の月、朝鮮・中国年号及び天皇・将軍・内閣他の重職欄を設け、近世までの項目には典拠を示し、便利な日本史備要と索引を付した画期的編集。

改元・刊行記念特価　一五〇〇〇円（二〇二〇年二月末まで）　以降一八〇〇〇円

四六倍判・一二九二頁

『内容案内』送呈

事典 日本の年号

小倉慈司著

大化から令和まで、二四八の年号を確かな史料に基づき平易に紹介。年号ごとに在位した天皇、改元理由などを明記し、年号字の典拠やその訓みを解説する。地震史・環境史などの成果も取り込んだ画期的〈年号〉事典。

四六判・四六〇頁／二六〇〇円

沖縄戦を知る事典

非体験世代が語り継ぐ

吉浜　忍
林　博史編
吉川由紀

「鉄の暴風」が吹き荒れた沖縄戦。その戦闘経過、住民被害の様相、「集団自決」の実態など、六七項目を収録。豊富な写真が体験者の証言や戦争遺跡・慰霊碑などの理解を高め、〝なぜ今沖縄戦か〟を問いかける読む事典。

〈5刷〉Ａ５判・二二二頁／二四〇〇円

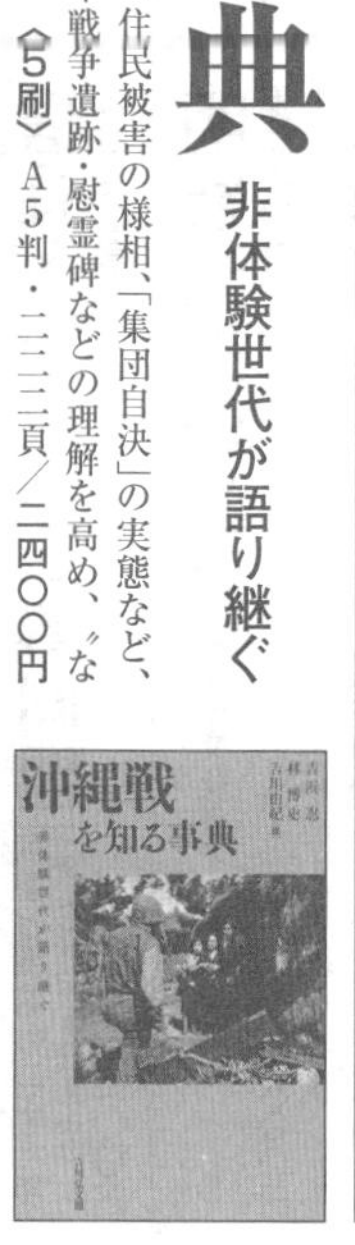

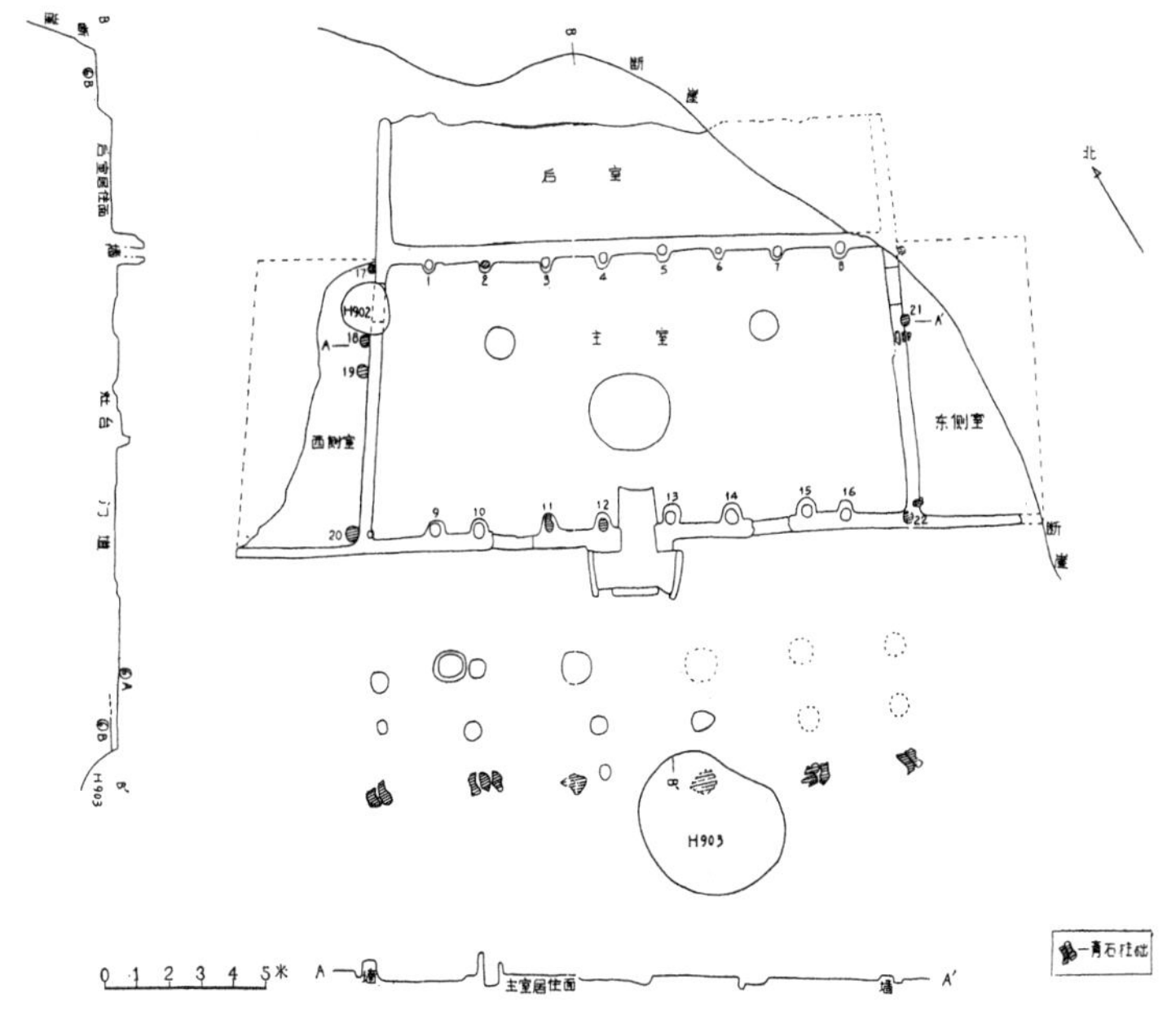

図 4-19　大型建物 F901　仰韶文化　秦安大地湾(『文物』1986. 2 より)

図 4-20　大型建物 F411 地画　仰韶文化　秦安大地湾(『考古』1986. 11 より)

を供出するといっても、いわれなしにこれが行われるはずはない。祭りを行って神様に御馳走をし、同時に参集者一同がおすそ分けにあずかる、というのが西周時代以来の『詩』などに残る歴史時代の早い時期のパターンである。仰韶時代晩期には早く、そういったしくみが始まっていたと想像してよいであろう。こういう大きな囲炉裏のある似たような大型家屋は、大地湾の他の地でも発掘されている。第九区のF405がそれである。長さ一三・八〜一四、幅一一・二mある。[58]こういう大型家屋で祭祀の行われた対象は、地の神、例えばこの頃に始まる人頭龍身の神（図4-21）、或いはこの地に住み始めた人間形の祖先神（?）（図4-20）であったかもしれない。

安徽省含山凌家灘から図4-22のような玉製品が発見された。[59]玉塊（ぎょく）をくり抜いた亀の背腹甲形の製品(1)の中に(2)のような玉板が入っていたのである。璜などの装身具、斧などの玉製工具なども一緒に出てきた。人工で土を積んだ墓地の中の一つである。中に入っていた玉板は一一×八・二cmあり、周辺には小孔を穿つ。正面には中心に二重の円圏を刻し、内円には方心の八角星形を刻する。内外円の間には八本の線が入って八等分し、間には各々矢印を入れる。外円の四方は矢印で等分される。

この記号の中央の八角星形はこの辺の土器などに紋様や記号として刻紋に使われたり、彩紋に使われたりしているのをよく見掛けるが、何を象徴する記号か確証がないので困惑していたが、新たに証拠が見附かったのでとり上げる。それは図4-22と同じ遺蹟で発掘された玉器で、口絵2に示したものである。全体鳥形をなし、翼は動物形である。何の動物か確かめにくいが図4-23の河姆渡文化の鉢に画かれた猪に似ている。この土器の刻紋の動物は少しやせているが猪そっくりであり、牙はないが背中に粗毫が生え、猪そのままである。口絵2の動物は牙もないが猪と見られよう。口絵2の頚から上ははっきりしないが、頭の上の出張りを冠羽とすればイヌワシとみられよう。胸に八角星形を大きく附けたこの猪翼の鳥は太陽の鳥である。何故そう断定できるか。

そういう説があったか定かでないが、この鳥は太陽の動物、猪を翼として持つ鳥だからである。先程引いた河姆渡の鉢に画かれた猪は胴に同心画を附ける。これは牟永抗の考えたように太陽の円と思われる。[60] 口絵2の猪はこの河姆渡文化の太陽の猪の後胤と思われる。

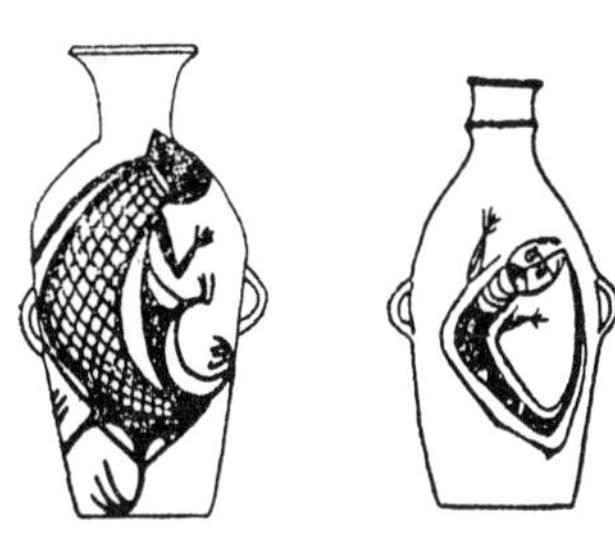

図4-21　人頭龍身神　土器　仰韶文化(『考古与文物』1983.3より)

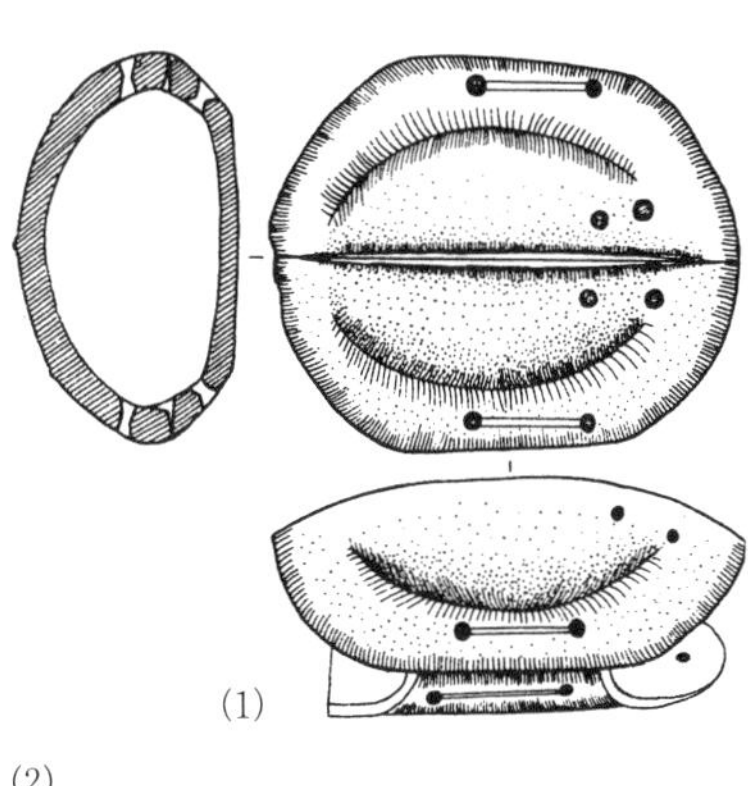

(1)

(2)

図4-22　玉製亀甲と玉板　含山凌家灘(『文物』1984.4より)

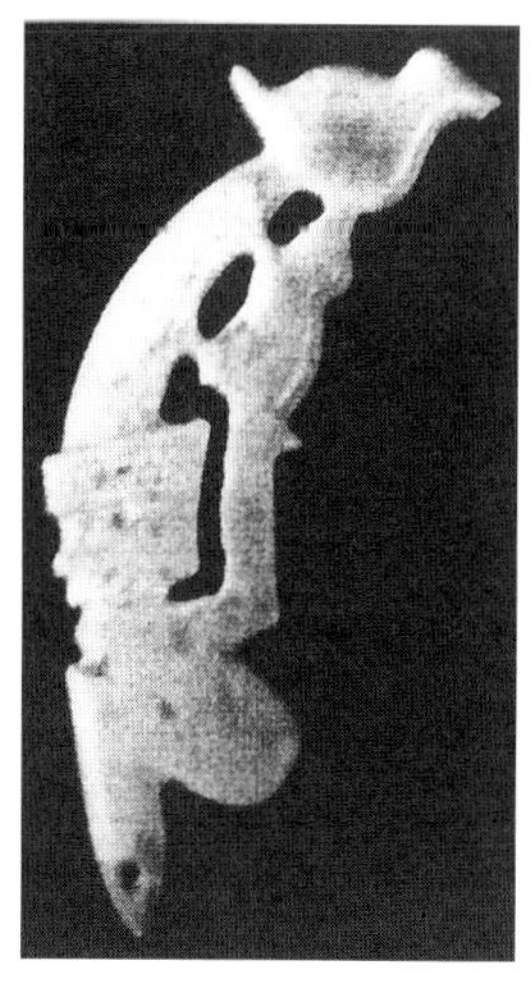

図 4-23　陶紋猪　河姆渡鉢　余姚河姆渡(122 より)

図 4-24　蹲踞する神と鳥・猪　昆山趙陵山(『中国文物報』1992. 8. 2 より)

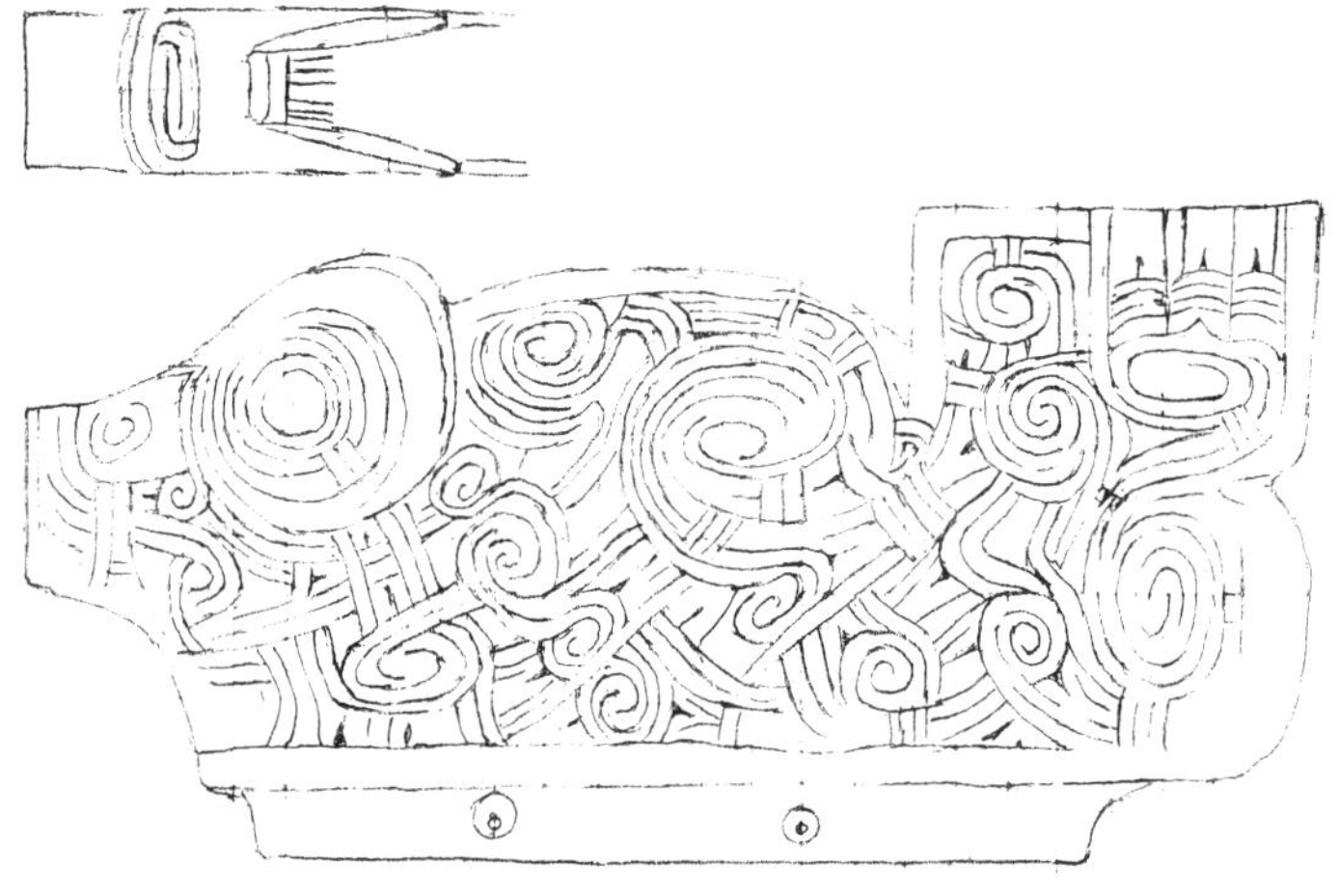

図 4-25　玉猪　良渚文化　東京国立博物館(筆者図)

太陽の猪ということは記録にないが、太陽は鳥か何かに運ばれて東の空から西の空に運行するのはよいが、帰りはどうしたと考えられていたのであろうか。毎日のことである。十の太陽があっても十日でかわるがわる番が回ってくる。世界の西の果てから東の日の出の場所まで十日間しかない。飛行機のない時代、乗物に乗るしか考えられない。馬もない時代である。差当り道などあろうがなかろうが猪突猛進する猪か虎がよいだろう、と考えた人があったろう。

太陽も世界の西の果てからもどって来て急いで鳥に乗り替えなければならない。それも大変だというので陸空両用の乗物を考えた人がいた。猪が翼になった鳥である。口絵2がそれである。

凌家灘の文化は薛家崗と近く、北陰陽営のややおそい時期に当るとされ、基本的には崧沢文化前後かややおそい時期に当るという[61]。この時期の猪の像は知らないが、出土地不明の良渚文化の玉製の猪の像が知られ（図4-25）昆山張陵山出土の良渚文明の遺物で蹲踞する人間の冠上の柱をかけ上る猪の像がある（図4-24）。時代が下ると湘潭出土の殷の猪形の尊があり（図4-26）、西周の盉の蓋に猪形の円彫も知られる（図4-27）。これらと太陽の猪との関係はわからない。

太陽の猪を翼に持ったイヌワシ（口絵2）は孤証のきらいがあるとはいえ、その胸に着けた八角星紋は、それが太陽の象徴である何よりの証であると考える。漢時代の画像石で胸が円盤になったものがあり、中に画かれた動物によって太陽（烏）、月（蝦蟆）と判定されるものが多い[62]。また中に動物のないものがあって隕石に由来する雄雉、宝雞と考うべきものも混っている。口絵2が別に隕石と考う

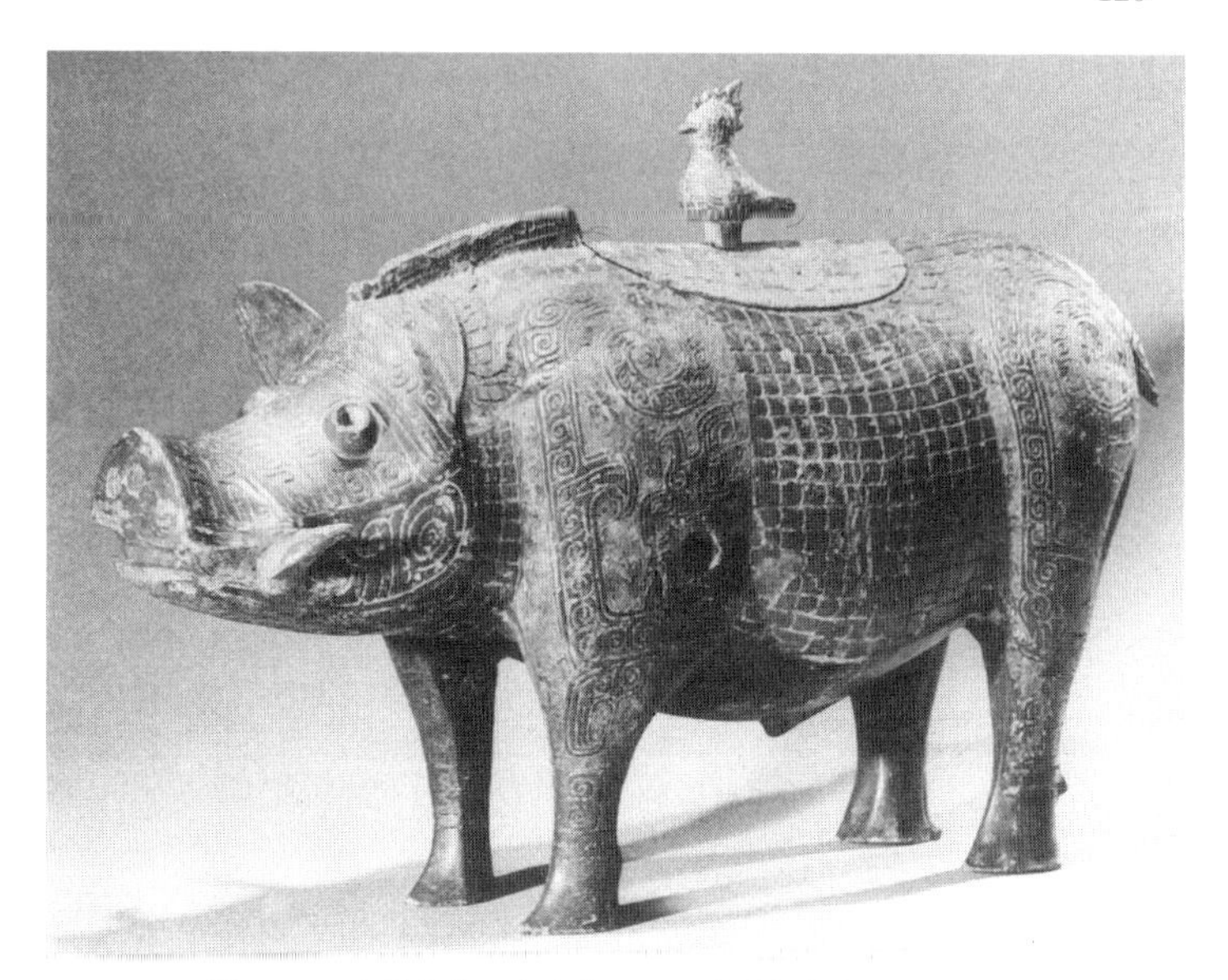

図 4-26　青銅猪尊　殷　湘潭　湖南省博物館(117 より)

図 4-27　猪のついた盉　西周中期　天馬一曲村(118 より)

図 4-28　八角星紋　青銅匜　西周前期(京大人文研考古資料より)

べき徴証もないからである。

次に引く匜もこの八角星紋の性格を考える傍証となろう。この記号は殷時代の図4-28の匜にも見える。茸形の角の頂上を飾るものである。この位置には囧文が飾られるのが普通である。この記号は明紋として、光明を象徴するものである(後述)。それの代替物として、この太陽紋が現れるのは当然のことと考えられよう。

この八角星紋について考えた人は沢山いるが、採るべきものはない。陳久金、張敬国はこの記号は以前より出土した石器時代遺物に沢山出て来て、伝統の解釈に照して太陽の象徴と解される、というが[63]、どこにそういう考えが証明された形で出て来るのか知らない。

兪偉超は口絵2の玉器を占いの道具と考え、用法を考えるのだが、八角星紋は、自分や多くの友人が考えるように太陽の象徴とする。しかし、理由は書いてない。注のない所をみると口頭で合意したのだろう[64]。

尤仁徳[65]は玉板の中心の「八角星紋」を二十八宿の井宿と考える。井宿は縦に四つずつ星が二列に並んだ形であるが、井という字の縦と横の画の交点の星を外に飛び出させ、井という字の縦横の線の始まりと終りの位置に星が来るようにずらせ、八角星紋の八つの尖りを形成させるのである。机上の図形を操作するのは簡単だが、天の星は動かせない。

（以下、諸氏の説を列挙して批評しようと思ったがこんな調子である。仕様もない諸説は略させていただきたい。）

欒豊実[66]は大汶口文化の八角星紋について、中央部が四角であるのは太陽紋としてはおかしい、と考える。図4-22の大円の四方に矢印があるのは四方を、その中の円い八本の矢印があるのは八方を示す。小円の中の八角星紋の中心に四角形があるのは方形の地を示すもので太陽ではない、と解している。思うに中心の方形は円の略筆と見るべきだろう。口絵2では方形でなく円になっている。

五　饕餮＝帝

殷周時代になると、青銅器や玉器などの遺物に想像上の鳥や獣の身体部分に現実の動物の身体部分を借りた図像が沢山現れる。死んだ人間の霊魂も含め、天や地の方々に住むと信ぜられた神々を、先秦時代の人々は鬼神と総称した。鬼神の鬼は死んだ人も含め、精霊のことで、悪玉のオニというイメージはない(67)。ここでは殷周の鬼神を論ずる、ということが許されよう。

この時代になると最高神が出現する。人間世界で王という最高権力者が出現するのに対応する者である。「帝」と呼ばれた。殷代も後期になると、河南省安陽にあった殷後期の都跡から占卜に使った動物の肩胛骨や亀の背甲が出土し、それに占った事項や吉凶が文字で彫り込まれたものがあって（甲骨文という字体が使われる）、書かれている文字を解読することによって王朝の政治について多くのことが知られて来ている。紀元二世紀の古い文字篆書の字引（『説文解字』）が残っていて、字体を比較することによって、解読はそう困難でない。割れているものが大部分であるが、甲骨学という専門の学問も生まれ、多くのことがわかって来ている。近頃は陝西省の周の都跡からも甲骨が発見され、新しいことがわかって来ている。

中国では紀元前から最高神として帝がいると信ぜられたことは文献資料で知られていたが、それが殷時代から信ぜられていたことがわかって来たのは甲骨学の発達によってである。私は甲骨学者ではないから、私の最も尊敬する甲骨学者の一人である胡厚宣によって(68)甲骨学で知られた帝について紹介してみよう。

帝は天上にいて大自然の風、雲、雷、雨を主宰した。

貞う、翌癸卯の日に帝は風の神に風を吹かせろと命令を下すだろうか。

貞う、帝の雲に柴を燃す祭りをしようか。

貞う、帝は雷の神に雷を鳴らせと命令を下すだろうか。

帝は雨の神に雨を降らすよう命令を下すか。

といった具合である。帝は部下の雲や雨や雷の神に命令を下し、豊作をもたらす立場である。

己酉に貞う、帝が雨の神に命令を下し、黍のみのりを降らせるだろうか。

またひでりを命令した。

庚戌の日にトい、貞う、帝はひでりを降すだろうか。

と。また聚落を作ることにも係った。

丙辰にトい、㱿（人名）は貞う、帝はこの商の都会を困窮させるだろうか。

己酉にトい、争（人名）貞う、王が都会を作るに当り、順調だろうか。

と。また国を征伐するに当り、佑けを与えたり与えなかったりした。異族の侵入も帝の命令によるもので、その征伐も帝の同意が必要と考えられた。

　貞う、苦方（固有名詞）を伐つのに、帝は自分に佑けを授けないだろうか。

都会に災禍を降した。

　この都会に帝が禍を降すだろうか。

　貞う、帝は、災を降すだろうか。

王は死後帝に配（つれ合い、協同者）として扱われた。

　貞う、咸（人名）は帝に配となるだろうか。

という具合である（例は沢山引かれているが、一つに絞って引いた）。

　こうしたことは古代のことをやっている者の常識で、どうということもないのであるが、それではこの帝とはどういう姿の神か、ときかれて困惑しない者はないだろう。それをこれから記す。

　殷後期になると、青銅容器の器腹の主要部に大きな目で観者を睨みつける大きな面が附けられ、慣例的に饕餮と呼びならわされている。それが帝の一類だと考える。なぜか。饕餮は鼻面に羽根を二枚背中合せにしたものを着けたり、頭上に篦の形のものを立てたりしている。その形が帝という文字の分類を表わす要素に使われている、というのがその根拠である。(69)

　帝という文字につき、後漢の『説文解字』という字引に、

表5-1(1)は諦なり、天下に王たるの号なり、上に从い、表5-1(2)の声。

とある。ここで「上に从い」というのは、表5-1(1)の篆文の「帝」の上部が、表5-1(3)の要素をもつことをいうもので、表5-1(3)は篆書で「上」という字だ、ということである。「表5-1(2)の声」というのは篆書の「朿」という文字がその発音を表示している、ということである。

表5-1(2)の文字はこの字書では、

表5-1(2)は木の芒なり。

という。木の鋒鋩（尖ったところ）だ、というのである。

『説文』に「帝」が「朿」の発音だ、というが、素人目には疑いが残る。文字の古い発音の専門家、浅原達郎氏にきいてみると、両字の音は子音が離れていて通ずる、と言うことはできないが、母音は同じであるから、帝と朿の音が通じうることもあったことは可能だということである。そこで『説文』の説明に依拠して考えを進めると次のごとくなる。（以下しばらく漢字の文字学の話で退屈であろうが、大事な話なので我慢してほしい。）

甲骨文では表5-2(1)のごとく書かれる文字があり、于省吾は朿と読んでいる。上端（表5-1(4)）が矢字の鋒のごとく作られ、『説文』とは形が異なっているが、その意に合している。

于氏は金文を引いて証としている。[70] 金文とは殷から周時代の青銅器に主として鋳込まれ（刻されるものもある）ている文字で同時代資料として使われている。金（青銅）の器に使われる文字ということ

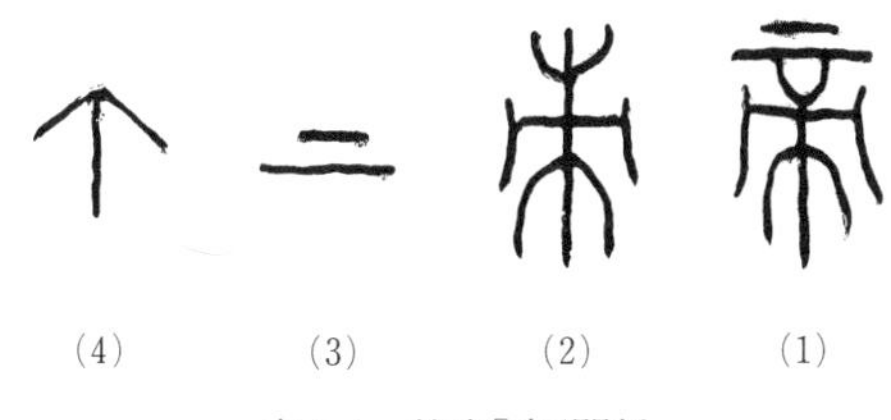

表5-1　篆文「帝」関係

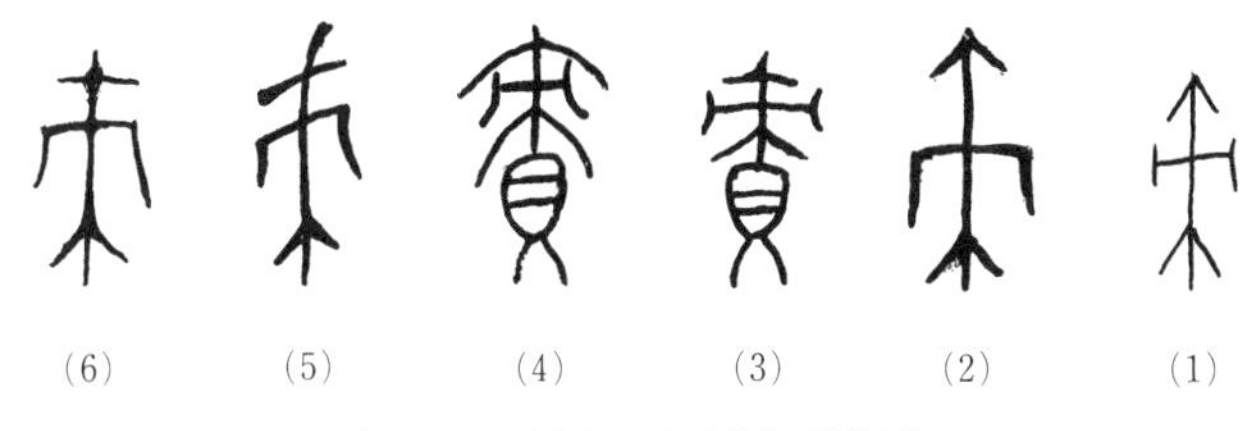

表5-2　甲骨文・金文「朿」関係字

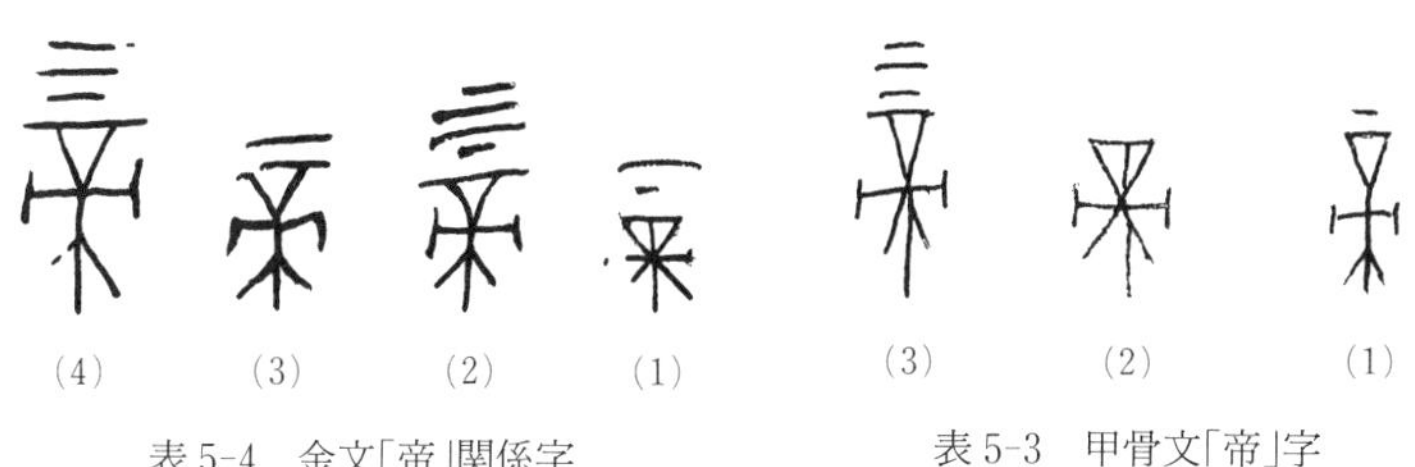

表5-4　金文「帝」関係字

表5-3　甲骨文「帝」字

で金文という。于氏の引く表5-2(2)は甲骨文字と同形であるが、人名として使われているから読みの証拠には使えないとして、表5-2(3)や于氏の引かない(4)の文字は賁、すなわち責と読むことによって意味が通じるから、上半の文字を朿と読むことは正当と考えられる。他に西周金文には表5-2(5)、(6)の字があり、来とか朿と釈されているが、上端の形に相違があり、朿と釈した字と同字かどうか決め難い。

以上、帝字は朿を音を示す要素として持つという『説文』の説が妥当なもので、それが殷時代以来のものであるらしいことを記した。然し『説文』がその上部について「上」だとした点はいかがであろうか。甲骨文、金文には「上」と「下」の金文と「帝」とを合文(熟語の上下の文字を一つの文字のごとく書いた字)表5-3(3)、表5-4(2)、(4)があり、甲骨文、金文の「帝」の最上部に短い横画のあるものがあり(表5-4(3))、これを「上下帝」「下帝」(表5-4(1))の合文からの類推で「上」(表5-1(3))と「帝」との合文とみることも一応可能なごとくであるが、甲骨文の「帝」にはこの最上部の横画を欠くものも多く(表5-3(2))、従ってそれとその直下の横画が『説文』に記されるごとき帝字を構成する必須な要素表5-1(3)であると見ることは許されない。帝字の最上部の横画は、字の形を整えるために意味もなく加えられたものとみるべきであろう(表5-3(1))。このように、帝字の構成についての『説文』の説明の前半は、後世の譌変(誤って変形)した形によるもので、従うことはできない。

殷墟甲骨文、金文の帝字で上部を構成しているのは、頂点を下にした二等辺三角形である。この形については呉大澂にこれを蒂（へた）を象るとする説があり、それについては賛否の両論がある。[71] 問題の部分を蒂（へた）と見た場合、すぐに窮するのは、それ以下の部分の形についての説明であろう。それについてはくだくだ解説する必要もない。

甲骨文、金文の帝字の下半が『説文』に記されるように、その音を示す要素とすると、その上の二等辺三角形を逆さにした形を持った要素は、この語の類別に係る要素であることはいうまでもない。甲骨文、金文の帝字の最上部から冖冠に当る部分までに該当する形を見て思い起されるのは、表5-6(1)の庚字およびそれを要素として持つ図象記号表5-6(3)の上部表5-5(3)である。この形は図5-1～4の饕餮の額に立つものである。この形は植物の細長い葉を半分にしたような形の集合であるが（図5-10）、このような単位の集合は古く良渚文化の太陽神（図5-6）および暑熱の神（図5-7上部）の額に立てていた太陽の光、暑熱を象徴する長羽を束にした逆梯形の飾りと頗る近似しており、良渚文化の滅亡より数百年の資料の空白があるが、その伝統の継続を予想せしめる。饕餮の額の中央に立つこの部分の発散する「気」は、良渚の太陽神でそうであったように、太陽の光と暑熱を象徴する羽根飾りに由来するものと考えてよいだろう。

それはさておき、帝とはそのような気の発生源の神の類で、朿ないしそれに近い音で発音されるものだ、ということになる。殷、西周の青銅器の最も目立つ部分に大きく飾られて最も高い扱いを受け、同時代の最高位の神と認められる饕餮は、その額に特権的に表5-5(3)に対応する箆形を着ける神で

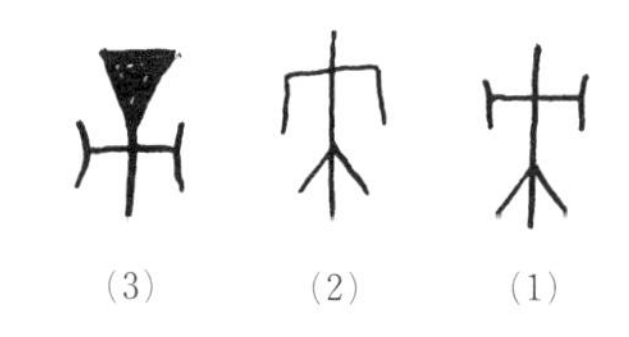

表5-5　甲骨文・金文「帝」字部分図

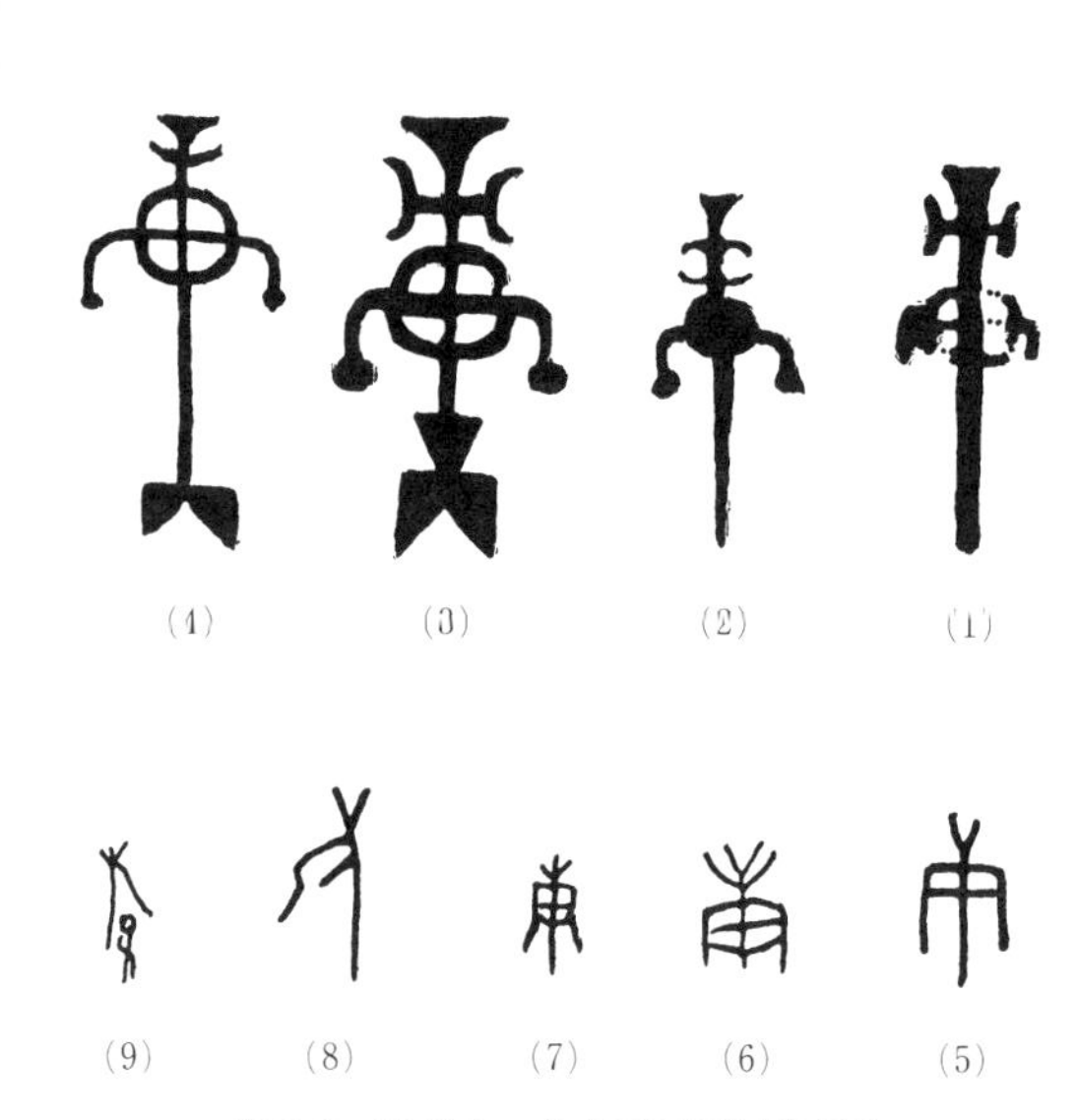

表5-6　甲骨文・金文「庚」「㫃」関係字

ある。表5-5(3)に従い、同表(1)ないし(2)を発音の要素として持つ帝の語は、饕餮をおいて該当するものを見出すことができないであろう。

饕餮の額に立ち、羽子板形とそれを挟む羽根とから成り、その神の気を象徴する要素が表5-5(3)の形で記号、文字化され、それが帝の主要な意味を表わすものとなっていることが明かとなったが、この要素は何と呼ばれたであろうか。表5-5(3)が単独で文字になっていれば話は簡単であるが、現在それは知られない。表5-6(1)、(2)、(5)〜(7)の庚字も問題の要素を上半に持った合成的なものにすぎない。表5-5(3)については、関係の資料をもう一度よく検討する必要がある。

先に表5-6(1)、(2)字を庚字として引いたが、これは特殊な字体で、甲骨文でも金文でもその最上部は表5-6(5)、(6)に示したごとく、その最上部は二叉、或いはそれに更に一対の枝の附加された形に書かれる。表5-6(1)、(2)を庚と読んだのは、使われた金文が「父+十干」の名の型と見るのが妥当と思われ、これらの字が金文、甲骨文の庚字と近似していることによるのであるが、最上部が普通枝岐れしているのに、これらは三角形になっている事実は説明を必要としよう。

また表5-6(1)、(2)の庚字の最上部の逆二等辺三角形に対応すると考えた饕餮の額の篦形であるが、殷の古い段階にはそれは羽子板形がむき出しに、或いは羽子板形の両側に羽根が結合された形（図5-1〜4）をとっているが、殷後期になると図5-8、9に見るような、大ぶりの羽根を二枚、背中合せにした表現が新たに出現する。これについては饕餮の額の篦形に対する観念に変化が起ったと解すべきであろうか。そうとすると話はまた益々込み入ってくるのであるが。

この問題について筆者は次のように解する。すなわち、殷の饕餮の篦形の表現の二種は、庚字の上部の枝分れした形と、逆三角形になった形に対応するものであり、殷の古い段階の饕餮の篦形に使われる羽子板形も、羽根の合さったものと意識されていたもので、後にそれが図像の上でもそれとわか

図 5-1　饕餮　殷中期青銅器　黄陂盤龍城(『文物』1976. 2 より)

図 5-2　饕餮　殷中期青銅器　黄陂盤龍城(『文物』1976. 2 より)

図 5-3　饕餮　殷中期青銅器　安陽小屯(51 より)

図 5-4　饕餮　殷中期青銅器　安陽小屯(56 より)

図 5-6　神面　良渚文化　玉器(筆者図)

図 5-5　饕餮　殷後期青銅器(京大人文研考古資料より)

図 5-7　神面　良渚文化　玉器(筆者図)

図5-8　饕餮　殷後期青銅器　安陽殷墟(70より)

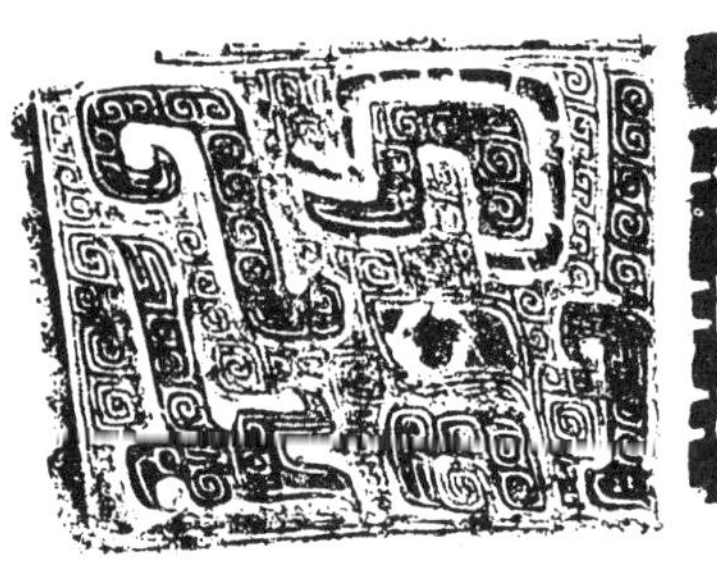

図5-9　饕餮　殷後期青銅器　安陽殷墟(70より)

る形に表現されるようになったに過ぎない、と。

それはよいとして、庚字には表5-6(7)に引いたように、上が三叉になった体がある。これは図5-1、10(3)に対応し、左右の横枝は傍に添えられた枝で真中は羽子板が当る、とも考えられるが、羽子板形は二板の羽根の原形に対応してY字形に表わすのが、甲骨文庚字の方式だったはずで、この解釈はとることができない。そうであれば、これに対応する図像は見当らないのではないか、と一応考えられる。

ところが饕餮の中には今まで引いたのとは別に、図5-11のような類がある。図5-11の饕餮の箆形は、上に三

いては『山海経』海外南経に岐舌国があり、その国の人は舌が二叉になっていると言うのを引いている。そして甲骨文にまた表5-8(4)、(5)の文字があり、人が俯向いてつぼを象る「酉」の方に舌を伸しているのを象り、これは歓（飲）の初文であると考えて同表(2)、(3)の文字を舌と読むことの傍証としている。甲骨文歓字の証は説得的である。しかし舌の先が岐れていることについて岐舌国を引くのは如何であろうか。そのような特殊的な舌を象って普遍的な舌の文字を作ったということは考え難いからである。

筆者は以前に先が二叉になっているのは蛇の舌を象った形を援用して広く舌の観念を表わす字に使用したのだと考えた。蛇をみると、細長い舌先が二本、口唇の間からちょろちょろ出入しているが、根本の方は一本になり、Y字形をなしているものという。[76] しかし改めて考えてみると、この解釈も問題がある。表5-8(2)、(4)のように舌がY字形になっているのはそれで解釈がついても、同表(3)、(5)

(2)　(1)

表5-7　金文「旗」関係図象記号

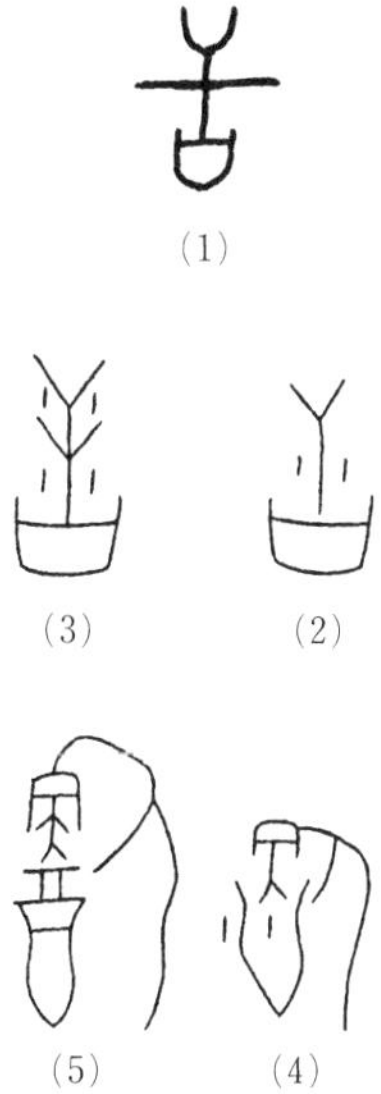

(1)

(3)　(2)

(5)　(4)

表5-8　篆文・甲骨文「舌」関係字

図5-12　龍　殷後期青銅器　石楼二郎陂（108より）

のようにY字形の縦画から更に枝の出たものがあるからである。蛇の舌にそのような余分な枝はない。このような枝の加わった⑶、⑸のような形が何かの誤りによるものでないことは、殷時代の龍に図5-12のような例があり、そのY字形の舌に横枝のある形で表わされることによって知られる。この龍の舌（図5-12）は図5-9のような饕餮の鼻筋の箆形――羽根を二枚背中合せにした形――と同じ形をもつ。この形は前記のように表5-6⑹の上部に対応するものであることは改めて説明を必要としないであろう。表5-8⑶、⑸の横枝の出る舌は、生物の舌の象形ではなく、図5-11に使われているような、象徴的な図像に使われているものであることが知られた。そうではあっても表5-8⑵、⑶の舌字の「口」から出るY字形、Y字形に横枝の加わった形が舌を象り、当然その形が舌と読まれたことは確かなことである。従って図5-12の龍の口から出るものも舌に相違ない。となると饕餮の附ける、これと同じ形の箆形もまた舌というものだ、ということになる。そうなった場合、饕餮の額に立って「気」を発散し、それをして最高神たらしめた箆形と人間を含めた生物の中にある舌とはどのような関係があると考えたらよいであろうか。

これについては筆者が別に論じた、古来の象徴的図形の図像の身体部分の表現への適用（8〜13頁参照）ということで解釈がつくと考える。そこで論じたのは、例えば鼻の象形とは本来関係のない、象徴的意味を荷った図形を持ってきて、神像の鼻のあるべき場所にこれを応用し、その象徴的意味を代表せしめる、という方式である。今の舌の場合は、新石器時代に遡る最高神の顔に着ける羽根の束の形をとった図形——恐らく「舌」といった音で呼ばれた——を持ってきて、舌のあるべき口に配し、看る者に舌と読ませる、という方式である。舌は『説文』に「口に在りて物を言い、味を弁別するためのもの」と記される。舌は言語という他人に対して不可思議な影響力を持っているものを発し、また身体の陰の気を補益する食物を味によって弁別する器管である。古い伝統のある「気」の象徴であるこの図形を使うことによって、それが単なる動物の一器管に留らないことが示されえたであろう。図5-12のような形で舌を表わすことによって、この龍が「気」を銜むものであることを示すこともできたのである。

饕餮の篦形と舌とは右のように解しうるとして、表5-6(8)、(9)、表5-7の旗杆の頂上の羽根の束はどう説明できるであろうか。舌と相通ずる音を持ち、旗杆の上に附くものというと蕝というものが思い起される。『説文』に、

蕝は朝会に茅を束ねたもので（諸侯の立つべき）位置の目印とするのを蕝という……『国語』（晋語八）に茅蕝を立てて目印とした、とある。

すなわち、旄とは天子が諸侯を集めて儀式をする時、云々というのである。諸侯の立つ位置の目印については『儀礼』覲礼に、

上介はみなその君の旂を奉じ、宮に置く、左を尚しとす……

とあり、注に、

「宮に置く」とはこれを建て、予めその君の王に見ゆるの位となすなり。

という。先の旄もこの旂と同様、旗(はた)の一種として、束茅を杆の先にとりつけた形で使われたものでなければならない。礼の中に出てくる小道具中における茅の使い方をみると、通常鳥の羽根を使う所を茅を使った旌がある。また埋葬の前に棺を廟に入れるに当って指図に使うに、羽葆、すなわち鳥の羽根を杆の先に束ね、四方に垂れるようにした道具に、大夫の場合は茅を附けたものを使うというように、茅と鳥の羽根とは同じ用途のものでも時と場合によって使い分けられている例がある。旄でも茅でなく鳥の羽根を使ったものもあったことを想定してもよいであろう。表5-6(8)、(9)、表5-7の旗杆の上に附くものが、饕餮の頭にあるものと同じ羽根の束であり、それがそれらに対する名称である舌の音の語と同様な発音の名称、旄の名で呼ばれた、というのが筆者の考えである。

以上により、饕餮の鼻筋に飾られるものは「気」を降す、ないし発散する羽根束で、場合によって旄の名で呼はれるものであることが知られた。その象形に「束」という音を示す要素を加えると「帝」と読まれる文字が成立するというわけである。然し饕餮の図像に附いているのは旄だけであり、

音を示す朿は入っていない。葩の形をかいて帝と読ませようというのであれば、見た人が間違えぬよう、朿という音をかきそえた方がよい。表5-9(1)と鳳凰の形をかけばわかるであろうが、同表(2)と、(3)の音を示す文字をそえるように。[77]図像の中に組み込まれている場合は当然それとわかったはずで、朿という音を示す必要はなかった、ということになる。

殷周青銅器に飾られた文様には饕餮と似たもので、小ぶりに表わされている神頭がある。饕餮と区別して犠首と呼ばれている。容器類の肩とか、把手の上とかに鋳つけられ、立体的な表現のものが多い。見通しのよさそうな場所に飾られて、彼等も饕餮に近い姿を持つが、頭に右に見た「帝」に附いていた葩形が欠けている。階級章に金筋が入っていないようなもので、見違えては困る。威力において劣る者である。饕餮が「帝」とするとその下の「工臣」といった所である。[78]

(1)　(2)　(3)

表5-9　甲骨文「鳳」関係字

大体青銅器というものは祖先に飲食を供する時に使われるものである。殷周時代、中国ではえらい人の墓の直上の地上に廟の建物があり、そこで常時飲食が供えられた。青銅器に鋳込まれた文字に、

某（死んだ人の名）の奠彝を作る。

と書いてある。奠彝（普通、䧻彝と書き写される）の奠とはデンと据えておくの意で、彝は常の意である。飲食が常時供えられていたのである。

青銅器の入れられるような立派な墓に葬られる人は、一族の長ないしそれに準ずるえらい人であるが、その地位を獲得するためには血族同士の争いもあったに違いない。怨めしく思う人がいないわけはない。墓は原則として郊外の淋しい所にある。供え物を泥棒する人や獣など追っ払ったらよいが、怨みを持った目に見えない悪霊でも出て来たらどうするか。超自然的な威力で追い払う外ない。青銅器の帝や工臣の出番である。帝は大きな目で睨みつけてやればよいし、見通しのよい所に附けられた工臣は誰でも気附くその存在によって追い払えばよい、という目論見である。そういうえらい神様に常時張番をしてもらって恐れ多い、などということは考えなかったのであろう。

彝器の器腹など、目立つ場所に飾られた大きな目の饕餮をここに十把一からげに「帝」という当時の最高神として扱ったのであるが、これには種類がなかなか多い。角や頭上の飾りで仮に分けて見ても、水牛の角、羊の角、イヌワシの羽冠、虎の耳を大きく表わしたようなもの、その他総てで十数種類に及ぶ。それらの中に、文献に残る三皇五帝の前身があるのかないのか、饕餮や犠首にも名があったはずだがその記録が全く残らず、明らかにし難い。

文献に名の残ることによるのではないが、その図像の使われる位置によって、天皇太帝のものと知られる図像が戦国時代に出てくる。少し手間がかかるがそれを次に記そう。

私は以前に漢時代において璧は陰陽二つの「気」の未分な状態「元気」を象徴するものであったことを論じた(79)。画像石で日、月が等しくギザギザ紋を入れた環——璧の一種——の形で表わされること

図5-13　龍虎・牽牛・織女　漢画像石棺　郫県(33より)

があること、龍虎の飛びつく別々の壁で、陰陽が画き分けられていないこと、龍虎が一つの璧をとり合い、どちらが勝っても璧は陰陽一方の龍虎がどちらにもふさわしいこと、新(国名。前漢と後漢の間にあった国)時代の壁画墓中、璧を争う龍虎の中に、両者に属する璧以外の璧のあること、等によって推理したのである。これは今でも正しいと思っている。

図5-13は墓の石棺の画像石で、龍虎が間にある璧を引張り合う画像と、天地反対向の牽牛と織女の画像である。織女は画面の一端に居て、杆の両端に水をかく所のある、今のカヌーの櫂のようなものをかかげている。「やっと今、天ノ川を渡って来ましたよ」、と呼ばわっているごとくである。持ち物を梭とする解説があるが、梭というには大きすぎよう。舟をこいで来たら、乗り逃げされないように、下りたらこぐ道具だけ持ってくるものである。

牽牛は真中近くにいて牛をぐいぐい引張って大急ぎでやって来る。牛もがらになく走っている。二人とも時間が短い。一年ぶりだから今夜は大いに楽しもう、と気がせいている様が画かれている。

図5-14　玉璧　戦国　曲阜(37より)

璧をとりあっている龍虎と、牽牛、織女はどういう関係があるのか。陰陽あい反する龍と虎では風馬牛相い及ばずであるが、「元気」の象徴、すなわち陰陽未分の——すなわち陰陽どちらにでも転化する——璧を勝ち取れば、パートナーを得たことになる。牽牛と織女ももうちょっとでパートナーを得ることになる。龍虎も勝つまでは潜在的にしかパートナーを得られない。牽牛と織女も会うまでは潜在的にしか陰陽でない。二人の気は充実しているとはいえ、未

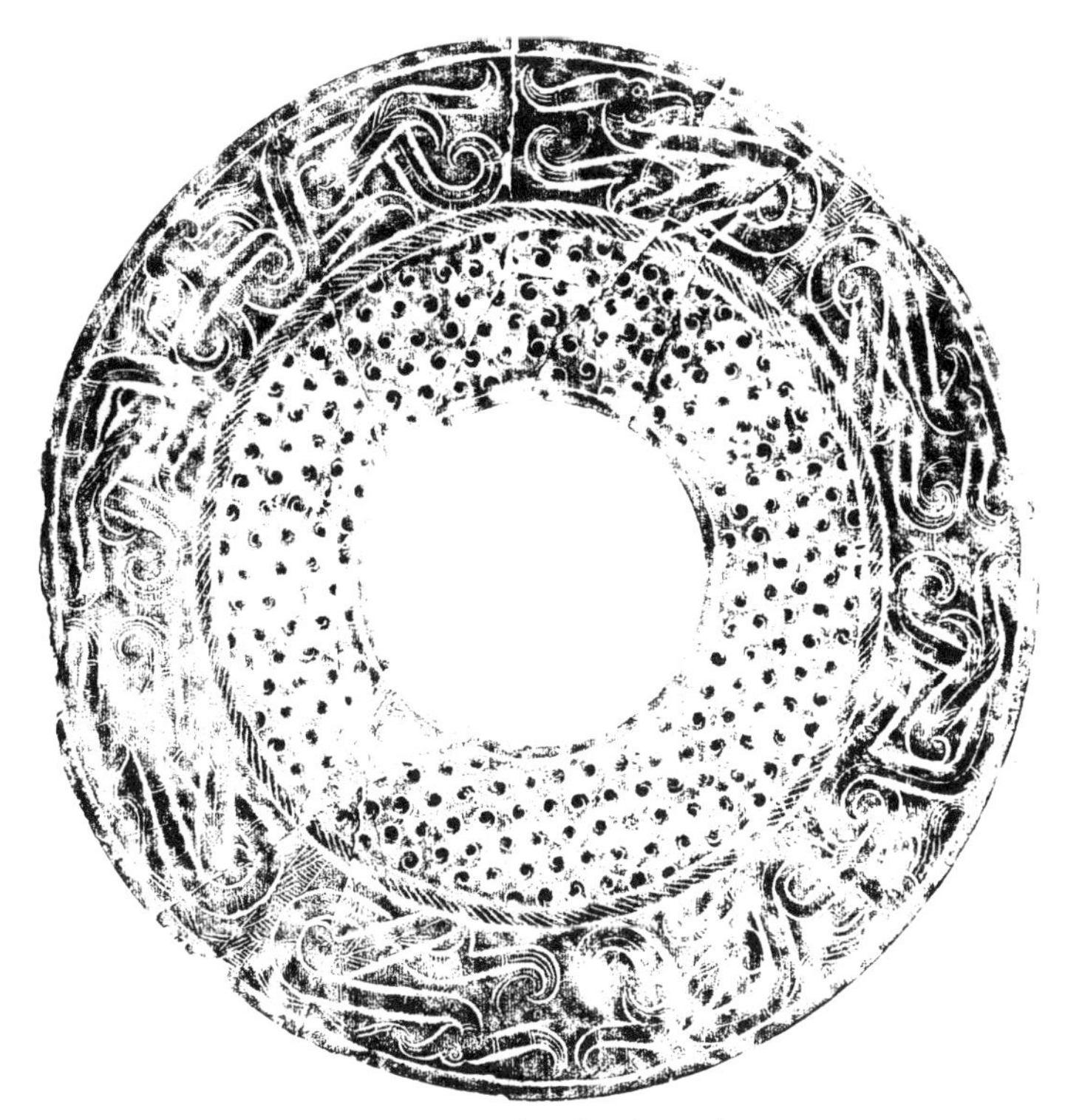

図5-15　玉璧　戦国(8より)

だ陰でも陽でもない。会って夫婦の交りをしてはじめて男か女、陽か陰が生れるわけである。

牽牛と織女が一緒に画いてあることによって、龍虎が璧を争っている意味をこのように知ることができた。また璧が確かに陰陽どちらにも分化することのできる「元気」の象徴であることを確かめることができたと考える。

璧というものは発生いらいずっと、西周、春秋時代の若干の例外を除き、紋様を刻まれることがなかった。紋様が出てくるのは、図5-14のような戦国時代いらいのことである。一旦刻まれ始めると前漢時代までどの遺物にも戦国いらい変ることなく似たようなものが作られつづける。図5-14は曲阜で発掘されたもので内、外の縁沿いに饕餮文の帯がくり返される紋様帯がある。目の形から戦国中期と判定される。[80]饕餮一つずつについて見ると、伝統的な正面形の顔に二つの細長い目と巻上った眉が附き、真中に鼻筋が通る。下端に小鼻があり、その両側に上に向って彎曲した口ないし口髭がある。眉の真中に格子目の入った半円形が附く。昔の饕餮の篦形に当る。頭から左右に屈曲した胴と足が附く。「元気」を象徴する璧に飾られるのであるからこの饕餮は「元気」を象徴するものと考えてよいに違いない。

『呂覧』仲夏紀、大楽に、

　万物の発生するもとは太一で、太一が陰陽に分離した結果できる。

という。太　だとか陰陽だとか、何か哲学的なことを言っているようだが、少し先をみると、

　陰陽は変化する。上になったかと思うと下になる。……天地は車輪のようなもので、終ればまた始まる。……日月星辰は、或いははやく、或いはゆっくりで、日と月は違い……

と、ぐるぐる廻る天体の通る円い道のことを道と哲学めかして表現しているらしい。一方、太一というと天の廻転の中心にあった小さな星、天皇太帝（の神）を指すことがある（『史記』天官書。第三章、図3-3）。星の廻転の中心にあって、天体の運動を支配する神であったと考えられる。そういう神が考えられていて、戦国時代になって璧が「元気」の象徴で万物を生ずるものと考えられるに至ったので、

太一の神——天皇太帝の象徴とされる神（図5-14）に刻された饕餮——がそこに刻されるに至った、と考えられる。

この形の眉を持った神は、以前に筆者が渦巻眉の獣鐶、鋪首としたもので[81]、西周Ⅲ以降漢代まで遺物でたどることができる。

この神は両側に鳥を伴っていた（図5-15）。他の遺物に見る渦巻眉の鋪首ないし饕餮でも鳥を伴っていたが、間もなくこれを失った。鳥を伴っていたのは昔太陽に由来する饕餮の伝統を襲ったものであったと思われる。

この神の像も戦国以後の璧につづくが、大して勢力をのばすことはなかった。太一が帝の統括者になったのは文献上のことのようである。

以上は饕餮について多少わかることであるが、以下はよくわからないこと。

饕餮や犠首を特徴づける角の形などは、盤羊（*Ovis ammon Linaeus Hodgson*）、羚牛（*Budorcas Taxicola Hodgson*）など、現在高山に住む動物が識別されるのがあるが、現代の農耕文化の人々にそういった動物の知識が何故あって、それが神々を特徴づける目安に使われているのか、これも不思議である。

また饕餮でも種によって特定の器種に多く使われるものがある。例えば水牛の角のあるのは斝とか鬲、甗などの三足袋足のものに多いとか、神様の種類によって護るべき容器の種類に分担があったらしいが、饕餮全般にわたってそういうことがあるのか、ないのか、簡単にはわからない。未だ十分調

図 5-16　青銅簋　西周前期
藤井有鄰館　樋口隆康氏撮
(京大人文研考古資料より)

図 5-18　神面盾飾　岐山
賀家村(55 より)

図 5-17　簋犧首　西周前期
宝雞紙坊頭(145 より)

図 5-19　頭に尖りのつく神　西周中期　金杖　広漢三星堆(44 より)

べていない。

饕餮について解釈に苦しむのは、饕餮がそれぞれ独立して着けられていれば、それが独自で威嚇する機能を発揮すると思うのに、饕餮や犠首が額に更に犠首を着けている例である。図5-16、17のごとくである。饕餮や犠首を角を分類の基準にして見た場合、同種のこともあれば（図5-16）、異種の場合もある（図5-17）。どちらの場合も、それ一つだけであれば、力量が不足するので、それを補う

図5-20　馬面　西周前期　長安張家坡(66より)

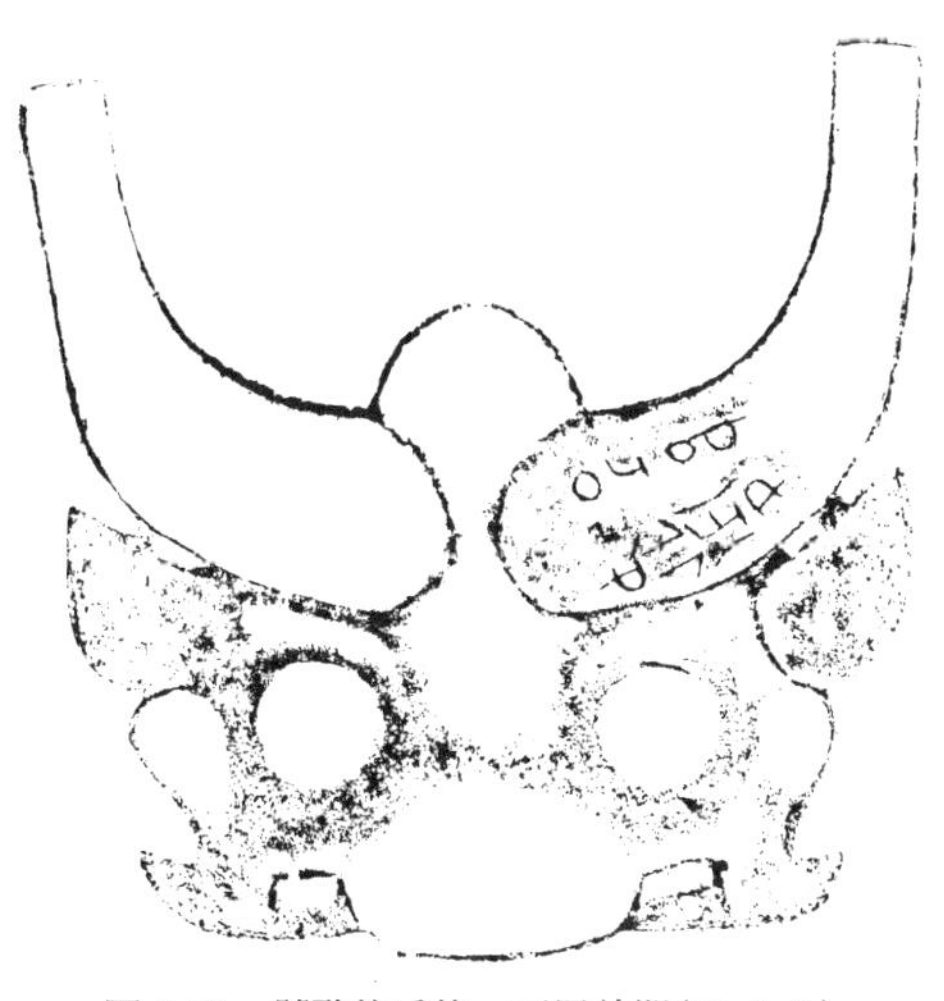

図5-21　饕餮飾盾飾　西周前期(69より)

ために添えられている、と考える他ないのではなかろうか。

怖い顔でこちらを睨む面でも、葩を額に着けたものは祭祀用の器に圧倒的に多いことは認識する必要がある。滋雨、豊作、多産といった幸福をもたらすべき祖先を祀る器には饕餮＝帝の力を借りることが必須と考えられたからであろう。悪い奴を追払うといっても、人間対手の場合は葩のない犠首に任せたらよかったようである。少数の例をあげると図5－21は「衛師昜」の銘のあるもので、昜は盾の飾り。図5－20は長安張家坡二号車馬坑出土の馬面である。図5－18は岐山賀家村西周四号車馬坑出土の人面盾飾と呼ばれるものである。伴出物から年代を知ることはできない。両端に大きな歯のある凹字形の口に前歯が並ぶ。盾飾であるから、観る者をしてまぶしさで目をくらませる意図か、頭上にギザギザ（光芒）が並ぶ。太陽などを原形とした神ではないかと思う。

このように頭から光芒の出る神は、広漢三星堆K1出土の金杖にも見出される（図5－19）年代は確定できないが、西周中頃と考えられる。そうすると図5－18とほぼ同時代ということになる。黄金を薄く叩きのばし、細部を彫ったもので、木の杖にかぶせてある。これは最上部に刻される。頭上に五つの尖りの出た冠をかぶり、耳飾りを垂れている。この杖には大きな矢が鳥と魚を貫くデザインがあるが、この頭の図像との関係は明らかでない。

首斬りに使う鉞は例外だったらしく（口絵3）、饕餮に葩が附けられている。処刑は処刑者が天に代りて不義を討つ、という意識を持っていたらしいことが示されていると思う。

六　殷周の鬼神、天

饕餮はこれ位にして、以下その他の青銅器の紋様を少し丁寧に見てみよう。多いのは器腹の中心部を占める饕餮を除き、上下の縁沿いに紋様帯があり、各種の紋様が帯状に配せられる類である。小単位がくり返される例が多いが、それらは地方地方に割拠した小部族のしるしである動物類である。部族の旗印、部族の名、割拠する地の名、その地で信ぜられた始祖神の名は「物」と呼ばれた[82]。それのシンボルとして旗印に書かれ、銅器にその印が「物」として鋳込まれていることから知られる[83]。銅器の紋様単位と図像記号を対比してみたのが図6-1である。この一斑（二〇例）をもって全豹（約一八〇種）を推せば、よく引かれる『左伝』宣公三年の条に記される、

夏王朝の時代、遠い方国は物の図を画き、九州の長官は金（青銅）を貢ぎ、それで鼎を鋳造し、それに物を象った。諸々の物はこれがために完備し、民をして良い神と悪い神を知らしめた。故に民は川沢山林に入っても自分に逆う者に会わず、螭魅罔両のような者に出遇うことはなかった。

という伝説に記されるように、各地方からその地その地の物の図が中央に送られ、その図が青銅器に鋳造されていたのである。ここに銅器に鋳出された物は、杜預の注に記されるような山川奇異のもの

図 6-1　青銅器紋様と図象記号(101 より)

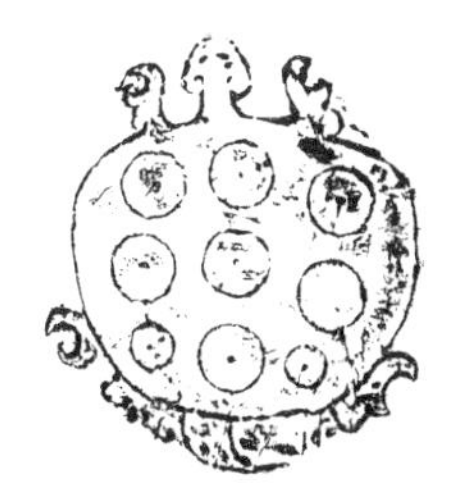

(5)

(6)

(7)

(8)

(9)

(10)

(11)

(12)

(13)

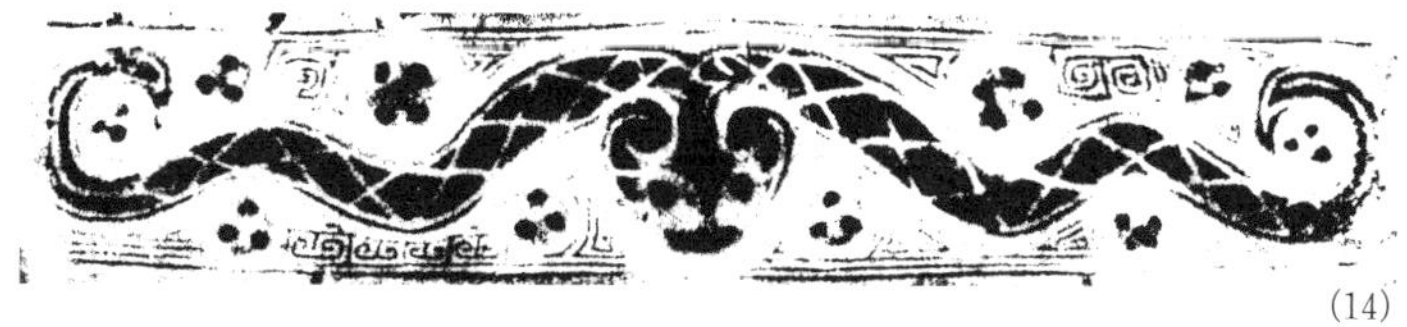

(14)

(15)

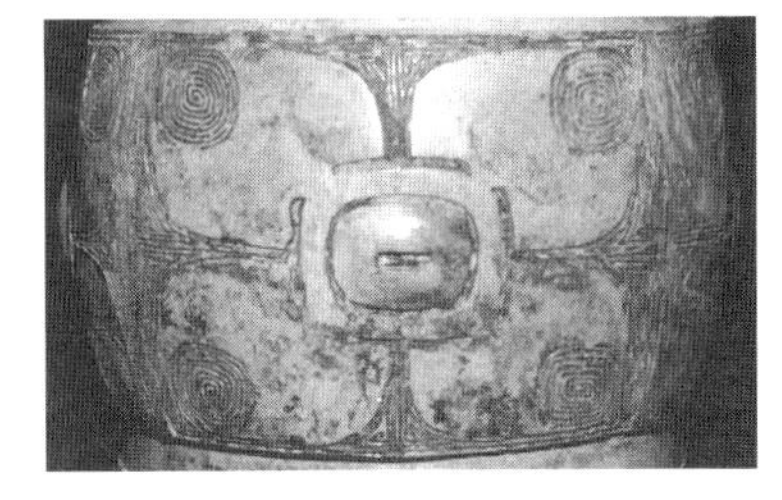

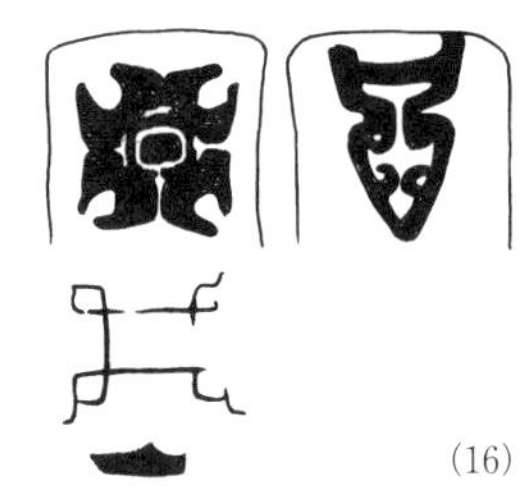

(16)

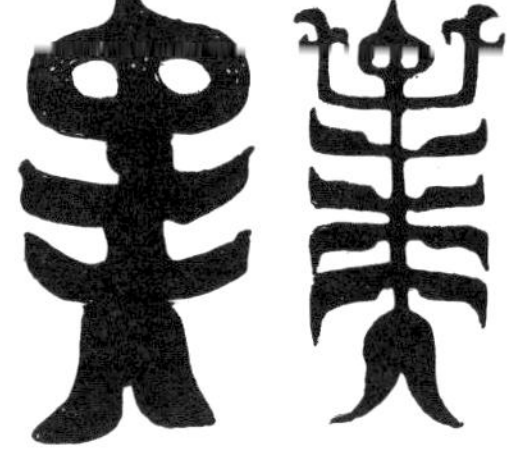

(17)

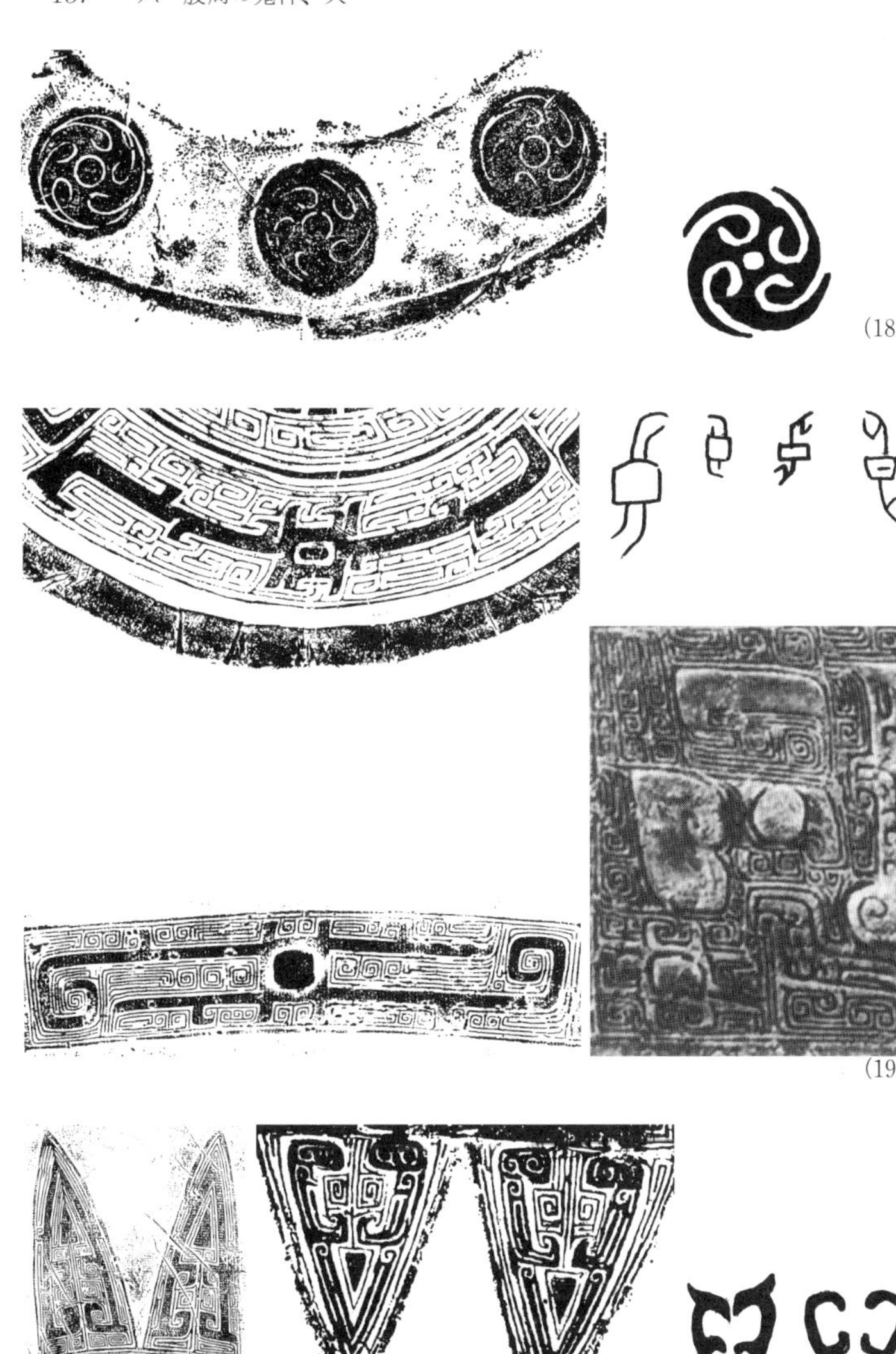

(18)

(19)

(20)

図6-2　青銅器上の犧首と蕝の役割　西周前期簋(京大人文研考古資料より)

ではなく、古い意味のマークの意味の物(ぶつ)である。それを銅器で知っていたから、民は螭魅罔両にいきなりばったり出遇ったりしない、というのだから、鋳造された物(ぶつ)は、螭魅罔両といった鬼神の図に違いない。

中央政府の祭祀用の器に採用されたにしても、器腹の重要な場所に配されるものは、数少ないものであった。

地方の物(ぶつ)は概して器物の頸や蓋、圏足などの横長のスペースに並べられることが多い。複数がくり返し並べられる時、中央に犧首や蕝の印を置いて、それに向って対称的に並べられる。蕝は饕餮に見るのと、同じような形をしているが表現が簡略化されている。卣や簋によくある例だが、頭と圏足に同類の鬼神が並んでいる場合、一方が犧首だと他方が蕝になっていることが多く(図6-2)、この配置から両者が同格と考えられていたことが知られる。その両側の鬼神は、饕餮が小龍や鳳を両側に侍らせている例から類推して、中央の犧首や蕝はかなり偉く、両側の小鬼神はそれに侍していると見られる。

以上、殷周の青銅器に出てくる図像について概観を記してきた。次に個々の種類について記さねばならないが、何しろ種類が多い。爬虫類のように細長い身体と比較的短い足を持った想像上の動物は、漢時代のものから類推して普通龍と呼ばれ、各種の羽冠や尾羽根を持った想像上の鳥は鳳凰と呼ばれ、この二種類が一番多いが、昔の名前で呼ぶことのできるものは僅かである。青銅器の飾りとして使われているものは、龍でも鳳凰でも先に記したように、特定の地の神で、性格も特定的なものであったはずだが、一般的に龍は雨と関係が深く、鳳凰は風と関係しているものが多い、とされる位のことが言える程度である。

図6-3　象紋匜　殷　白鶴美術館
（京大人文研考古資料より）

図6-4　水牛の角の見える匜　西周前期
（京大人文研考古資料より）

図6-5　注ぎ口に虎が見える匜　殷後期
（京大人文研考古資料より）

図6-6　百歩蛇の犠首　殷後期卣
（京大人文研考古資料より）

殷から西周初にかけて想像上の動物を象った水指形の青銅器が作られた。入念な作りのものが多く、この種の器が重要であったことをうかがわせる。象や水牛（図6-3、4）など鼻や角の形ですぐわかるとして、虎を象ったものがあり（図6-5）、液体を注ぐ口に象られたそのがっしりした下顎の形から虎と判断される。水指しのような形の器の柄に猛毒の百歩蛇（前引）を象ったもの（図6-6）もある。百歩蛇らしく鼻先は尖ってはいるが、実物の百歩蛇とは異なり、角張った頭と恐ろしげな大きな歯をもって表わされる。咬まれたら百歩歩（ある）かない内に死ぬというのでその名がある。水牛といっても現在華南で役畜として使われている曲った大きな角の水牛ではなく、もっと小型の角をもった野生の水牛で、昔華北にも沢山いて狩猟の対象となっていた。現在ミンダナオ島に残存している。昔は兕虎（兕はその水牛）といって虎と並んで恐れられていた。いろいろ恐ろしい動物を拾ったものである。

これらは人間が被害を受ける恐ろしい敵であるが、恐ろしい動物の中にはフクロウ、ミミズクも入っていた（図6-7）。これらは夜よく目が利き、小動物がやられる獰猛な動物である。何がフクロウ位と思うかも知れないが、上空から襲いかかり、口が意外に大きくて野鼠ぐらい一口で呑んでしまう、という。昔の人は観察が良かったので、これも闇の世界の王者に仕立て上げている。

図6-7　ミミズクの觶　殷後期
（京大人文研考古資料より）

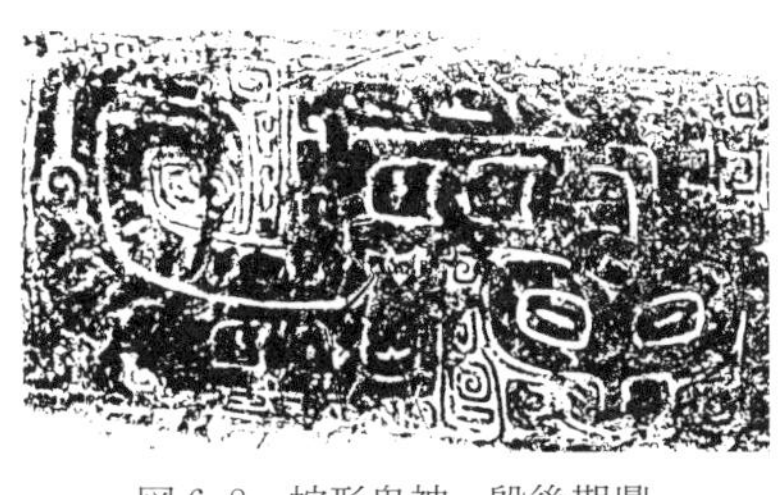

図6-8　蛇形鬼神　殷後期鼎
（京大人文研考古資料より）

蛇の中でも百歩蛇は少し前に記した。蛇の内では口字の中に短い線を入れたような紋の並ぶ小型の蛇をよく見る。体に一種の鱗紋があるが、自然界にこういう形の紋様をもった蛇はいない（図6-8）。虫ではサソリから由来する、菱形の集合のような紋様がある。サソリの身体をそういう形に簡略化したのだが（図6-9(1)）、紋様を細工する人もよくわかっていなかったため、菱形の数の足りない、間違ったものも多い（同図(2)）。虫では蟬がかなり沢山出てくる。セミの姿を写実的に表わしたものがあるが、胴体の脇に肢と羽根を一対だけ表わした図式的なものも少なくない（図6-10(1)）。また肢と羽根もむしって、頭と胴だけの表現も多い（図6-10(2)）。

セミは蟬脱するから生れ更りを象徴したとされるが、それなら幼虫を表わしたらよさそうなものと考えるが、成虫から肢と羽根をむしり取るとは意図がわからない。

漢代に想像上の仙山やその上の木を象ったランプにとまっている姿が象られて沢山出てくる（図8-18）。これで見るとセミは真夏の陽光の象徴である。殷周のセミも陽の虫という方面から考えた方がよいのではなかろうか。

首斬り用の鉞に図6-11のごときものがある。大きな穴の上方に図のごとき紋様がある。目の両側に長い羽根紋様がある。この図柄を象った文字があり、「良」という字である。「良」紋と呼ぶべきであろう。これはどういう意義の紋様であろうか。『史記』天官書に狼という星がある。シリウスである。『史記正義』に、

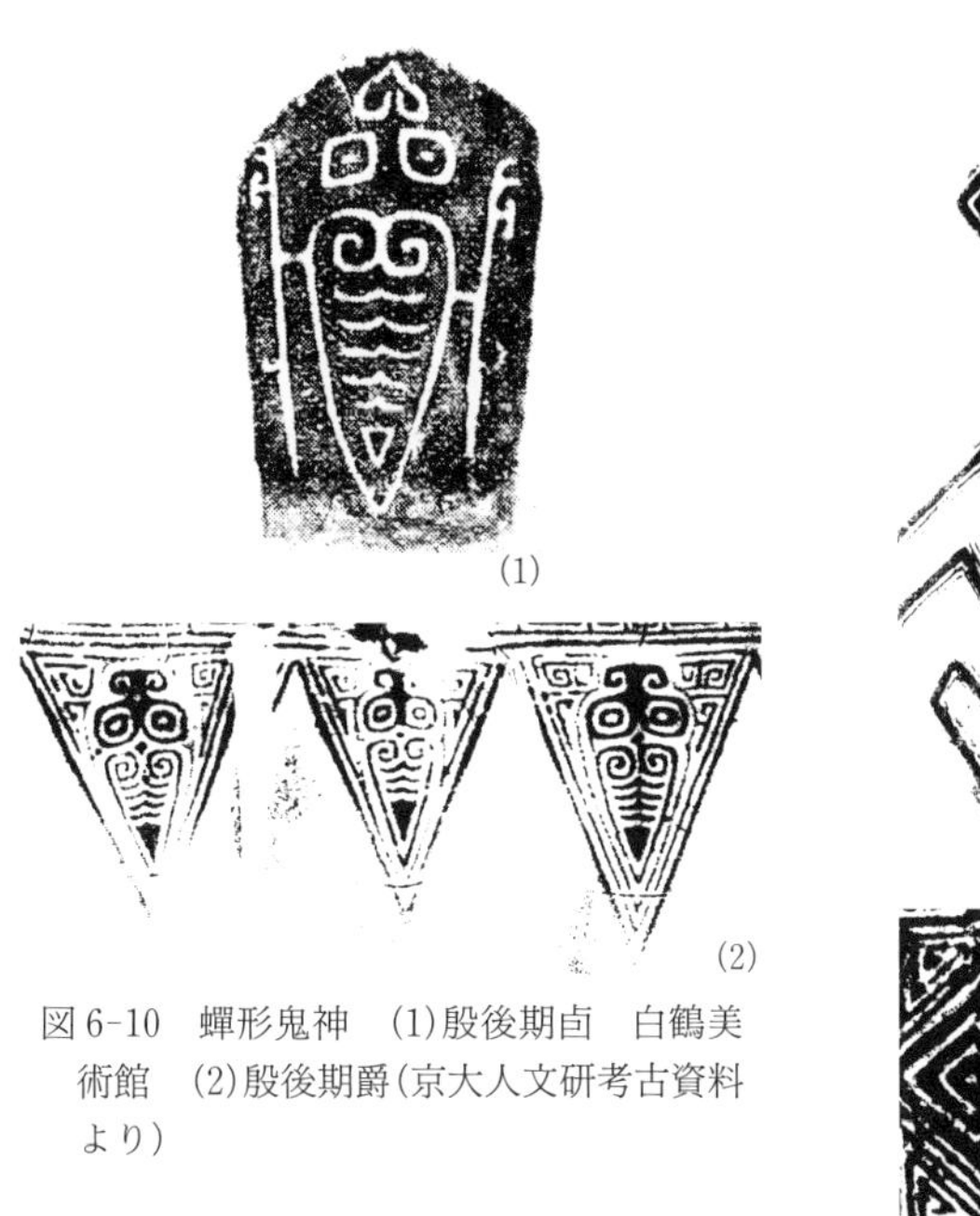

図6-10　蟬形鬼神　(1)殷後期卣　白鶴美術館　(2)殷後期爵(京大人文研考古資料より)

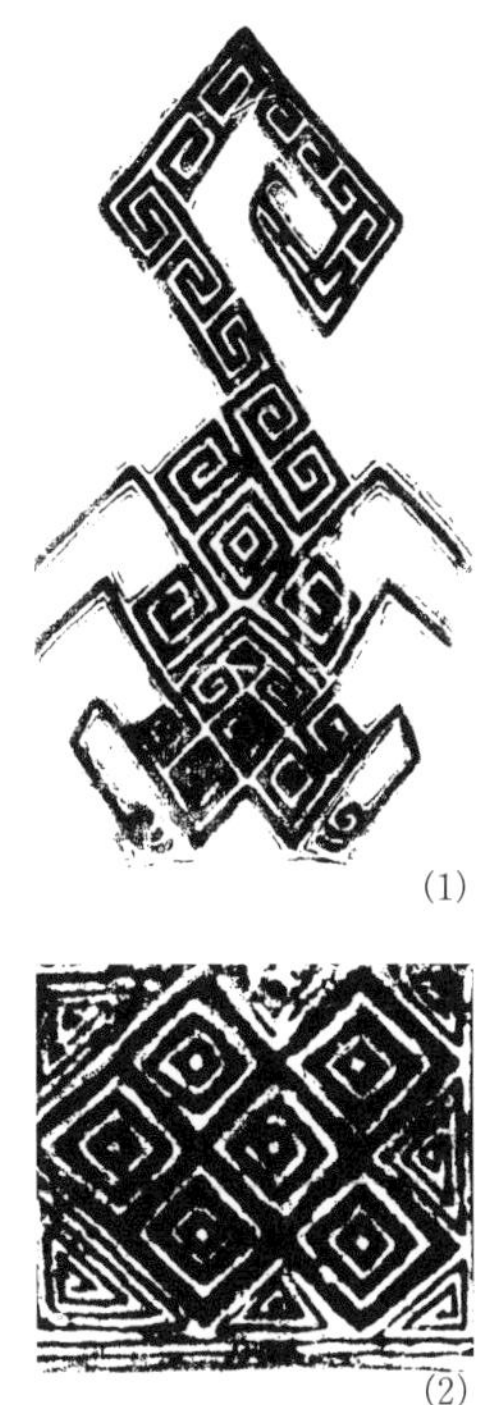

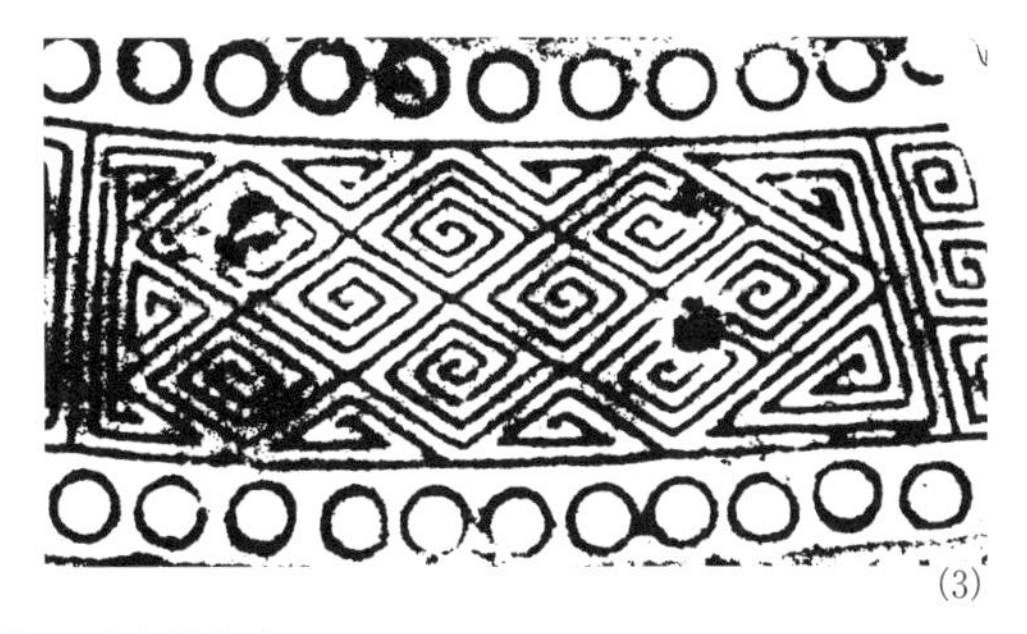

図6-9　サソリ形鬼神　(1)殷後期壺　Museum für Ostasiatische Kunst　(2)殷後期勺　Museum für Ostasiatische Kunst(京大人文研考古資料より)　(3)殷後期卣　出光美術館

図6-11 「良」紋の青銅鉞 殷中期 黄陂盤龍城(80より)

狼は野盗で、侵掠を本職にする。

と記される。そうだとすると、あのキラキラ輝く星を、昔の中国人はギラギラ光る野盗の目になぞらえたのである。「狼」の星で野盗を象る紋様なら首斬り斧によく似合う。

具象的でない紋様でもこのように見当のつくものばかりならよいが、よくわからないものも多い。図6-1(16)のようなものがある。短い羽根を正方形に近い形にまとめ、真中は隅円方形になったものもあるが、牛科の日のように隅円方形の出張った目玉が入るのが本来のようで、真中に横長の線分が入って瞳を形成する。これを記号化したのが「井」字であろ。甲骨文の井字を見ると画が皆外反りになっているのは、この紋様を原形としているからである。『説文』のいうように井戸側を象ったものではない。河北省の邢台の邢がこの字である。井字の中に丶(点)が入れられることがあるのは図6-1(16)の瞳孔に該当する。

目玉の四隅に羽根が附いた記号でも先の「良」は細長く、「井」は正方形に近い。象徴にどういう

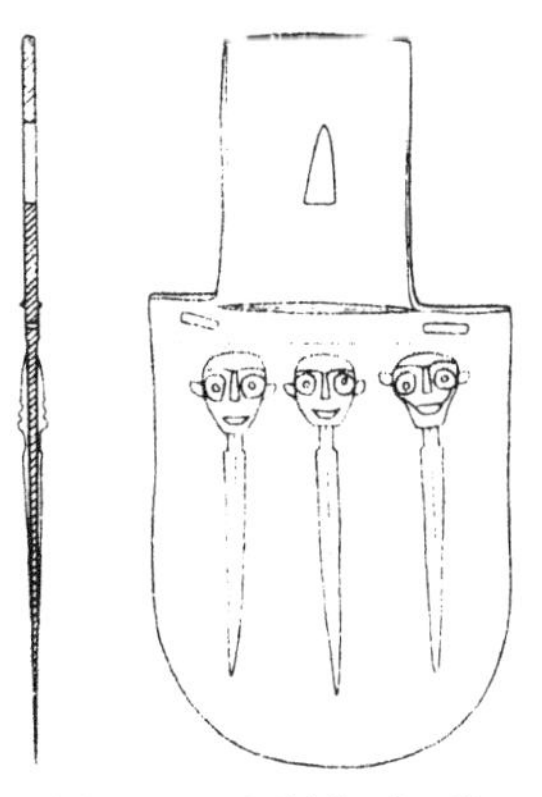

図 6-14　人頭飾戚　殷後期　西安老牛坡(『文物』1988.6 より)

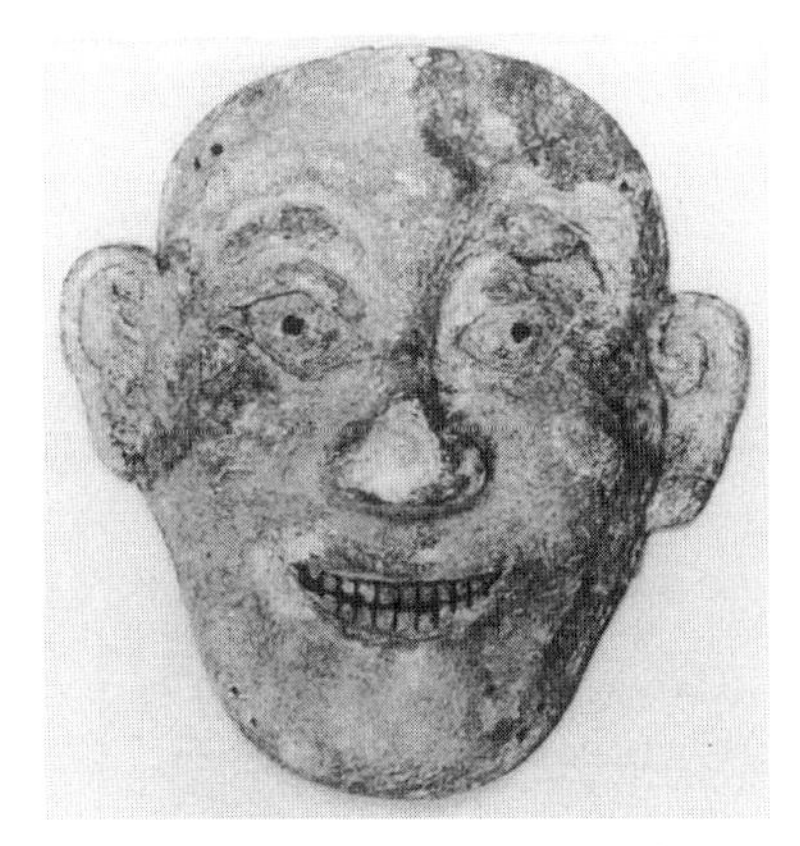

図 6-12　毛のない人頭　西周前期盾飾(『考古』1990.1 より)

図 6-13　毛のない人頭　殷後期人面飾　西安老牛坡(『文物』1988.6 より)

違いが意図されていたか計りかねる。

色んな野獣や怪物が怖いといっても、本当に怖いのは人間である。それも言葉の通じない野蕃人であろう。言葉が通じなければ何を考えているかもわからない。

図6-12は琉璃河一一九三号墓の出土で、盾の痕跡と一緒に出土した。出土状況から見ても額の上に何もな

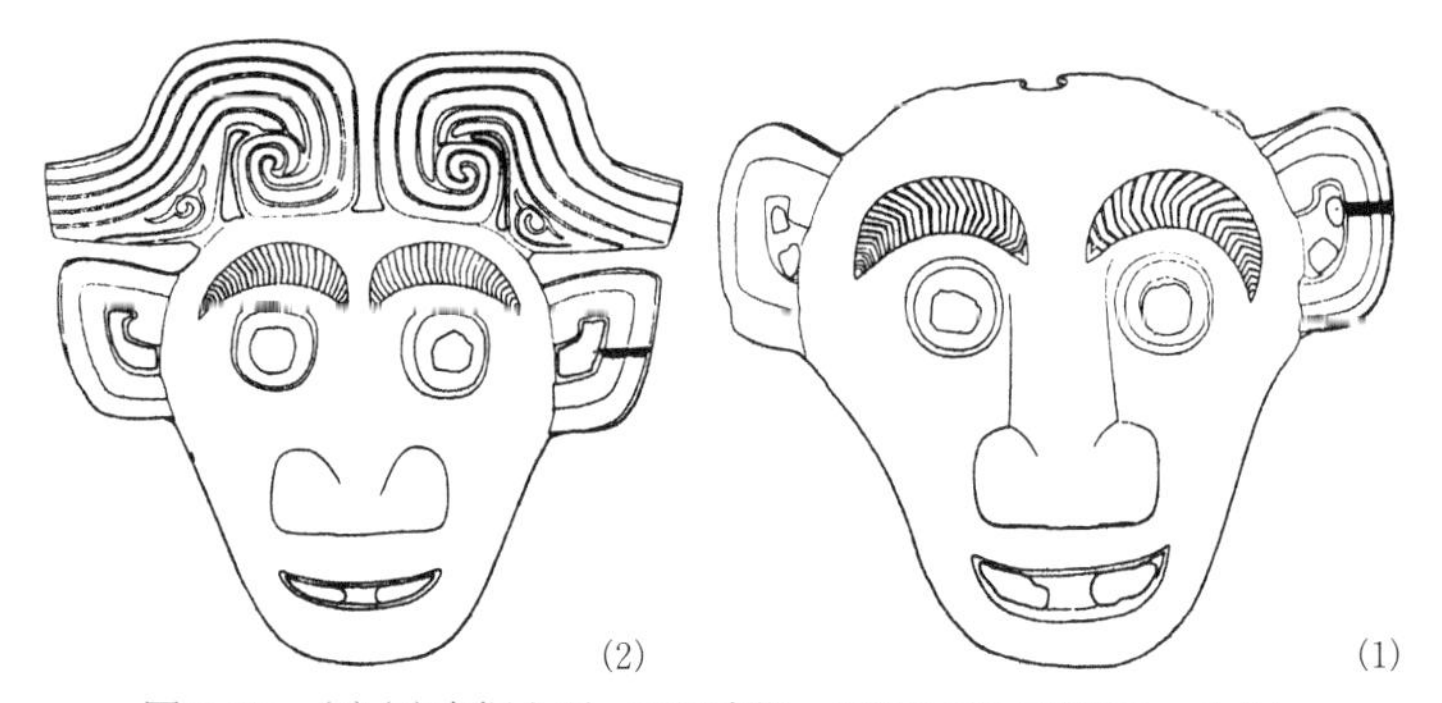

図 6-15　(1)(2)青銅人面　西周中期　平頂山 84 号墓(12 a より)

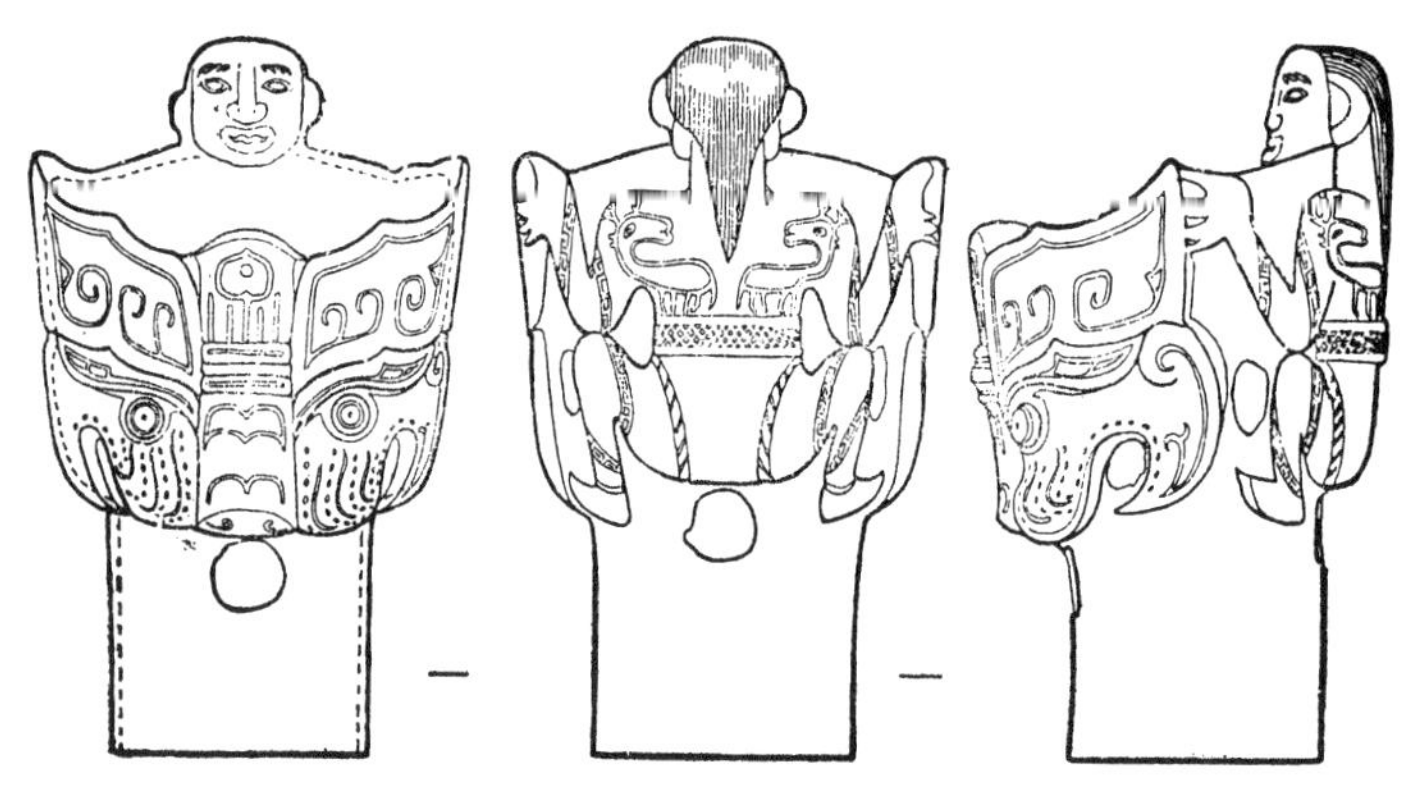

図 6-16　青銅轅飾　西周中期　宝雞茹家荘 1 号車馬坑(145 より)

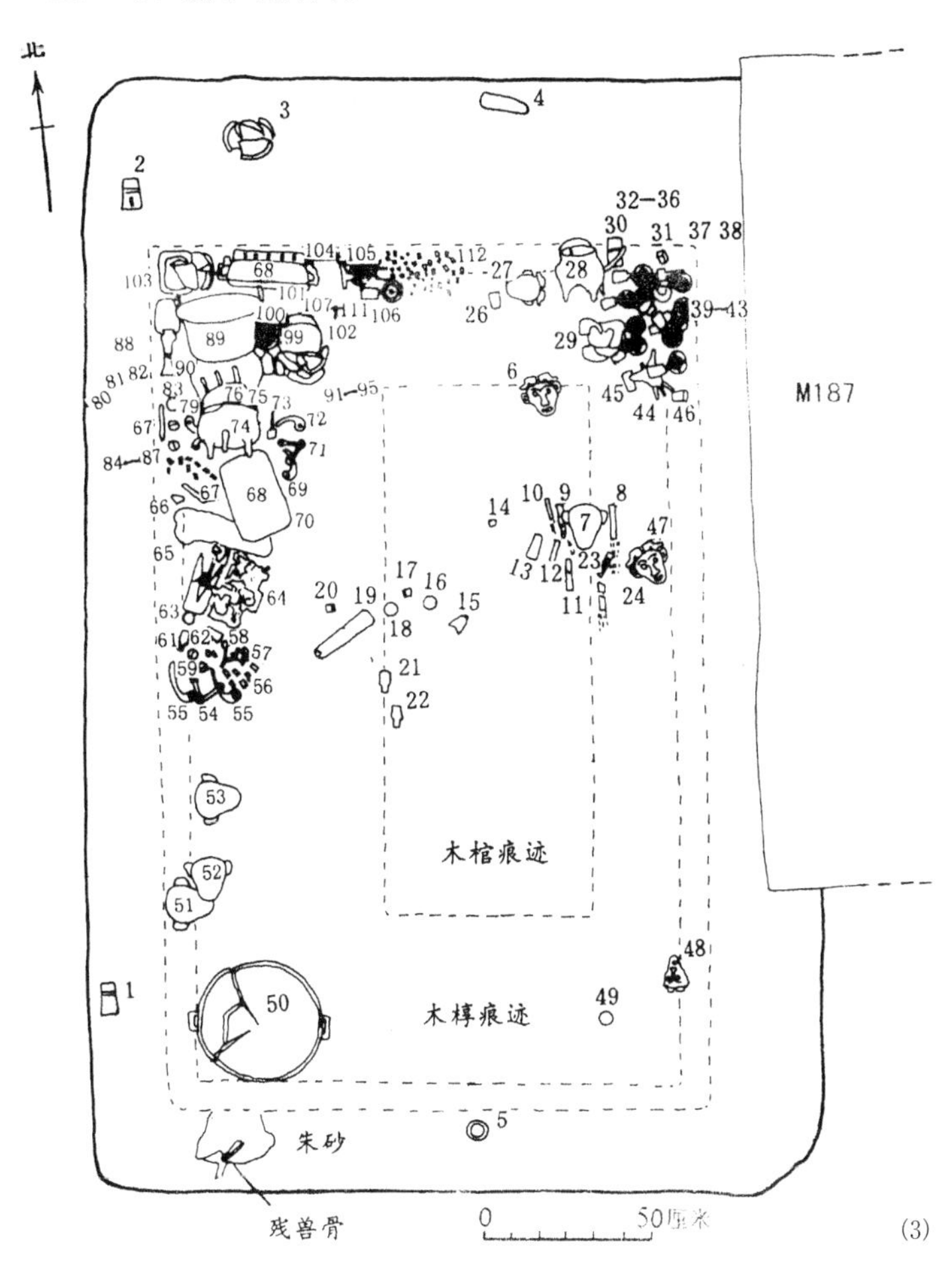

図 6-15　(3)平頂山 84 号墓発掘図(12 a より)(6, 7, 27, 48, 51〜53 青銅人面具)

かったようである。図6-13は西安老牛坡の殷墓の出土で、これも頭上に何も見えない。図6-14の同地出土の戚に同様な頭が三つ並んでいるが、この像をみても頭上に何もない。

しかし何も表わされていないから本当に何もなかった、とは限らない。図6-15の平頂山市八四号墓は西周中期の墓であるが、木棺上や周囲に副葬された遺物に混って青銅人面飾が多数墓室内に出土している（図6-15⑵）。三日月形の眉、大きな鼻の形、一本の歯（?）など同じ顔付であるのに、几字形の髦のあるなしの二種が混在している。髦は毛髪製と青銅製の違いがあるだけだったかも、と疑われ、これはわからないとして、図6-16は伴出青銅器から西周中期と知られる宝雞茹家荘一号車馬坑出土の轅端の飾りである。大きな獣面飾の後から男がかじり附いている。正面からは何も見えないが、後、側面から見ると編んでもない毛束が垂れている。髪を切らずに伸ばし、結って冠を着けていた中国人からみると、これは髪を結っていない被髪の野蕃人である。馬車の先頭に立つ轅の先端には異相の図像を作りつけて露払いをさせたものであるが、これも恐ろしい野蕃人の図像をつけて同じ役を演じさせたものである。

漢時代に頭の毛を切り取ってしまう髠（こん）という刑罰があった。後に引くように、鮮卑という北辺の野蕃人は髠頭といわれた。この轅頭は正面からみると恐ろしい髠頭の野蕃人に見えたはずである。髪の毛を大事にした中国人には浅間しい姿で、野蕃人の姿を敏感に思い起したに違いない。我々は、あれっ、禿かな、と思うだけだが、昔の中国人は、あっ、野蕃人、とぞっとしたであろう。

恐ろしい姿の人間が出てきたついでに、髪の毛を剃り残した人間を紹介しておこう。宝雞竹園溝一三号墓出の戚で、その柄頭に飾られた人像である。西周前期で中期に近いものと思われる。柄頭には別鋳の人頭を嵌めている（図6-17）。刃を敵に向けるとこの人頭が敵を睨むことになる。目が釣り上り、口をヘ字形に曲げた怖い顔である。前髪はおかっぱ形に切り揃えられ、頭の後には編んだ髪が垂れているが、他の部分は剃られていると見られる。

和林格尔新店子発見の後漢墓壁画中に似た風俗の民族が画かれている。[84]李逸友[85]はベンガラ色の衣服を着け、頭を剃っている者の他、頭上に小さい髷を残す者、長い辮髪を垂す者がいるのは、『風俗通』に鮮卑は、

皆髠頭にして赭を衣る。

というのに当る、としている。この風俗の人が大勢、両側を中国人が固める間を、門から列をなして膝行して入ってくる、という風景である。図6-17の異様な風俗の人間は、この後漢の北方異民族の遠い祖先に違いない。『史記』匈奴伝には彼等の遠い祖先として、西周時代には犬戎が挙げられている。西周後期に周を脅かし、終にはこれを東方に追いやった民族で、当時の中国人の仇敵だった連中である。

ところで『史記』天官書に、

昴は髦頭の胡である。白い衣冠の人の会合する喪事を意味する。

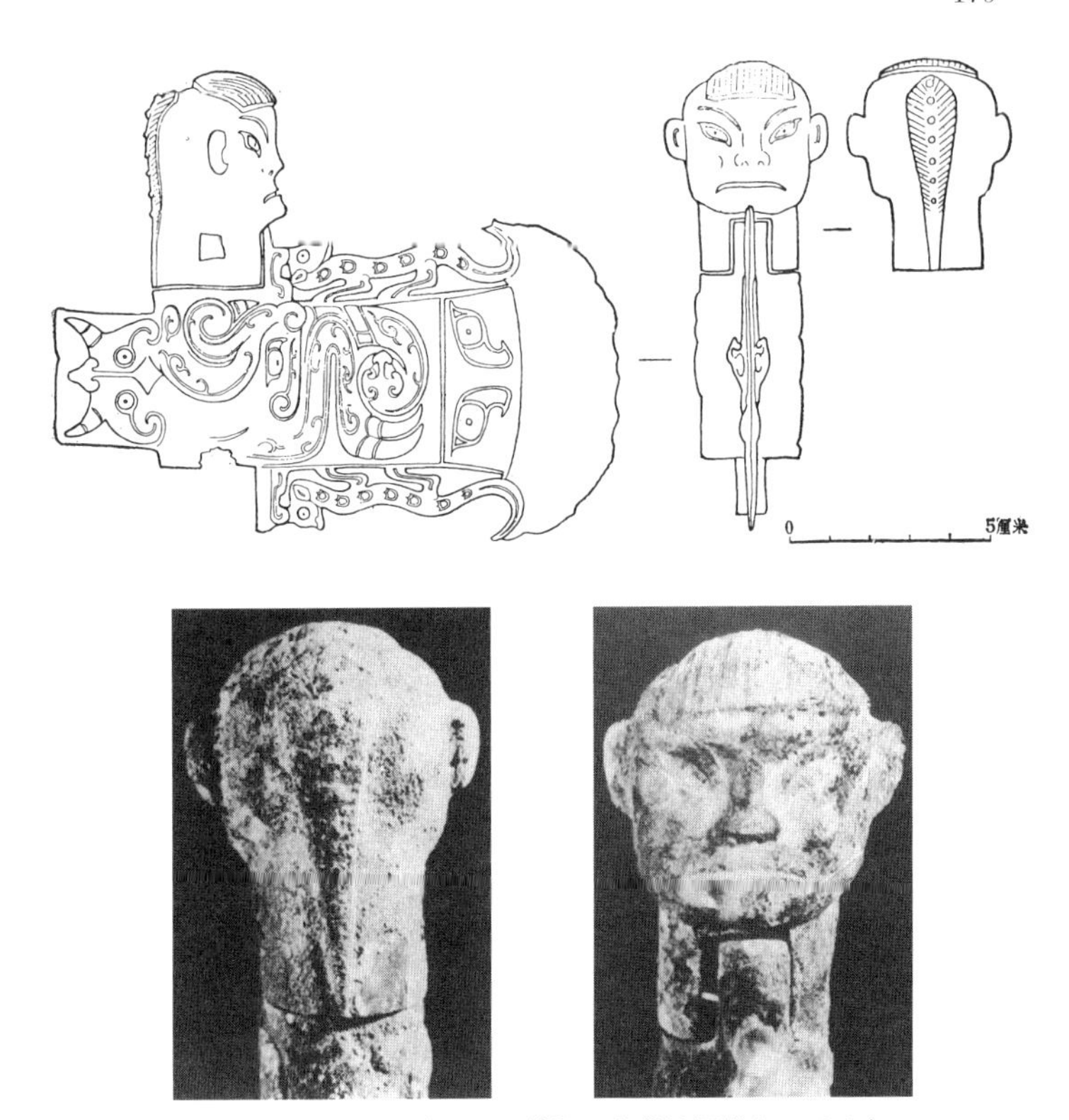

図 6-17　戎頭飾戚　西周前期　宝雞竹園溝(145 より)

という。髦頭はすぐ後に引くように秦漢魏晋の近衛騎兵の兵種の名であるが、「髦」にはそれとは別の意味がある。以前に筆者が説明を加えたことがあるが[86]、幼児の頭の剃り方で、一部の髪を残す風俗髾があり、成人が親に仕える時、それを象った髪の束を頭に着けるものである。後漢の鄭玄の頃にはわからなくなっていたが、西周の玉人の頭に象られた几字形の飾りを資料に、筆者がそういう形のものであると推定したのである。図6-17の頭を剃り、一部を剃り残した風俗は、昔の中国の幼児の、少し髪を残して剃る髾と共通していると考える。『史記』に「髦頭の胡だ」といわれたのはこの風俗ではないかと考えられる。

秦漢魏晋の近衛兵の髦頭の由来についての話は『後漢書』光武帝紀の注に、

秦の文公の時、梓樹が化けて牛となった。騎をもってこれを撃ったが勝てず、或る者は地に落ちた。髪が解けて被髪となった。牛は恐れて水に入った。秦はこれに因り、旄頭騎を置き、先導させた。

という。髦頭が怪物の牛を恐れしある姿であった、という物語である。中国人の結った髪が解けたら、日本のお化けのような気持悪い姿になったと想像されるが、竹園溝の図6-17の人頭は大部分の髪が剃られ、残った髪も短く刈り込まれていて、大きな相違がある。しかしこのような髪も中国人は被髪と称している。前引李逸友の論文に、『南斉書』魏虜伝に魏の拓跋鮮卑について披髪と称する例が引かれている。

秦漢魏晋の近衛兵の髦頭は、その由来の伝説から考えて、長い髪をばらけていたと考えてよい。しかしその伝説が何時できたものか問題があろう。幼児の風俗と結びつけて説明される孝子の髪と、近衛兵の頭の髪とが結びつかないからである。一方、「髦頭、胡なり」の髦頭を先に記したように、図6-17のような髪形と解すれば、両者が無理なく結びつく。このことによって、この方が原形と見るべきであろう。先の伝説は、鄭玄も記すように、髦がどのような形のものかわからなくなって後に生れたと考えたらよいであろう。なお、さらに想像すれば、幼児の髪の一部を残してあと剃ってしまう風習は、泣く子も黙る恐ろしい異民族を連想させる髪形を作り、疫病神を退散させよう、というような意図から生れたものと考えられないであろうか。

図6-17の武器の柄頭に附けられた髦頭の戎を象った像は、勿論ただの野蕃人の姿の兵士の像などでなく、敵をあの世に送る凶事の神の昴を象ったものと見るべきである。この像が昴の神とすると、図6-18も同じ神と見られよう。殷墟出土の玉製人形である図6-17の神は額の上と後頭部以外は髪を剃っていると思われ、図6-18は毛の見えない部分が後頭部と目の上に限られる点に相違があるが、短い髪、辮髪である点共通している。この婦好墓の像は図6-17同様、昴の神に違いない。図6-18の身体には腕と足に鼻先の尖った百歩蛇が表現され、身体の前面に犠首、背面に羽紋があるものの、衣服は表わされていず、裸である。裸は殷周時代の人間形神像の特徴の一つであった。図6-18が裸で、従って神であることが知られれば、図6-17が近衛兵の髦頭でなく、昴の髦頭であろうとした先の推

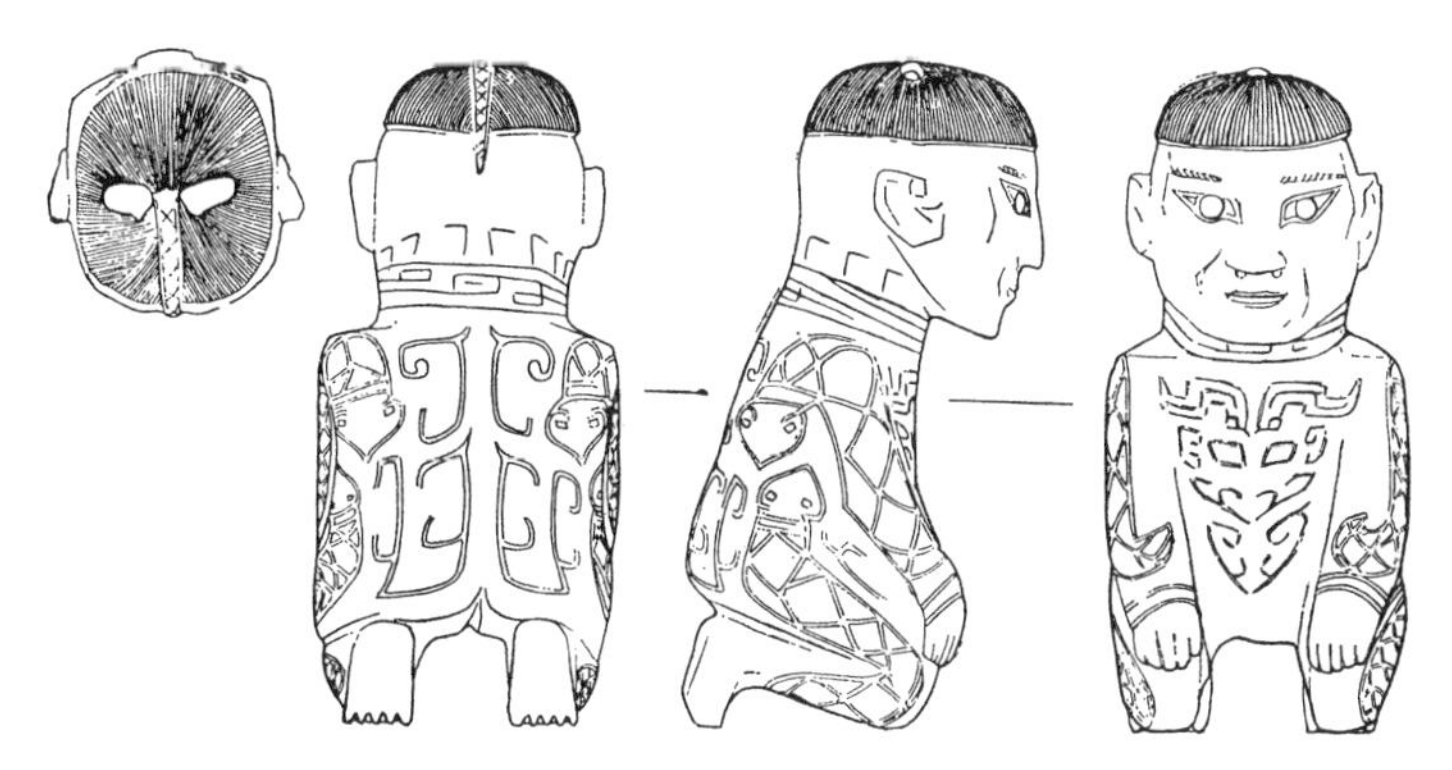

図 6-18　玉戎形神像　殷後期　安陽小屯(70 より)

図 6-20　鼈形図象記号
殷中期尊　鄭州白家荘
(『文物』1955. 10 より)

図 6-19　鼈紋戚　西周前期　城固
五郎廟(81 より)

定が裏づけられよう。

なお図6-18が昴の神、喪事をもたらす神の像であるとなれば、それが両手両足に百歩蛇の像を刻んでいる理由が理解されるであろう。この蛇は咬まれたら百歩歩く内に死ぬという恐ろしい毒蛇だからである。この蛇は図6-17の戚の斧身にも浮彫で飾られる。

武器を飾る恐ろしい図像ということで話を続ける。図6-19は城固五郎廟の発見であるが、一九七五年の出土である。刃に大きな円孔があり、頭を刃に向けてスッポン（鼈）が入れられている。解説に鼈の背に渦紋を飾ると記されるが、あるのは囧紋である。殷後期の青銅盤の内底に、背中に同じ紋様をつけた鼈を飾るものが多い。図6-20は鄭州白家荘出土の截頭尊の頸に飾られた、これと同じ形の図象記号である。

背中に囧の図柄を附けられた鼈は青銅器では盤の内底の中央に飾られるものが大多数を占める。殷後期の盤が具体的にどのように使われたかについて、推測を加えるべき証拠は今の所見出すことはできない。西周時代の銘により、盤は匜ないし盉とセットで使われたことが知られる。水とか酒、香料を加えた液体で手などを清めるために使われたことは間違いあるまい。殷時代には匜など、液体を注ぎかける器とセットになる例はない。洗面器のように深めのものが多いことと併せ考えると、そこに清めのための水などが汲み込まれて使用されたと想像される。

盤の底に鋳込まれた鼈は背中に紋様を附ける所から、勿論自然界に生息する生物ではなく、それを原形とした水神である。背中の囧（明）を象る記号を附けた黿は、それに接する盤中の水を明（潔）ならしめると信ぜられたであろう。

この囧字に象られる図柄は龍山文化にこれを象った玉器があるなど、由来の古いものであるが、それが風車状にまとめられた単純な形の風切羽根を象るという成り立ちが知られる以外、具体的にどういう内容を象徴したか明らかでない。ただ中央が円い孔になり、後世「明」の字に使われることから、以前、日、月、星などの天体に由来すると考えた。右に見たようにこれが水器の内底の黿の背に飾られるとなると、図6-19の昴と同列の神、後世の陰陽の分類で言えば陰に分類さるべきもの、月とか昴の方と考えるのがよいのではないかと考えられてくる。

陰の方の性質の天体で黿と聞けば、確かにそういう星がある。『晋書』天文志に、

黿は十四星で南斗の南にあり。黿は水生動物で、大陰（最大限に陰の性質のもの）に分類せられる。新星が現れてここに留っていることがある時は、白い衣冠の人の会合する喪事がある。大水の際の号令を主る。

とある。図6-21で長めの楕円形に星が並び、一一個の星が数えられている。星、星と考えて殷周時代の黿の図像を検すると、図6-22のように、複数の小さい円を背に附けた一類が見附かる。中国に棲息するスッポンでこの小さい円に当るものを背中に附けたものはない。中国のスッポンには山瑞黿 *Trionyx steindachneari*（図6-23）と黿 *T. sinensis* の二種があり、前者は頸の両側にいぼ状のものが

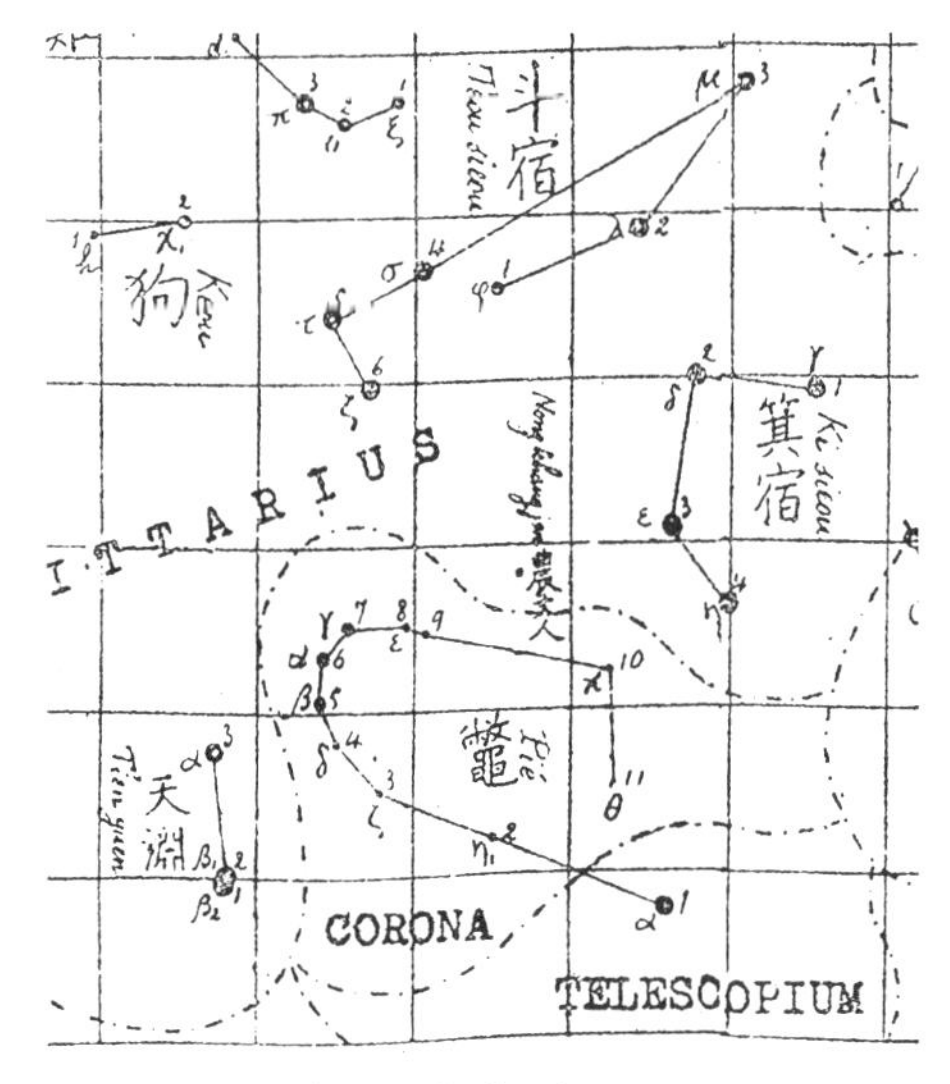

図 6-21　鼈の星座(『考古』1975.3 より)

図 6-23　山瑞鼈(43 より)

図 6-22　鼈　殷後期盤(京大人文研考古資料より)

固まってあり、背中の前縁にいぼ状の粒が並ぶが、後者にはこの両者がない、という相違がある。[87]後者の背は平滑、或いは小さいいぼ状の瘤起が列をなして並び、前者にも同様ないぼ状の瘤起がある。[88]体長は二〇～四〇㎝ほどのものであるが、いぼ状のものは図6-23に見るように小さなもので、甲の周囲に寄った部分にあり、数も多くて図6-22の図像中の小円がこれを象った、ということは考え難い。

筆者は図6-24、25のような小円の集合から成る紋様について、これを「星」を象るものと考えた。[89]すなわち、『説文』に星字は三個の日から成る晶に「生」の声符を附けた文字で、殷墟甲骨文字の二個の小さな四角形ないし五個の四角形と「生」とから成る（表6-1⑴、⑵）は『説文』の星字と釈されているが、この小さな四角形が星（ほし）を象ると考えられる。そのような小さな星の集合した星といえば昴（すばる、プレイアデス星団）である。このような特定の星で星一般を象ったと考えられる。さらに『尚書』尭典「暦象日月星辰」の偽孔伝に、

星とは二十八宿を蒼竜、朱雀、白虎、玄武の四方の星宿に分けた時、各々に属する七つの星宿の内の中央の一つを言う。

とある。昴は白虎の宿の中星、すなわちこの意味の「星」である。甲骨文の昴の星団はすぐ次に引くように七つの星から成ると言われる。星の並び方は図6-26に引くように不規則であるが、図6-24は七星を図式的に表現したと考えられる。前者は安陽侯家荘一〇〇一号墓出土の青銅飾金具である。図

図6-26　プレイアデス星団(平凡社『国民百科事典』より)

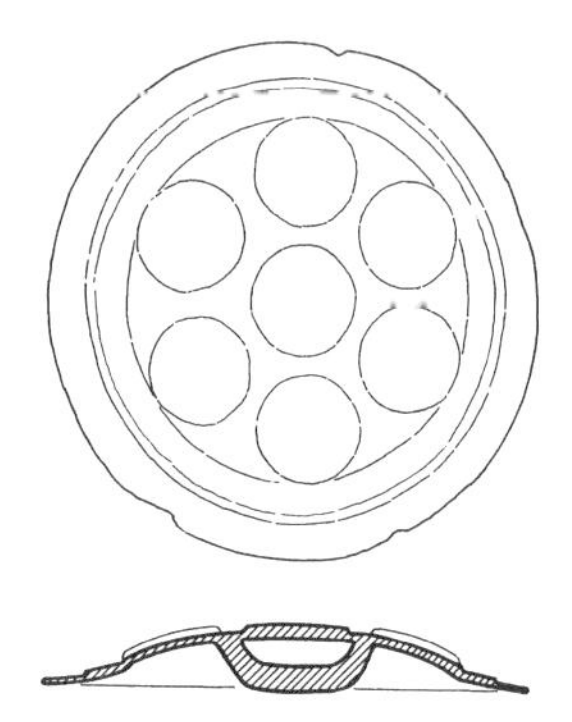

図6-24　星紋飾金具　殷後期　安陽侯家荘(140 より)

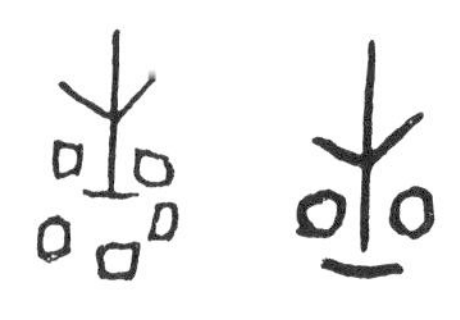

表6-1　甲骨文「星」字

図6-25　星紋戚　殷後期　安陽戚家荘東(『考古学報』1991.3 より)

6-25のように、同じ単位を横に並べて使うものもある。同出の青銅器は殷後期の後期のものである。

昴という星について『晋書』天文志、上に、

　昴の七星は天の耳目、すなわち情報蒐集の係りで、西方を主り、裁判を主る。

という。さきに記したように、刑罰を執行する首斬り斧に有孔斧がある。有孔斧の一種であるこの図6-19の器に飾られた鼈が、背に昴の紋様をよく飾られていることは、『晋書』に残る獄事を主るという所伝は周初まで遡る可能性が出て来よう。

図6-22の鼈の背の小円は図6-24、25のもののように規則的ではないが、小さい円の集合であることに変りはない。しかし、星の集合とはいっても、鼈の円い星座は大凡スッポンの円い甲羅を連想させる形を持っているのに、図6-22で象られているのは円の不規則な集合で、鼈の星座がこのような形に表わされたとは考えにくい。この小円の集合は次に記すように、昴であるとしか考えられない。これは殷人が昴をもって「星」の字を表わしたのと同じ伝で、昴の形を鼈の背に象り、これはただの鼈ではなく、星座の鼈だ、ということを示そうとした、と考える他ないであろう。これとは別に、後に図6-27に引くように、天の鼈の星座の背中に象られた図像もあったのであるが。

すばるという星団は、図6-26の写真でわかるように、星の配列は不規則で、星の大小も様々である。図6-22の背中の円は、すばるの写生では勿論ないが、円の大小、配置が少々不規則なのは、天のすばるが頭にあったからだ、と解される。

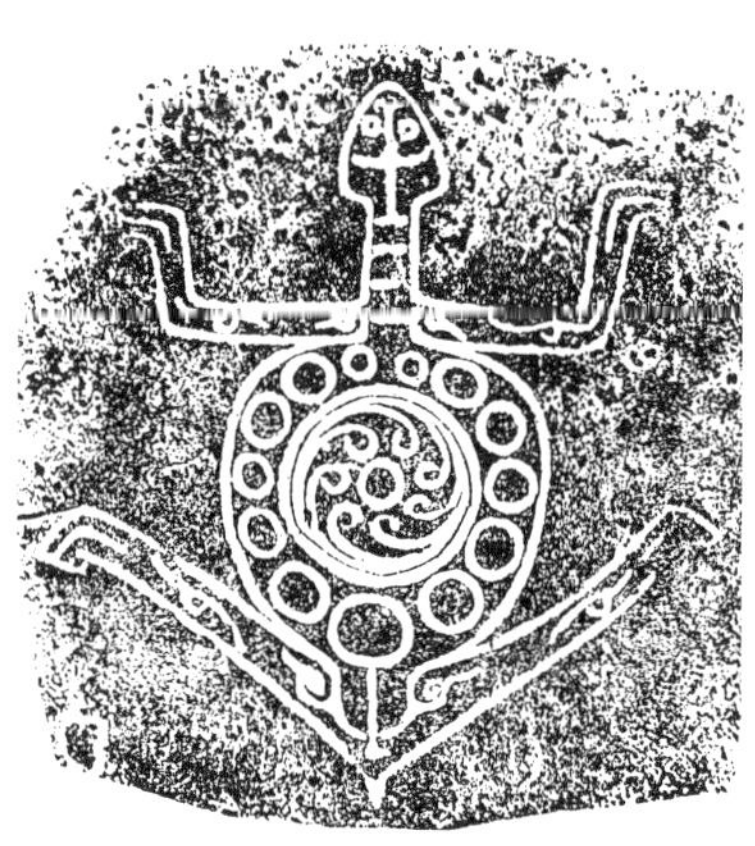

図6-27　鼈　殷後期盤　清澗解家溝(『考古』1980.1より)

この少し大小のある小円の集合に気がついて殷周時代の冏紋を附した鼈の紋様を改めて見なおしてみると、図6-27のごとく冏紋が小円を周囲に押し除けて中に割り入った型式のものがあるのに気附く。鼈の背の小さいいぼいぼが図像で写される、という可能性は先に排除した。とすると、これは昴の星団の中に冏紋が割り込んだと見ることができるであろうか。昴は図6-24、25のように中央に一つ円を加えた形に、図式的に表わされることもあるし、表6-1(1)、(2)の甲骨文星字のように、星が環状に並べられることもあるから、中央の空いた所に冏形の図柄を配することもできよう。一方また、冏形の周囲に並ぶ小円の列は、天の鼈の星座の星を象ったものと見ることもできる。小円の数は一三個ある。『晋書』天文志に一四個というのと小異があるが、『太平御覧』九三二所引の『星経』には一三個という。これこそ鼈の星座の図像に冏紋を組合せたものと考えることもできる。

怖い人間形の像からすっぽんに話が外れてしまったが、性が狂暴だとか凶悪というわけではないが、他に怖い神様で「天」が遺っている。王朝は天の命、天命によって王たるの根拠づけを与えられるも

のとされた。郭沫若の「周の彝器中の伝統思想考[90]」の中で、

大盂鼎「丕顕なる文王は天の有する大命を受け」

叔夷鐘「天の命を専受し」

秦公簋鐘銘同じ「丕顕なる朕が皇祖は天命を受け」

等を引用し、天の命ということが古くから言われている証としている。ただし殷や夏ならまだしも、歴史時代のはずの「文王受命」がどういう機会に、どういう手続きで行われたか、記録が残らず、全く不明である。文王受命はその四二年、岐山鳳雛の宮室の改築された年と推定されている位である[91]。

それは知りえないからしばらくおくとして、私は天の神はどうも女性らしいと考えている。それを次に記そう。

紅山文化の女神の怖い怒った顔は前に記した（図4-12）。紅山文化というと遼西地方に発展した地域的な文化で、年代も紀元前四千年紀中頃から後半に属し、殷周の文化とは直接つながらないのであるが、怖い女神というものはここだけのものではなかったようである。図6-28はやや粗い細工であるが目や鼻の表現から殷後期のものと知られる玉製品である。腹に手を当て、少し足を開いて立つ女性であるが、頭上に「気」を表わす羽根を附けており、裸である所から、これが鬼神であることは疑いない。中高年らしく、頰がこけ、やさしい女性というには程遠い顔附きである。図6-29も細工か

図 6-29　玉女神像　西周前期
Sackler Art Museum, Harvard University, Bequest Grenville L. Winthrop

図 6-28　玉女神像　西周前期
Sackler Art Museum, Harvard University, Bequest Grenville L. Winthrop

ら殷後期のものと知られる。レールは乳の表現から女性としている。[92] 是と思われる。これも腹に手を当て、足を少し開いて立ち、爪先を内向にして合せている。頭上には一対の角のようなものがあり、長くて少し下向に反る。水牛の角にやや近いが反り方に相違がある。後述の髦の類と見られよう。裸であることから見て、これも鬼神の類である。顔は年配らしく、頬に深い皺が刻まれ、きびしい表情でこちらを睨む。図6-30は霊台白草坡一号墓の出土。西周の早い時期の青銅器が出た墓である。これも裸で両手を腹に当てて立つ。身体も手足も瘠せ細り、乳は垂れ、明らかに老女である。そう思って見れば顔も渋い顔附の婆さんである。頭上に蛇がとぐろを巻く。明らかに鬼神の類で後述（図6-45）の馬厰期の神で、頭に蛇が這い上っている雨神を思い起さしめる。

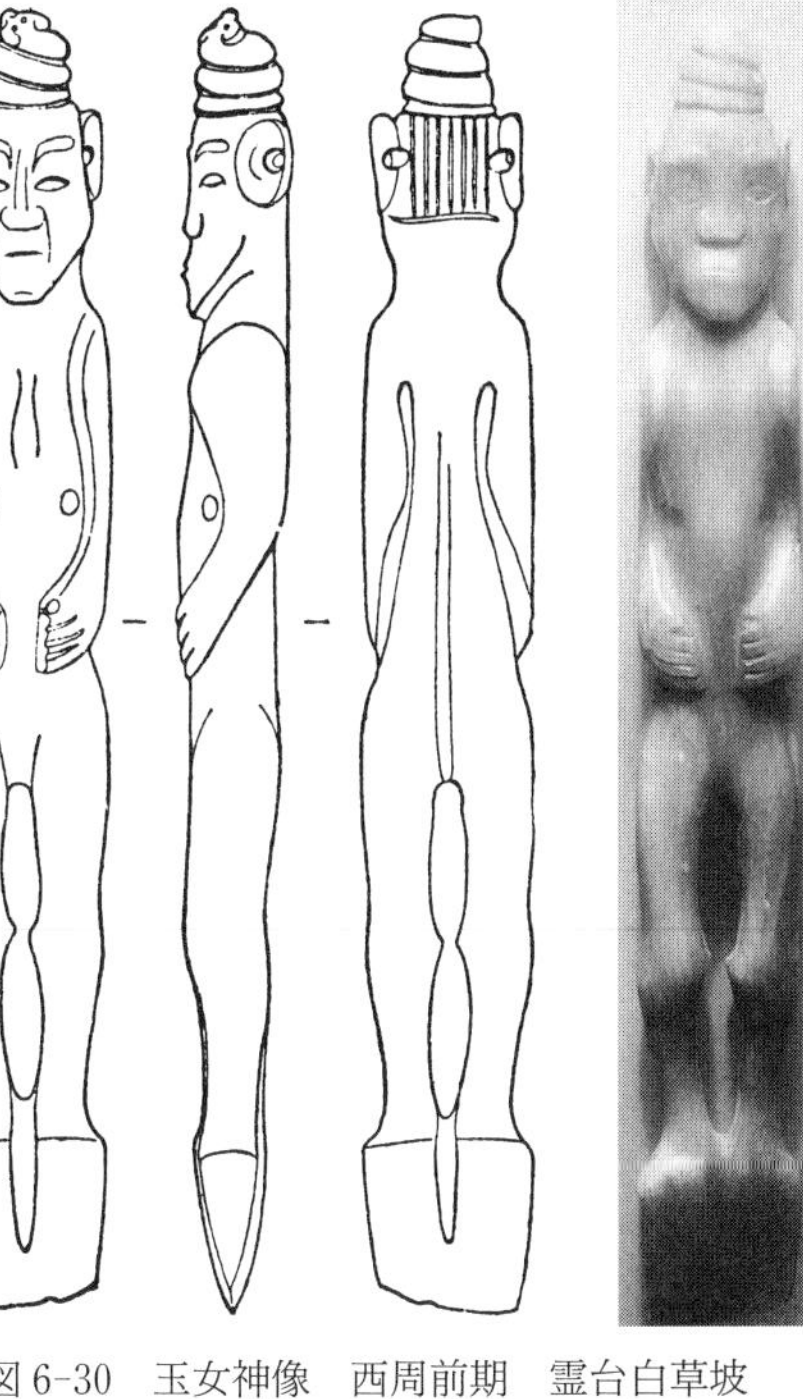

図6-30　玉女神像　西周前期　霊台白草坡
（『考古学報』1977.2より）

以上殷から西周初に少数ながら裸で立つ女性鬼神像があり、いずれも中高年できびしい表情をしていることが知られた。これらの女神は何者か。それについて示唆を与えてくれるのが図6-31、口絵4の青銅柱頭飾である。身体に銅象嵌で表わされた紋様から春秋後期後半、前五世紀前半頃のものと判定される。両手を腿の外側に当て、何かに浅く腰を下した裸の女性である。少し開いた足の間に、上向の蛙が一匹銅象嵌で表わされていて、図6-32、33の殷、西周時代の足を開いて立ち、足の間に蚌を表わした図象記号と対応する。殷時代の図象記号が族集団の「物」すなわち旗印、紋章であり、それがまた族の名にし負う所の神の図像であったことについては先に論じた通りである（一五一―一五八頁）。春秋末のこの蛙を伴う像が裸である所から、鬼神であることは疑いない所である。とすると数百年の空白があるにせよ、両者が全く独立の存在ということは考えられない。殷時代の図像と春秋戦国の銅柱頭飾との連続を想定せねばならない事例は他に幾らもあることを顧慮すれば、両者の伝統の連続については疑いの余地は先ずない。そうとすると、図6-31の図像記号で足を開いて立つ正面形の人間形は図6-29、口絵4の女性に対応することになる。図6-32のごとく簡略化され、大部分が線で表わされた記号ではその形そのものから性別を判定することができない。しかし同じ記号が稀に図6-33のように肉のついた姿に表わされる場合がある。この例でみると男性のシンボルを股間に欠き、確かに女性である。

さて図6-32の上半、足を開いて立つ正面形の人間形は殷代甲骨文の天、金文の天字である。天は女性の鬼神を表わした字と知られたのである。『説文』に、

天は顚なり。至高にして上なし。一と大に从う。

と。すなわち天とは頭の頂上の意である。一番高い所であるから一と大に从う、とあるのは正しくない。「天」の神の姿をもって天空を指す文字とした、というのが本当のところである。

図6-33は図6-34と同式の図像記号で、足を開いて立った人間形の足の間に蛙が一匹入っていると

図6－32　天・蛙形図象記号　殷後期斝(133より)

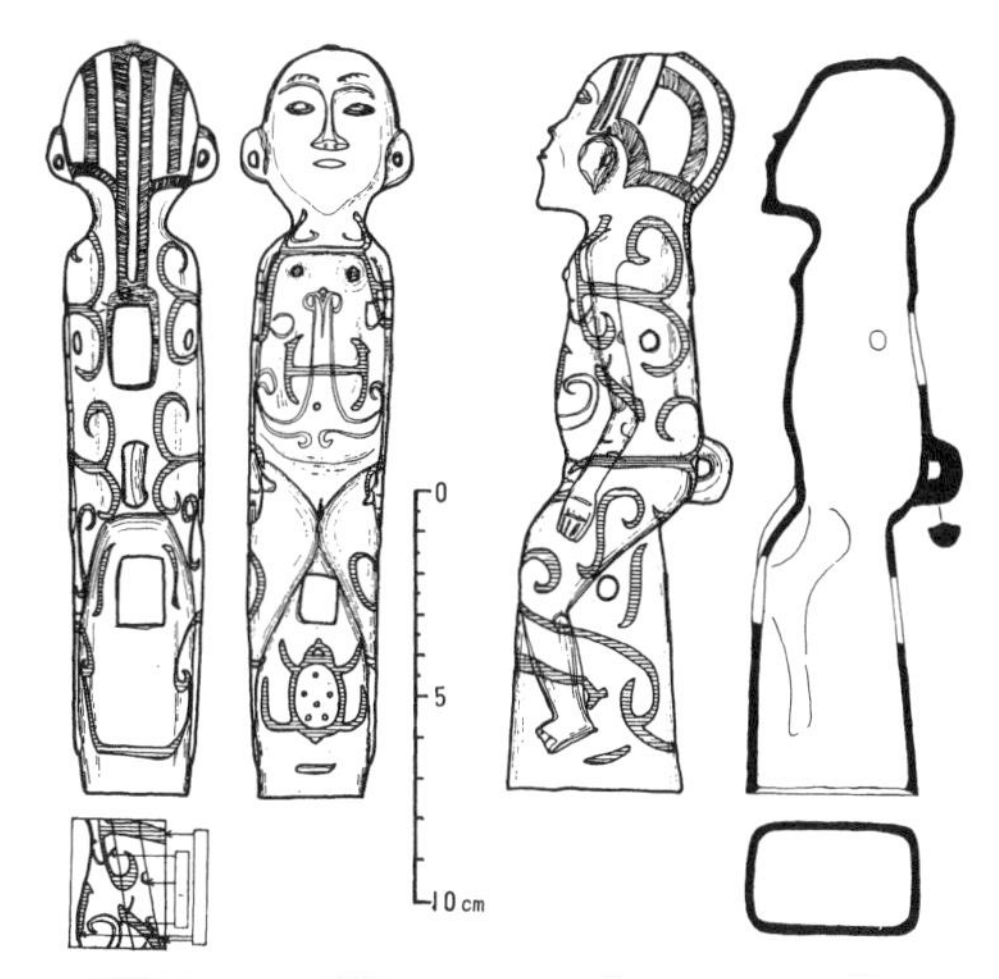

図6-31　青銅女神像　春秋後期　天理大学附属天理参考館(85より)

図6-33　天・蛙図象記号　西周斝　Courtesy of the Royal Ontario Museum, Toronto, Canada (Far Eastern Department)

図6-34　天・蛙図象記号　殷後期方彝　Courtesy of the Trustee of the British Museum

図6-35　天形図象記号　殷後期鼎(7より)

見られて、この記号は頭上に几字形羽冠が一対附く所に図6-32と相違がある。この几字形羽冠は後に記すように、頭に着ける毛髪の飾り、髦を表わしたものと見られるが、これは神も着脱するものである。そのように見れば、様態は異なっていても図6-32も33も同じ神を表わしたものということになる。ここで興味深いのは、図6-33の人間形は、腹か下に向って太くなっていることである。同様な胴を持った立人形は図6-34にも見られる。先に紅山文化の妊んだ神像を引いたが、この「天」形の腹が太くなっているのは女性の最も女らしい妊んだ姿で、「天」を表わしたものと解されないであろうか。

図6-33、34のような几字形羽冠を戴いた頭は丁寧に表わせば図6-36のようなことになる。羽冠は角張った形で頭上にある。このような頭を持った人間形を側観的に表わしたのが図6-37、38である。肱を曲げ、膝を強く折った姿勢になっている。図6-38は大きな龍の頭があり、その身体は頭の後から背にかぶさっている。図6-30の頭上に蛇が乗る神や、後引の図6-45の蛇が這い上る神と共通のテーマである。

図6-39は材料の玉の分量が足りなかったせいか、図6-37、38と同じ神の首から下が不完全である。頸から下は　寸した羽渦紋に略され、手も首の後にあり、後向に曲っている。これは几字形羽冠のために引いたのである。羽冠は平行の細かい線で埋められている。毛髪を表現しようとしたと考える。

図6-40も同様で、図6-39のように細い平行線の入った高い冠状のものを頭上に着ける。図6-39

図 6-38　天の像　殷後期
玉(155 より)

図 6-36　天の像　殷後期踵飾
益都蘇埠屯(146 より)

図 6-39　天の像　殷後期
玉(155 より)

図 6-37　天の像　殷後期　玉
安陽小屯(70 より)

図6-41　天の像　西周鼎　Minneapolis Institute of Arts(京大人文研考古資料より)

図6-40　天の像　殷後期　玉(京大人文研考古資料より)

と近い形だが立ち上りの部分が長く、先端の屈曲は軽度である。この形を見て思い出すのは、図3-27の一時代昔の龍山文化の像である。裸で頭に短く刈った髪のような形のかぶりものを着け、頭の後に向って長い毛束がある。下端は軽くカールしている。上端は円まって、生えた毛ではなく、頭にこれをぶら下げていると思われる。下端は軽くカールしている。先にワシが足先に人首を持っているように見える像を引いた時、これを竈神の髻と考えた（九〇～九一頁）。この龍山文化のイヌワシに伴う人首はどれも長い毛束を着け、その先端は軽くカールしていた（図3-28、29）。その形は図6-39の羽冠を想起せしめる。

図6-41は手足がついた人間的な顔付の神であるが、波打ったかなり長い髪を着けている。図6-42も手足が羽化した神だが、頭に太長い袋をのせ、羽化した手をそれに上げている。図6-41はいかにも立派な毛だが、これでは何かするのに邪魔だろう。このようにまとめたらよい。図6-43は動物形の神だが、頭上の太い袋状のものを手で摑んでいる。袋状のものには細い平行線が上り、後端が円くなっていて先の少しカールした毛束らしい。図6-42も恐らく毛束であろう。彼等は豊富な「気」を象徴する毛束、髪を外す所、というのでは体をなさない。これからの行為のためにこれを着けて「気」を充実させている所と見る外ない。髦は着脱するものであることを証する図像と思われる。

以上、髦はとったり頭に着けたりするものであることが示された。図6-32、33はとった所、図6-34、35は着けた所である。

図6-38の図像は尻に円に十の字の記号を附けている。この記号については、先に筆者はこれを甲

図 6-43　髦に手をかける神
西周飾金具(87 より)

図 6-42　天の像　西周伏兎
Minneapolis Institute of Arts(京大人文研考古資料より)

図 6-44　雨神形図象記号
殷後期斝(133 より)

骨文、金文の雷字がこれに从うことから、これが雷鳴を象徴すると考えた。[94] 雷というと激しい雨が随伴している。雨を降らせる者としての「天」は図6-44の記号がある。「天」の形をした人間形の神が片手に荒い歯の櫛のようなものを持ち、下に点々が連なっている。ㅌ形と雨の落ちる形に从う「雨」を司る「天」の姿である。

図6-45はパリ購入の彩陶の器蓋である。人頭を象り、目の上下、口の周囲に入墨と覚しきものが画かれ、後頭部から蛇が一匹這い上っていて雨の神とされる。

以上、記号や文字、図像資料を使って「天」が裸の女性の姿を持つ人間形の神であったことを明らかにした。また前節の始めの方において最高神の「帝」が殷周時代に存在し、天候、戦争等世界万般を支配し、いわゆる饕餮の姿で存在すると信ぜられたことも、甲骨学、文字学、図像学を使って明らかにした。それでは天と帝はどういう関係にあるのか。

武内義雄は帝と天は音が通じ、同一のものを指すと考えている。[95] これは音韻の方から具合が悪いらしい。また後に引く『詩』でも帝と天とは二つのものとして使い分けられている。赤塚忠は帝は殷の最高神であり、周になると天が言われることが多くなり、国家宗教としての上帝崇拝は衰えるというが、[96] 周代でも帝と天は夫々の役割を分担していたと思われる。小南一郎は『尚書』君奭、文侯之命を資料に地上の王の徳が輝かしいものであることが天に伝わると、上帝は命、即ち天命を降して天下を統治せしめるものだ、という考えの方の存在を記している。[97] 帝と天と天命のつながりについてはま

図6-45　涙雨の女神　馬廠期彩陶　Museum of Far Eastern Antiquities, Stockholm, Erik Cornelius 氏撮

た後に記すが、帝と天が戦国時代頃までも二つのものであったことは注意しておきたい。『周礼』大宗伯に、

禋祀をもって昊天上帝を祀り、実柴をもって日月星辰を祀り、槱燎をもって司中司命飌師雨師を祀る。

とあるが、昊天上帝について注に、

鄭司農いう、昊天は天なり、上帝は玄天なり。

と。賈公彦の疏をみると、この注は昊天は天のことで、玄天は天の色は玄だから玄天と言ったわけで、昊天も上帝も同一の天だと解したのだという。それに対し同じ注に、

玄おもえらく、昊天上帝は冬至に圜丘で祀る所の天皇大帝なり。

という。鄭玄は昊天上帝を一つの神とし、天の北極に近い星の一つである天皇大帝の神がそれだ、という解釈である。しかしこれは文脈上おかしい。昊天、上帝は夫々成語としてテキストに出てくるものである。そしてこの句の下には日、月、星、辰を祀る云々とあって、以下同一対象を二字以上の語で数える例はない。ここは昊天と上帝は異なった祭祀の対象ととるべきである。二鄭が先のように注をしているのだから、後漢には昊天と上帝の区別をつけない考えが出ていたことは確かであるが、それよりどれほど遡るか知れないが、『周礼』のこの句の書かれた時代にそれが区別されたものであったことは確かである。三浦国雄は『左伝』昭公四年の条を引き、叔孫豹がある夜、天が自分を圧し潰そうとする夢を見、色が黒く、せむしで目が引込み、猪のような口の男がそばにいるので「牛よ俺を助けてくれ」と呼び、おかげでこれに勝った、という話があるのは、「天」に対して「勝つ」という表現が使われていることからすれば、天は同時代に一個の人格を備えた、ほぼ等身大の存在と観念されていると考え、天に対する最も古層の意識を反映していないだろうか、と言う。当っていよう。(98) こ

の「天」が西周時代の女性の天神かどうかわからないが、人間の姿の「天」神の観念が『左伝』のこの話のできた時代――戦国時代ごろ――に残存していたことは確かと言えよう。

さて、後漢を遡るいくばくかの時代まで最上位の神として昊天と上帝とがあり、天の方が前記のように殷代に女神だったのであるが、では帝の方は如何。殷の王は言うまでもなく男性であるが、殷末の王に帝乙、帝辛といった名がある。帝に性別があるとすれば、帝は男性でなければならない。また周の祖の后稷の誕生について『詩』大雅、生民に、(99)

その初め周人を生める、これはこれ姜嫄、……天帝の足の親指の迹ふんで心動き、ここに天の恩寵加わりてやどりて、載ち娠り載ち夙しみ……。

と言い、帝の足の親指をふんだ結果姜嫄が娠り、后稷を生んだという。帝は姜嫄を妊娠させたのだから、当然男性と考えられていたわけである。

しからば文献資料中に「天」が女性と見られていた証はあるか。そう思って探せば出てくる。『詩』大雅、文王、皇矣をみると、

皇いなるかな上帝、赫けく下に臨みたまう……上帝の指すところ……天はその相手を立て……天帝その山を見給えば……帝が邦をたてて相手を設けたのは……

というように帝が国に対してどういうことをしてくれたかについてうたい、帝々と言っている中に一つだけ天が出てくる。この句の伝、箋を見ると、これは天が文王のためにその良い配偶、大姒を生ん

でくれたことだという。生むのは帝でなく、天の役割と考えられていたのである。天が女神と知れば、これは当然のことである。殷墟卜辞に「求生」の句があるが、「生」の祈求の対象はいずれも妣、すなわち死んで神になった王の妃になっている。

乙未の日卜う、𡚱壬に生を求めんか。(100)

というごとくである。生誕を司るのが女性の神という点は殷代も同じだったのである。

他にも『詩』を見ると、生むという時は帝でなく必ず天である。上帝と混って出てくるものでは大雅、蕩に、

果てもなく極みなき上帝こそ……烈しく畏ろしき上帝の……天、衆民を世に生して。

と。また蕩、烝民に、

天、衆民を世に生じて。

と。また小雅、節南、小弁に、

ああ何という星の下に天は私を生んだのか。

といった具合である。これらの詩の作られた年代について経学者は考古遺物とは相違し、百年単位まででも年代をつけることができないようであるが、長年伝えられる間に語句の変化も当然あったとしても、西周から孔子の頃、前六世紀時分までの資料として使うこと位は許されるであろう。その時代、天が女神として意識されていた、ということはできよう。

天が女神であったことは、また『詩』で最高神の仕様のなさをかこつ際の言葉に窺われる。大雅、生民、板に、

上帝はその常の道にそむき、民は今皆つかれなやむ。

また大雅、蕩、雲漢に、

上帝も照臨したまわぬ。

というように、帝がぼやきの対象となることもあるが、その仕打ちの不当さが『詩』の中にうたわれるのは天が圧倒的である。前の大雅、板のつづきに、

天がまさに世をなやまそうとするとき……天が今や変動しようとしている時……天がこの世を虐げようとする時……天が今怒ろうとしている時……天の怒りをつつしんで……天の変りをつつしんで。

と、また小雅に節南山に、

天いましきりに災害(わざわい)し……昊天平かならず、……昊天恵まず、つれない天よ……昊天平かならず、

と、また節南、十月之交に、

天命かくまで道なきか。

と、また次の雨無正に、

広大無辺の天すらも、今はその徳大いならず、死喪饑饉を世に降して……

と。その他数条を拾うことができるがここには略する。
ここにかこたれた天はというと、何故怒られたのかわからぬその気まぐれ性、不公平、意地悪、懲罰である。こう並べられたら何を思い浮べるであろうか。さし障りを構わず言えば女性教師といった所ではなかろうか。然り、『詩』にうたわれている天はまさに人間の生殺与奪の力を握った女性なのである。ここで思い出さざるをえないのは、殷、西周の玉製の女神達（図6-28～30）の形相である。周人の嘆きはこれらの遺物を「天」に置きかえて前引の詩を読みかえすことにより、一きわ鮮明に理解することができると考える。
次に始めに考えた帝と天の関係について改めて考えてみよう。殷代には「天」は文字、記号や図像の形では存在しても、王朝のト占には姿を現わさず、帝が最高神として活躍し、周には帝と天の両方が出てくるが、王朝の権威づけや人間の運命には天が表立って係っている。天と帝とを考える場合、頭に入れておく必要があるのは、殷の帝と周の帝は異なった民族の別々の最高神ではなく、同じ帝だということである。傅斯年[101]は『詩』大雅、文王、皇矣に、
皇（おお）いなるかな上帝……そこで西の方を顧みて、そこに居所を与えたもうた。
と殷の上帝が東方から周にやって来た、という上帝は殷の上帝、帝嚳である。前引大雅、生民で姜嫄を妊ませた帝は毛伝に「高辛氏の帝なり」、という。高辛氏の帝は帝嚳である。『国語』魯語に、
商人は嚳に禘して契に祖し、周人は嚳に禘して稷に郊す。

とあり、周人も商人と同様、嚳に禘することになっている、と証拠を挙げて記している通りである。殷時代の甲骨文にうかがわれる帝については前の章の始めの方に胡厚宣を引いて記した通りである。先に紹介した通り、殷時代の帝は風雨、作物の豊凶、作邑の可否、異族の侵入、禍に対して力を持ったものであるが、それに対する祭祀は直接行われず、死んだ父祖、山川の自然神を通してのみ行われたものであった。

周には殷墟卜辞のような豊富な同時代資料はない。しかし西周の早い時期の資料が含まれていると思われる『尚書』や『詩』に周代の帝と民に関する材料が見出される。この章の始めの方に『尚書』の君奭、文侯之命に関係した小南氏の考えを手短かに紹介したが、もう少し丁寧に見てみたい。君奭[102]に、

周公旦が次のように言った。君奭よ、情容赦もなく、天は喪亡（ほろび）を殷に降した。殷がその「命」を取り落してしまい、我が周がそれを受け取った。私にはわからない、周王朝の基（もとい）が永くその休（めでたさ）を保ち、天が誠ある者として目をかけて下さるのか。……君奭よ、むかし上帝は殷を見棄てると、文王の徳を重んじはげまし、大いなる「命」を文王の身に降した。

とある。上帝は命を降すのだが、天は命を降し、あとあとまで受命者の行いをきびしく見張り、取り消すこともある立場にある者として立ち現れる。周公がここでくだくだと説教しているのと同じ趣旨のことは『詩』大雅、文王にも窺われる。始めに、

> 天にまします文王、於その徳天にかがやき給う。周は旧き国なれども、受けし天命こそ新たなれ。げにかがやかしからずやわが周、げにいみじからずや帝の命、文王のみ魂は天かよい、天帝のみ側に在しますなり。

と。死んだ文王は新たに命（他にいくらも出てくるように天命）を受けたのであるが、輝かしい功業は帝の側にあることによって顕彰される。次を少し飛ばして、

> その徳深くみち給える文王は、ああ光り已まず敬み給いぬ。仮いなるかな天命、かの殷の子孫は、その数幾十万、上帝ひとたび命じては、ここに周に帰服しぬ。

とある。文王の徳が厚く、つつしんだ結果天命が降った、殷の何十万という子孫は上帝が命を降すや周に帰服した、という。殷を帰服させる命令は上帝が下したというのに、その前には大いなるかな天命、という。これはどういうことか。つづいて文王には、

> ここに周に帰服しぬ。天命は常なきなり。殷の臣すぐれて敏きも、周の都に来て酒そそぎ饗すめて祭りを助けぬ。

とある。天命はあてにならないもので、殷の士も周に帰服してその祭祀をたすける、というわけである。殷士の運命を直接握っているのは天なのである。前の殷で周に帰服したのも直接には天の命に従ってそうしたことになる。だから「仮いなるかな天命」とあったわけである。しからばもともと上帝が命を下したのは天に対してであり、天はそれを執行する者であったということになる。卜辞で帝が

雨の神に雨を降らすことを命じたのと同じことである。帝は天より一級上にある者だから、文王も天ではなく、天命の大もとの帝のお側に侍るべきだったのである。また殷の士も直接下されたのは天の命であるが、天は帝——前に記したように周の帝は殷の帝でもある——の命に従って天命を降したのだから、おとなしくもそれに服従した、という理窟である。

このように見てくれば、最上位に帝がいて地上世界への命令の執行は下位の神がとり行うという殷のシステムが、上帝と共に殷から周に引きつがれていることになる。周になって違ったのは女神の天が人きくのさばり出ていることだと言うことができよう。郭沫若は帝に当る最高神としての天は殷末に現れ、周はこれを踏襲して尊崇したと考えているようであり[103]、陳夢家もこれに賛している[104]が、実は右に考察したように帝と天とは別の神として殷周に并存したのである。

七　殷周羽化鬼神

以上は帝とか天とか、古典に出てくる名で呼ぶことのできる、ないしは古い名が探せばありそうな鬼神であるが、頭以外の部分がはっきりした形をとっていず、雲気としかいい様のない類が古くより存在し、その伝統かどうかわからないが、同じ類は周時代にもつづいている。図7-1(1)は江蘇省澄湖から発見された灰陶で良渚文化のものである。同(2)は大阪市立美術館で展示された時の紋様の写生である。箆描きで神像を画いている。図の右寄りに大きな両眼のある顔が識別されるが、両手、両足や頭は細い棒状で、大きな眉とも角ともみえるものを頭上に着け、細長い冠とひげが識別される。その左右は

図7-1　土器刻紋神像　良渚文化　澄湖((1)63より　(2)筆者スケッチ)

曲線が画かれるが形をなさない。

第一章に引いた図1-9も良渚文化の透し彫の玉で、大きな羽冠を着けた火神が立つが、両手、両足らしきものが見出されるとはいえ、あとは図7-1などではないが、曲線が走るだけで、鳥頭とも見えるものが端末に識別されるだけである。

良渚文化の琮などの神面その他は細い線の渦紋で埋めつくされるものが多く、図1-9でも透し彫の四肢その他も細かい平行線と渦紋で埋めつくされている。玉のような硬い材料を透し彫にするだけで大変な手間だが、彫り残された身体部分も、手とも足とも何ともつかない形であるのに、そこに平行の細紋を加えるのにかくも熱心なのはどういうことかと思う。

降って殷代の青銅器（図5-1〜9）でも、紋様自体は兎も角として、その身体や四肢その他に細かい雲紋を彫り込み、地にまで同じ細かさで雷紋や羽紋をびっしり彫り込む類が少なくないのは、これまたどういうことであろう。鋳物であるから、それを予め欠け易い粘土の鋳型に彫り込んでいるのである。

さらに春秋、戦国時代の玉器でも、龍などの動物紋が細かいものに変り、それがくずれて羽紋化したようなものを、丹念にびっしり彫り込んであったりする。それも玉など硬い材料にである。金と時間を惜しまないといっても、手間も大変だが、それをやり遂げる熱心さ、情熱は恐ろしいものである。

その結果として出来上ったものは、「気」が十分に表現され、それだけの値打ちがあったからこそ努力したのだろうが。よくも馬鹿馬鹿しいことに精根を込めたものである。

図7-2は龍山文化の玉の透し彫だが、頭部以外は透し彫の雲気以外に識別されない。図7-2のような図像の伝統が龍山にもつづいているのである。

図7-3は西周のもので、玉板から彫り出したものである。冠と手は目玉のついた動物形をなし、足も逆さ向の龍頭になっている。顔は正面形で、裳には腰帯から斧形の前掛、市（ふつ）（人が儀式の際着用する前掛）を下げている。市を着用し直立する姿は人間の如くであるが、冠、手、足先は動物の形をとり、人間ではない。

目玉の入った雲気をかぶり、手も目玉の入った雲気になった立人は次の時代の曲沃、晋侯墓からも出ており（図7-4）、裳の上に市を着ける点も共通しているが、足は爪先の上った履をはいた形になった点が異なっている。図7-6の泰安龍門口出土の玉人も頭に大きく龍がかぶさる点これと似ているが、足、手はまともである。裳の上に市を着けている。肱からは先の細い袂が垂れている。

これらの像で不可思議なのは、図7-4は衣の襟が表わされているのに胸に大きな乳が見え、図7-6も衣の有無は不明だが同様乳が描写されている。曲沃晋侯墓出土の他の玉人（図7-5）も、細部ははっきりしないが胸に乳がある。

こういう表現はもっと後の戦国時代にも続いている。図7-7は、帯鉤の飾りであるが、頭と腰に片結びの大きな飾りのリボンを着け、頭上に動物の耳形の飾りを着けた女で胸に大きな乳が表わされ

図 7-3　玉神　西周　中国歴史博物館(114 より)

図 7-2　玉女佩　龍山文化(28 より)

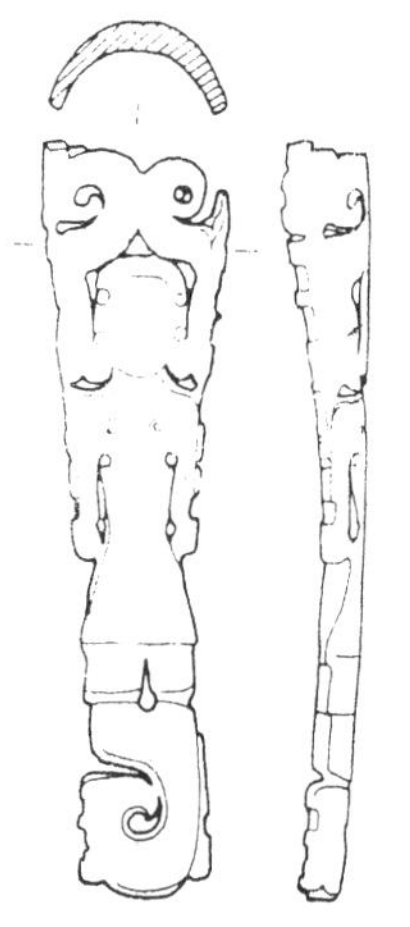

図 7-5　玉女神　西周後期　天馬一曲村(『文物』1994. 1 より)

図 7-4　玉女神　西周後期　天馬一曲村(『文物』1994. 1 より)

ている。

図7-4〜6は頭に龍のような大きな飾りを着け、図7-3、4は手が目のある羽根になっているなど、人間とは見えない。神とするとどういう神か。十全にはわからないが、少しは見当がつく。

図7-14のネルソン・ギャラリーの朱鳥を見ていただきたい。この像は少しごちゃごちゃしているが、右辺の上寄りに長い象のような鼻が立っているのが見附かるだろう。それの左が頭である。頭の下に大きな翼、その下に折り曲げた足がある。頭の上に細い平行線の込んだ几字形の羽冠があって、その上に足をかけ、後を振り向く龍が見附かるはずである。この図像は龍が頭上に乗った朱鳥である。

上に龍が乗った朱鳥の伝統は古く、龍山文化に遺物がある。第三章図3-28がそれである。朱鳥が横向に立ち、上に龍、更に上に小鳥がいる。朱鳥は天神であり、龍は天帝の仔分であった。故事を集めた前一世紀の本

図7-6　玉女神　西周後期
泰安市龍門口(4より)

図7-7　女神
春秋(152より)

『説苑』に、

昔、白龍が清冷という所の淵にくだり、魚に化けた。漁師が弓で射て（こういう漁法があった）目に命中させた。白龍は天に昇って天帝に訴えた……

という話がある。龍は帝の貴い飼い物とされるが、龍が帝に言いつけたのだから仔分といった所である。とも角帝のところには龍がいる、ということは常識だったらしい。朱鳥も天の神であったから、龍と親しい友達だったと思われる。図像としては、龍が近くにいるから朱鳥もただの鳥でなく、天神だということを観者に知らせる働きがあったのだろう。

類推によって、図7-4、6等を見た者は、この人物が龍と親しい者で天神の仲間であることを覚ったに違いない、と考える。

なお、すぐ次に記すように、元来フクロウやミミズクから変化して来た坊主頭のかがんだ人物の図像の足もとに、胴の円く丸まった龍の像が附く、図7-8、9のごとくである。私はよく知らなかったが、フクロウは足を使って垂直に躍び上って翼をひらくという。(105) 青銅器でミミズクを象った容器の足に小さい龍の附くものを時々見かけるが（図7-13）、これは実物のミミズクの飛び立つ時の躍び上る力を象徴したに相違ないし、7-8、9のようなミミズクの変化した人間形の神の足につく龍も同様と考える。

青銅器や玉器の像の足に附けられた龍がただの飾りではなく、実際に機能を期待された動物であっ

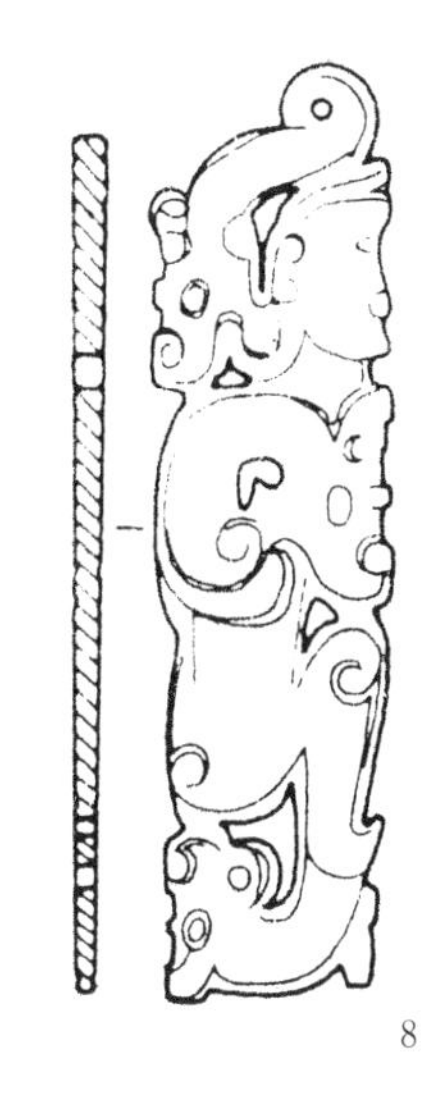

図7-8　玉フクロウ神　西周後期　天馬曲村(『文物』1984. 1より)
図7-9　玉フクロウ神　西周後期　扶風強家村(『文博』1987. 4より)
図7-10　玉フクロウ神　西周後期(153より)

たことが知られた。そうとわかって見れば、図7-12のフクロウないしミミズクを象った青銅器の翼が龍に象られているのも、この鳥の空を飛ぶ力を龍によって象徴させたのだ、と知られる。玉器で図7-8〜10の肩に円まった龍が着くのも、何かの気まぐれか何かではなく、この動物が飛ぶ力を持つことを示そうとしたものであることが知られた。図7-8、9の足もとの龍がその躍び上る力を象徴しているのと同じことである。

西周後期に多い坊主頭の像の頭上に乗る龍は図7-8、10に見るように、坊主頭の主人の後頭に垂れた毛束を呑む、乃至吐き出す形をとっている。髪の毛は人間の「気」を象徴するものであるから、(106)

この龍もこの神の「気」と密接に係る者と知られる。西周後期に坊主頭の像と龍の係った像は種類が多く、どういう意味で係っているのか十分確かめられないものも多い。図7‐10の主人の背後に手のない小ぶりの人間形が立つが、これもわからぬものである。よくわからないものも多いが、坊主頭の神と龍その他が無意味に附け合されたものでなく、役割、意味を荷うものであったことは知られた。

この類で出てくる、図7‐9のような禿頭、団子鼻で、口から下顎がはっきりしない人物は何だろうと考えていたが、そのもとは嘴の曲った鳥で、それが誤解によってそのような形に変ったのであった。詳しく書くと繁雑になるので、簡単に変遷の道すじを図示すれば図7‐11のごとくである。

図7‐11、(a)のごとく殷代に表わされた鉤形のフクロウまたはミミズクの嘴は、西周初に(b)のごとく表わされ、西周中期に、もと嘴であった凸出が鼻とみなされるに至ったことは、(c)でそこに象の鼻のような凸出が加えられるようになったことで知られる。(c)で鼻の下に抉り込まれた口は、西周後期に(d)、(e)のごとく表現され、(e)では上嘴が新たに加えられ、そこが嘴であったことが示される、というわけである。フクロウ、ミミズクには翼の上方に白色の羽片の並ぶ肩羽(かたばね)の縁があり、これが手のような身体部分と誤解され（図7‐14）これがさらに誤解を呼んで図像の変遷を複雑にするが、これは省略した。

以上が図7‐9、10のような頭の成立のあらましである。これなどは幸い見当がついたからよいが、先に図6‐9(3)のごとく普通表わされる紋様など、もとの図6‐9(1)のような図があったからよかった

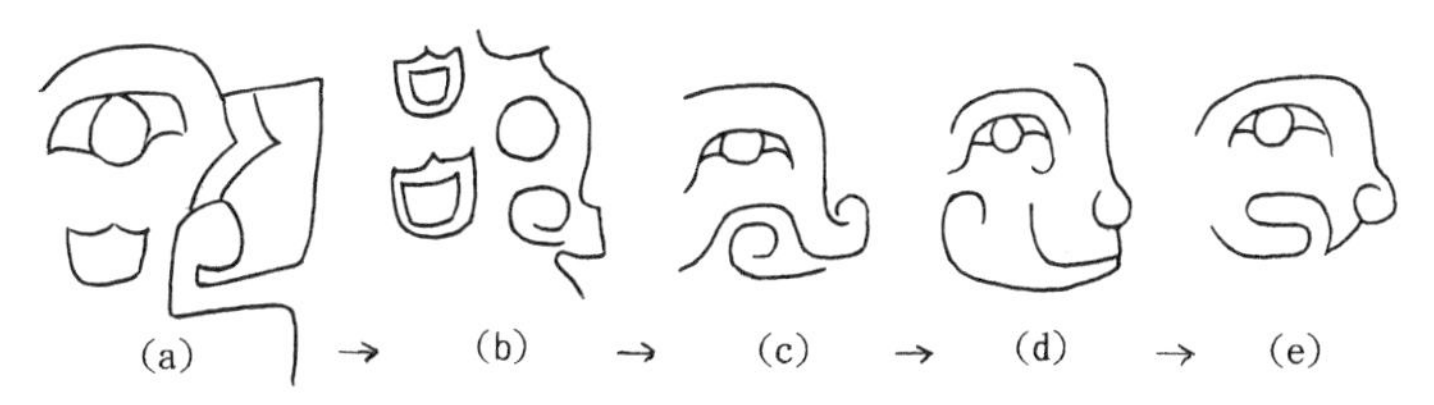

図 7-11　(a)殷後期(70 より)　(b)西周前期(155 より)　(c)西周中期(157 より)　(d)西周中期(35 より)　(e)西周中期(35 より)

図 7-12　フクロウないしミミズク形の卣の翼　殷後期　大阪市立陶磁美術館(京大人文研考古資料より)

図 7-13　フクロウないしミミズク形の卣の足　殷後期　大阪市立陶磁美術館(京大人文研考古資料より)

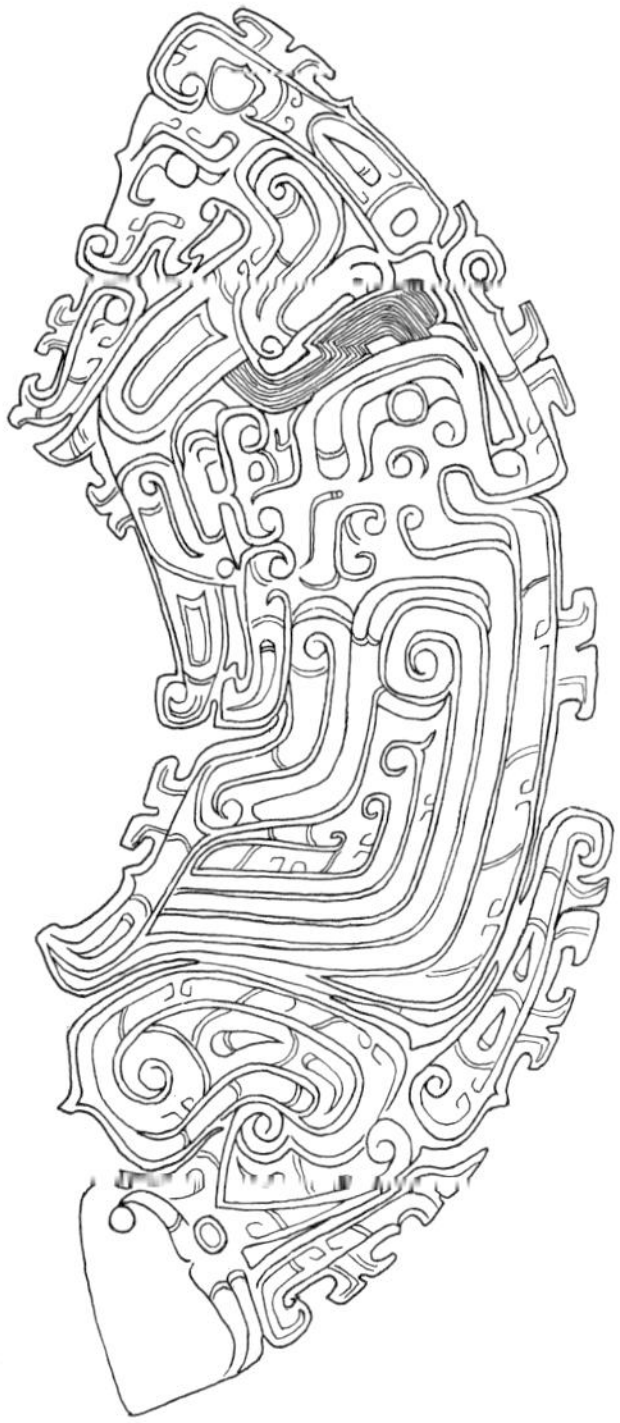

図 7-14　龍の乗る朱鳥
（157 より）（筆者図）

ようなものの、図6-10の蟬紋のように、変に省略された形が横行されたのではたまらない。「良」紋や「井」紋のように、証拠の残らないものは、もとがどんな形だったのか皆目わからないものが多い。職人達がわけもわからず大胆な簡略化をどんどん行ったようである。

八神樹

四川省というと華北、華中と比べ、ややおくれた地方であるが、殷周時代の青銅器文明がややおくれて波及し、青銅器や玉器も行われたことが近時明らかになってきた。成都近くの広漢近くで三星堆文明が発見され、その文物も東京、京都などで展示され、日本の大衆にも知られるに至っている。この文明は敵に攻め滅ぼされ、宝物は破壊しつくされ、穴に放り込まれて焼かれたのであるが、その穴が発掘され、焼け残った青銅器や玉器が出てきた。日本でも展示されたが、珍しいものの中に青銅で作った樹木がある。

破片になって全部は揃わないが、帽子掛けのように三叉の脚の上に樹が立って枝があり、枝には丸彫の鳥がとまっている。高さが一二〇cmばかりの大きなものである。龍のような動物が絡み、クリスマス・ツリーのように各種の飾りがつけられていた、といわれる。図8-1にその一本の復原図を掲げる。

中国では漢時代以後の文献で、太陽が天に登り下りするという大きな樹についての伝説が幾つか残る。これはその類の木を象ったものだろう、ということは誰しも考えることであるが、徐朝龍はこれ

図 8-1　青銅神樹　西周　広漢三星堆(44 より)

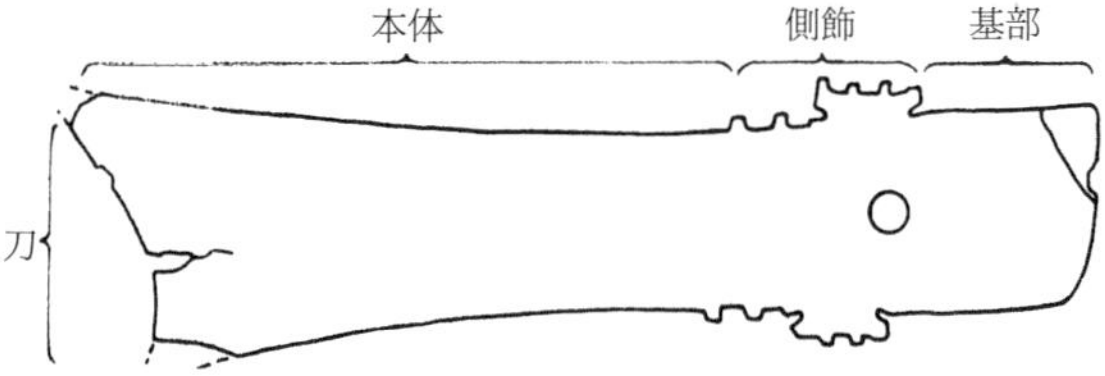

図8-2　骨鏟形玉器各部名称図（筆者図）

をその類の木の内の若木だろう、と考え、鳥は太陽を象徴する、と考えた。[107]『淮南子』墜形訓に、

若木は建木の西に在り。末に十日有り、その華は下地を照す。

とあるものである。鳥がとまっているのは十個あるという太陽を象徴し、それが九羽いるのは十羽のうち一羽は現在空を運行中だ、というのである。文献の記載は細部で出土品と合わないが、大体その辺でよいだろう。

太陽の鳥というと漢代には鳥と決っているが、この木の鳥は曲った嘴と冠羽があり、体つきからみても鳥ではない。これは龍山文化から伝統のある太陽の鳥のイヌワシである。イヌワシは（図3-9）猛禽の曲った嘴を持ち、頭上に明るい褐色（金色といわれる）のボサボサした少し長い羽根を持つ。

この鳥のとまるのは文献と違い、華でなく二枚の若芽状のものに挟まれた桃実形の上で（図8-10）、その少し下には囧形――「明」を象徴する環（図8-10）――がはまっている。この桃実形の両側に葉状のものの附いた形は、この遺跡から出た背の高い銅像の冠の正面や台坐にあり（図8-4）、この遺跡出土の饕餮面の頭上にもある（図8-3）。若木の「下地を照す」という華のつぼみを象徴しているに違いない。

この若木はK2の出土であるが、K1坑からは図8-5の遺物が発見され

図8-3　青銅饕餮　西周　広漢三星堆(44より)

図8-4　大型銅人冠及び台座　広漢三星堆(44より)

ている。軟玉の戈を改造して骨鏟形玉器にしたもので(1)、刃（部分の名称は図8-2参照）に鳥の形が透彫にされ(3)、器に骨鏟形玉器を刻している(2)。曲った嘴を附け、骨鏟形玉器の刃の凹みに坐っている。頭の後に象形文字の刀字形を彫った葉状のものがあるのは、刀字形一木で翼の羽根を代表

(2)

(3)

(1)

図8-5　改造骨鏟形玉器(44より)　(3)筆者図

させたものと思われ、その後に立つのは長い尾と思われる。先が少し折れていることは、そこに彫られた鱗形が少し欠けていることから知られる。頭に羽冠が見えないが、翼があって場所が狭いので略されたのであろう。これは出土した若木と比較し、太陽の鳥が骨鏟形玉器（図8-7）の先端の凹みにとまった図像だと考える。

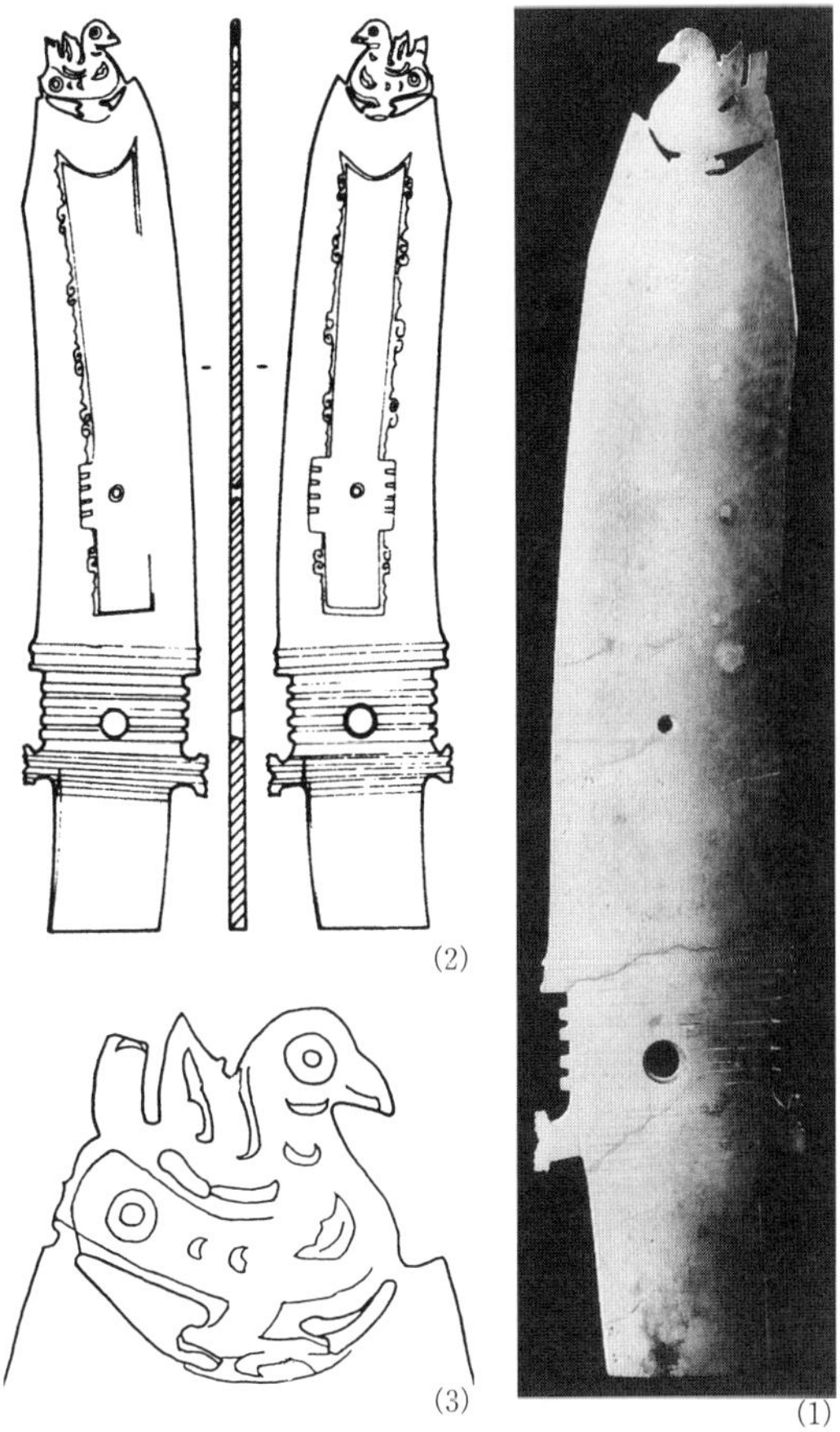

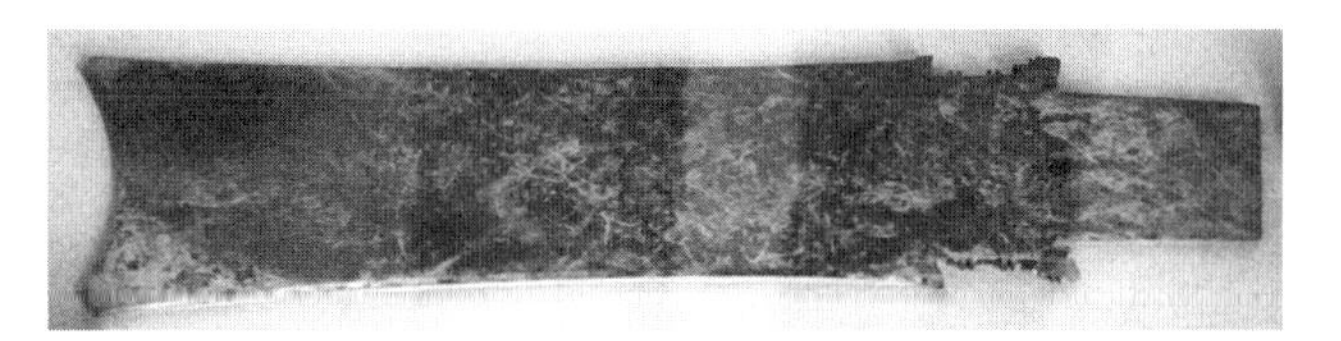

図 8-6　骨鏟形玉器　四川省博物館　江村治樹氏撮

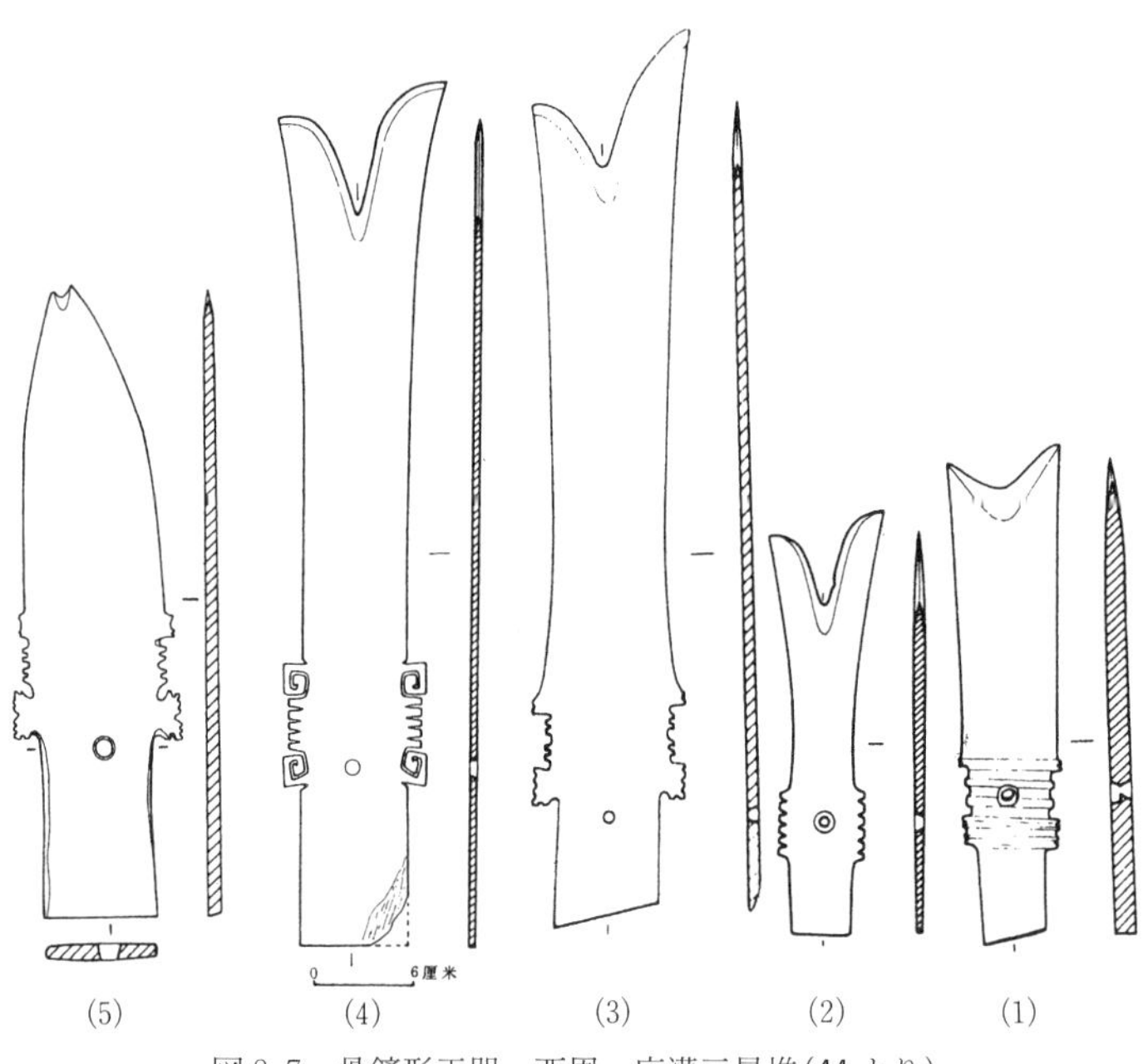

図 8-7　骨鏟形玉器　西周　広漢三星堆(44 より)

図 8-8　骨鏟形玉器を捧持する小銅人　西周　広漢三星堆(44 より)

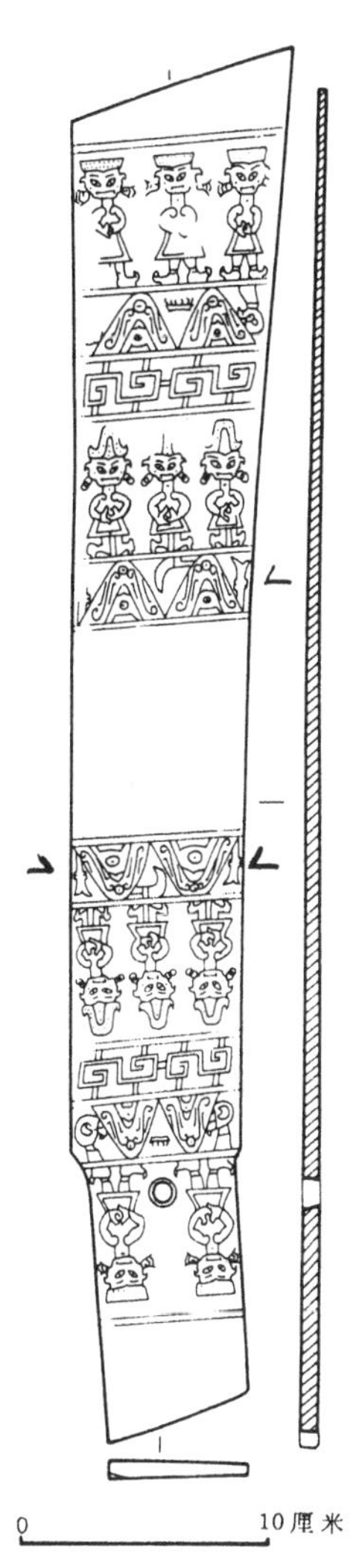

図 8-9　玉器刻紋　西周
広漢三星堆(44 より)

図 8-10　神樹のリング　西周
広漢三星堆(44 より)

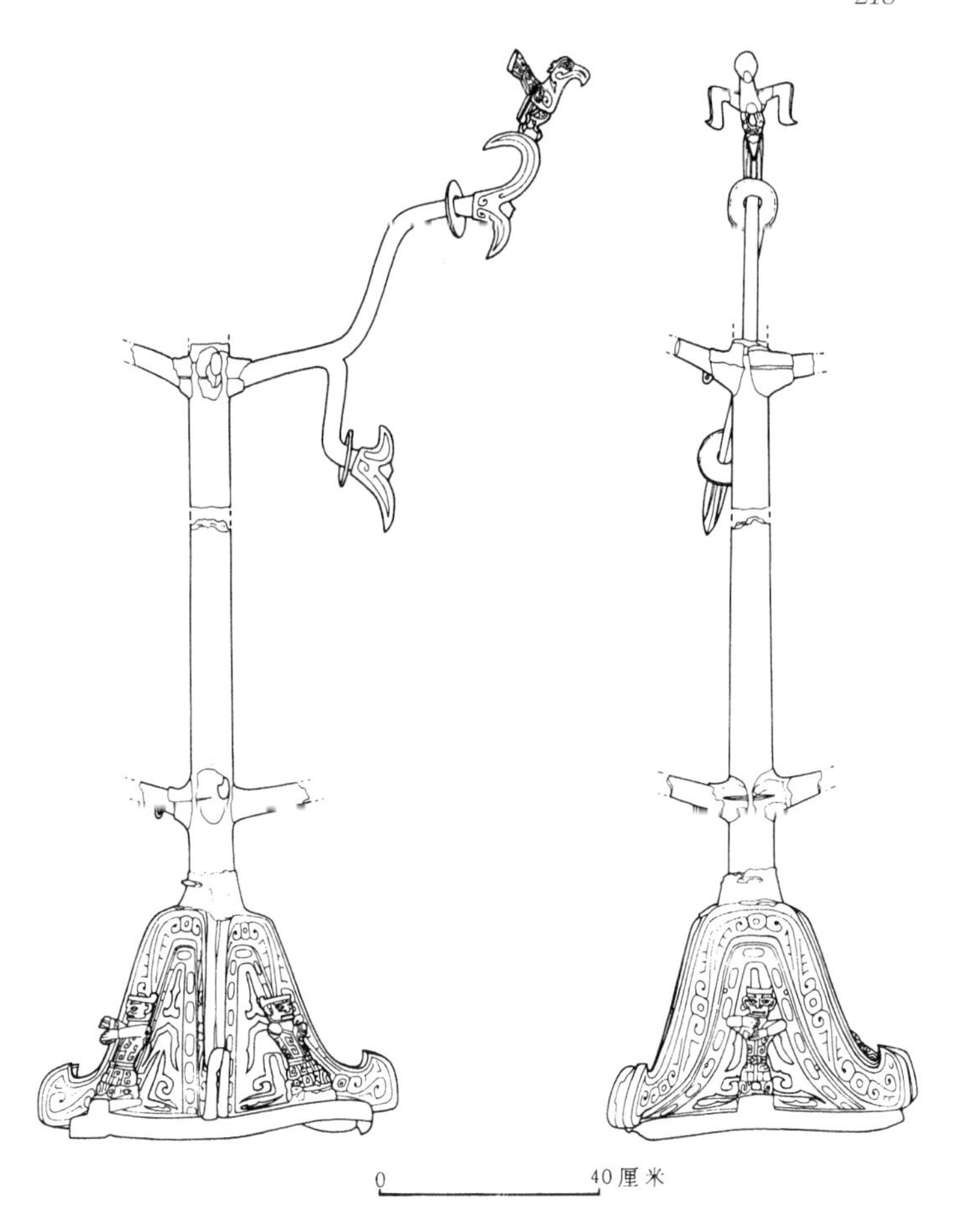

図8-11　別の神樹の翼あるワシ　西周　広漢三星堆(44より)

骨鏟形玉器は、この地に伝わった当座はその起原地のものに近く、先の刃がU字形よりも浅く、円味があったのであるが（図8-6）、K2の時分になると刃の凹みは深く、V字形に変っていった（図8-7）と思われる。若木の芽は桃実形の両側が同じV字形になっている。左右で長さに相違のある点は図8-7(2)～(4)と同じで、そこに太陽の鳥が棲っている、と判断される。

骨鏟形玉器がどのように起原し、もとが何であったのか明らかでないが、この地に伝わると先端の刃の凹みが深いものに変り、出土した若木の木の枝の端末の形と同じ形になったことは確かである。三星堆で発見された青銅の人形が凹みを上にして骨鏟形玉器の小さいものを捧持し（図8-8）、玉器上の刻紋でこの玉器が山麓に同方向に立てられている（図8-9、矢印）のはそこに太陽の鳥がとまって恵みを垂れてくれることを祈願するものと想像される。

図8-12　飛び立とうとするオオワシ　東京動物園協会提供

この大型青銅樹で不可思議なのは、枝にとまった鳥の翼が全部付け根から少し先で折れて失われ、一つも完全なものがないことである。同様透しの入った若芽の部分とか、その下に嵌った囧紋の環（図8-10）などは残っているのであるが、なぜ鳥の翼だけ一枚も完全な形で残っていないのか。これは故意にへし折られたに違いない。三星堆の人々の信仰する太陽の鳥の飛ぶ力を奪い、その恵みを断ち切ってやれ、という敵意ある征服者の仕業に違いない。

同様な鳥の翼は、二号神樹の枝にとまった一羽の鳥にだけ残っている（図8-11）。恐らく偶然の目残しであろう。この図はあまり上出来とは言えないが、右側の正面から見た図で胸の左右に拡がっているのが、飛び立とうとする瞬間のワシの姿である。丁度よいイヌワシの写真がないので図8-12にオオワシ（*Haliaeetus Pelagicus*）の写真をかかげた。

三星堆の青銅器文化は完膚なきまでに破壊しつくされたと見え、その伝統はどこにも発見されてい

図8-13　銭樹　後漢　彭県雙江（104より）

図 8-13(続き)　銭樹部分(筆者図)

ない。太陽とのつながりのある巨樹の伝承は先に記したような漢代の文献に伝えられているだけである。青銅の樹木は漢～晋の銭樹に見られるけれども、千年近く途絶えていることから三星堆文化の伝統とは考えられない。銭樹とは漢～晋墓に多く残片となって墓中に残っているもので、五銖銭という漢代以後多く使われた小銭が、木の葉のような形で附いた青銅の樹木の造りもの（図8-13、14）。多くばらばらになって出てくるが、完全なものでみると人の背丈よりも大きなものもあり、枝ごとに鋳造されて、通常枝のつけ根に鉤状の突出を作り出し、幹に作り出された環に嵌め込むようになっており、枝には光芒の放出する五銖銭形や、小さな西王母、東王公やその眷族、踊り子や曲芸をする人、騎乗する仙人などが上に作りつけられ、動物形や仙山などの陶製のスタンドに立てられている。他の陶製

図8-14　銭樹　後漢　広漢(2より)

明器などの墓の複製品より丁寧に作られている所から、副葬のために作られた仮器でなく、日用品が墓に持ち込まれたのだろうといわれる。[108] 当時の宴会、軽業などの余興を画いた画像石で、仙界を画いた画像石に出てくる植物の作りのものがその場に置かれている例があることから、[109] 非現実世界を表わした銭樹が現実世界で使われたことも大いにありうることである。

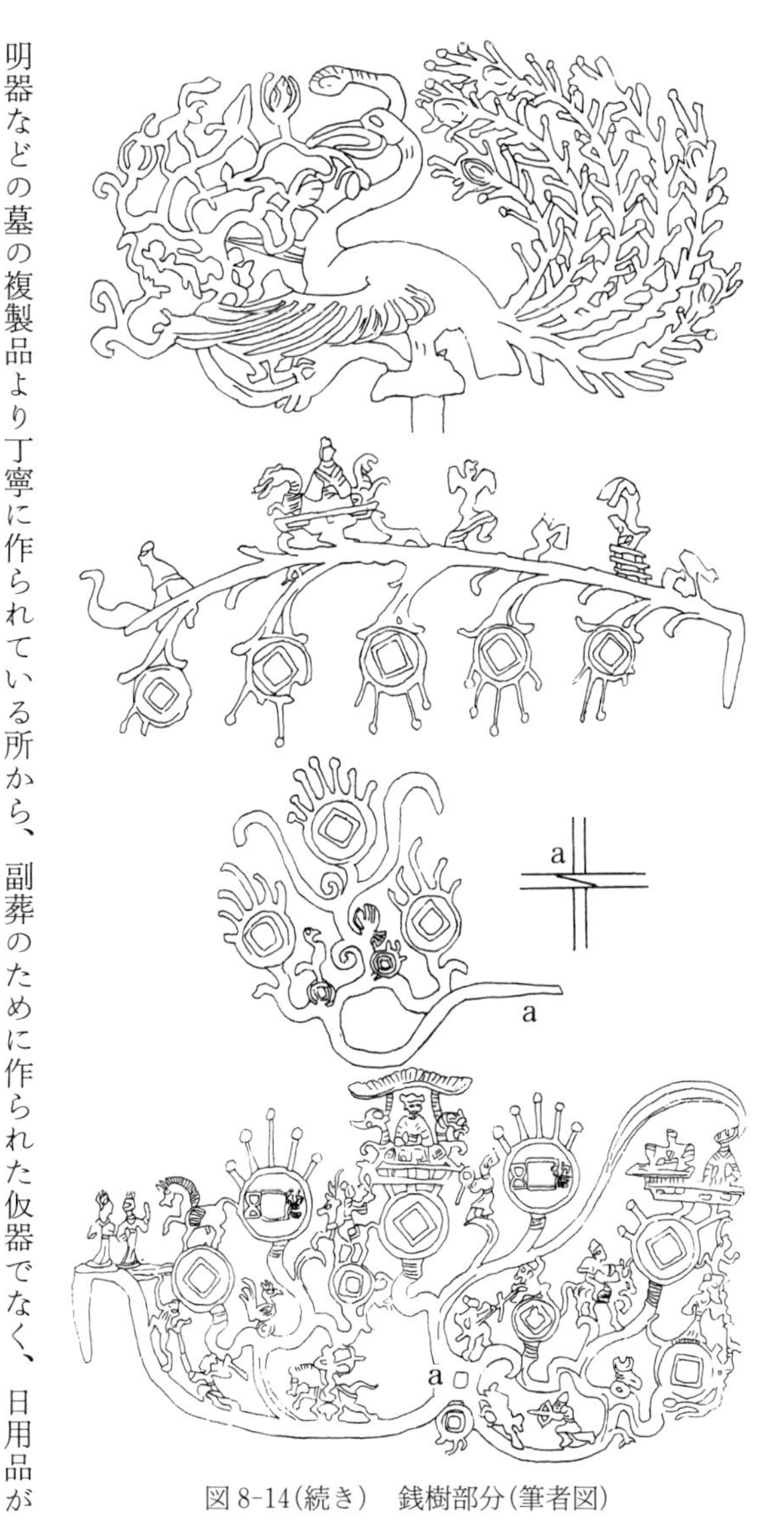

図 8-14(続き)　銭樹部分(筆者図)

図8-15　銭樹図　後漢（137より）

図8-16　銭樹図　後漢　宜賓山谷祠（『文物資料叢刊』9より）

図8-13は広島で公開された銭樹で、拓本を下敷きにして実物を前に筆者の描き起した物である。樹の頂上には鳳凰が降り立ち、嘴に銜えてきた珠（寿〔長生き〕に通ずる）を前に跪く人間に授けている。頂上以下、枝は数があってもテーマは限られている。二段目は枝の上に龍虎座に坐る西王母、その前の踊り、軽業等の情景、下段には三山冠の東王公、そのそばにはねているのは天馬で

あろうか。天馬は大苑から輸入された名馬の伝説化したもので、異域の珍獣として墓室の天井の画材となり、[110] 軟玉でも珍獣として製作されている。[111] その右には伯雅弾琴、その下には櫂を持った織女と牛を引く牽牛等が見える。これも目出たい光景らしい。

図8-14は三星堆の展覧会に広漢市から持って来られたもの。高さ一四九cmという。一番上には鳳凰がとまり、嘴を大きく開けて前にある霊芝をついばんでいる。以下枝の数は多いが、テーマは限られている。一番上の枝には、龍虎座に坐った西王母、舞人、軽業。次は大きな枝、中程上方に龍虎座に坐った三山冠の東王公。その右左に「五利司」と書いた大きな銭。「五利司」の文字の意味は明かでない。[112]

この枝の先端上方は伯雅弾琴、その下に櫂を持ち、裾をひるがえす織女とその左方、牛に乗る牽牛、が識別されるが、あとは何の故事か不明な光景。

銭樹に飾られているのは西王母など、不老長寿、仙人といった目出度いテーマが多く、台座も羊＝祥といった目出度い動物が多い。[113] 生者が室内に置くのにふさわしい。大体目出度いといえば金のなっている木に及ぶものはないだろう。不老長寿といっても所詮は叶わぬ夢、人は必ず老いて死ぬ。ポチに教わって裏の畑で大判小判がザクザクも悪くないが、富めば危しだ。銭樹の台座に金のなる木が生え、人が金を採集している光景がある（図8-15、16）。こうして裏山で薪でもとって来るように、金も必要に応じて採って来られればそれに越したことはない。

(1)

図 8-18(1)　彩画陶燈　後漢
洛陽市(62 より)

図 8-17　銭樹樹杆　後漢　忠県
涂井(『東南文化』1991.5 より)

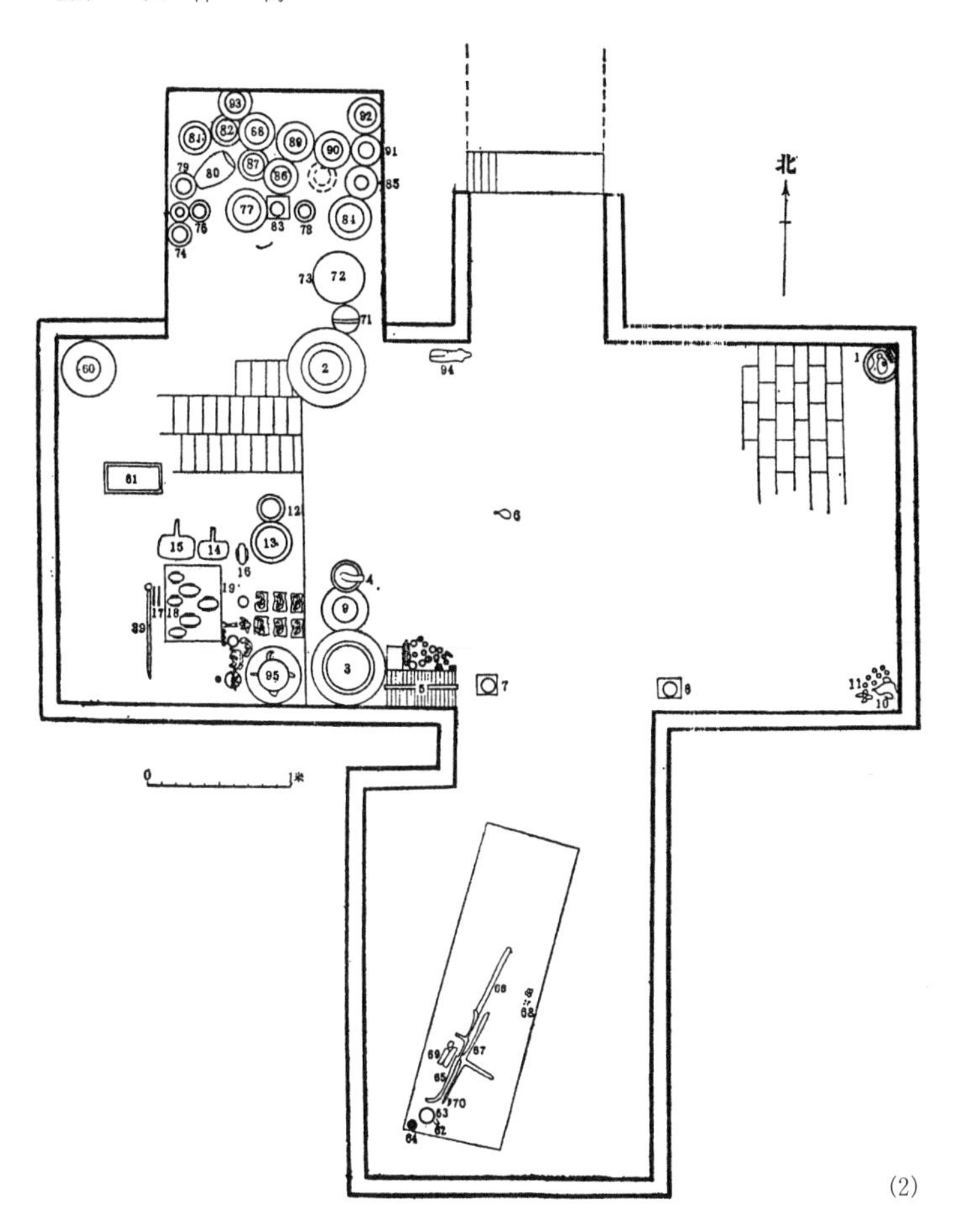

図 8-18(2)　洛陽市彩画陶燈の出土した墓(『考古』1975.2 より)
図中 95 が陶燈

銭樹の幹に沿って施無畏の印を結ぶジェスチャーで坐った人像が幾つも竪に並ぶ遺物がよくある(図8-17)。漢~晋の時期に仏教の教義が入って来たというより、こういう仏像をまねた像の型式が作られ始めたにすぎない、という説がある[114]。そうではないか、と思われるのは、施無畏の印を結んだ手の一方から他方にU字形のものがあるのは何であろうか。こういうものは仏教と関係がない。これは思うに、紐を孔に通した銭ではないか。この仏の横に木の幹に沿って大きな五銖銭が並んで鋳つけられている。仏像も銭の束を誇示する異域の神として一部で宣伝されたのではなかろうか。

銭樹は金銭崇拝の風潮に乗って、後漢を中心に四川省界隈に流行ったのであるが、これとは別に、

(1)

図8-19(1)　多枝陶燈　後漢　済南市花溝(『考古』2000.1より)

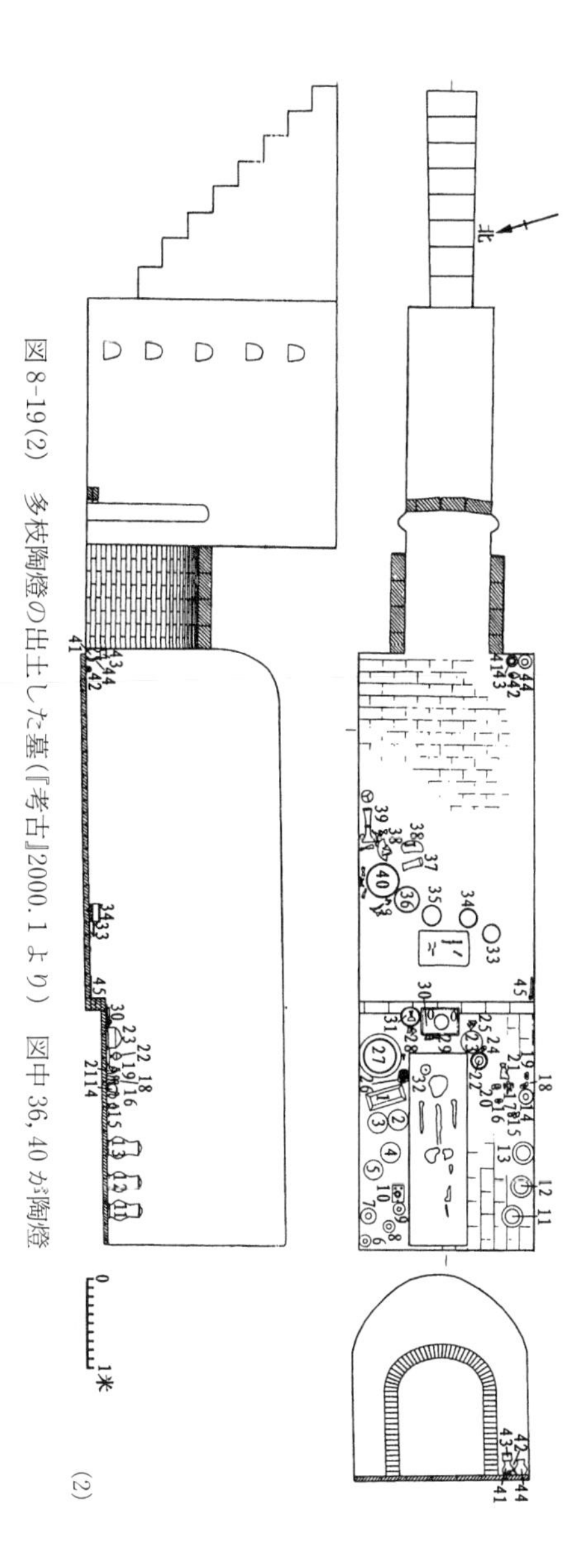

図8-19(2)　多枝陶燈の出土した墓(『考古』2000.1より)　図中36, 40が陶燈

河南省を中心にした地方には紀元前後の時代にランプを多数つけた光明の樹木があった。陶製で壊れ易いため、完全な遺物は多く残っていないのであるが。

図8-18(1)は一九九八年、東京都江戸東京博物館で行われた大黄河文明展に出品された洛陽出土の彩画陶燈である。後漢の墓から出土したもので、素焼のたかつき形の台から柱が立ち、柱には二段の節があって曲った枝が出てランプ皿を支える。台の縁からもランプの枝が出る。たかつき形の台は下が山になって、猪、虎、犬などの動物が沢山遊び、各ランプには葉形の反射板、四葉形が附き、仙人、

図8-20　多枝青銅燈　後漢　武威雷台
(『考古学報』1974.2より)

蟬、龍などが居て、枝の頂上は鳥になっていて、下にいる仙人に珠(寿)を渡そうとしている如くである。

墓室は攪乱されていず、墓の前室、主人用の膳の前にこのランプが置かれ、近くに楽人や芸人の明器が置かれていた(図8-18(2))。このランプは高九二cmの大きなもので、作りも丁寧だから生前使用していたものかと思われる。ランプに皆火を入れると昼のように明るくなり、そこら中の蟬はジージーと鳴き、余興とあいまって墓室は真夏のように陽の気にあふれるであろう。墓室の死人にこの贈りもの、アンデルセンのマッチ売りの少女の凍死する前の幻覚が思い出されないだろうか。

図8‐19(1)も相似た遺物である。済南市花溝一〇号後漢中期墓の発見である。図8‐18と同様、前室の膳の近くから出土した（図8‐19(2)）。頂上は鳥の形のランプの皿になり、基層は山形になり、各種の動物が群れている。

他に珍しいもので青銅の鋳物で銭樹のような透し紋様の樹木状のランプが武威雷台から発見されている（図8‐20）。類品は知られない。

銭樹や枝燈とは系統が異なるけれども、上に鳥がとまった陶製の作りものが済源泗澗溝八号墓から出ている（図8‐21）。伴出物から前漢晩期とされる。高六六cmある。郭沫若は魯迅の輯めた『古小説鉤沈』[115]の『玄中記』に、

東南に桃都山がある。上に大樹があり、桃都と名づける。枝は相去ること三千里。上に一羽の天雞がいる。日が初めて出で、光が此の木を照らすと、天雞は則ち鳴き、群雞みなこれに追随して鳴く。

とある桃都にあてた。つづいて、

下に二神あり。左を隆と名づけ、右を窔と名づけ、並びに葦索を執り、不祥の鬼を伺い、得てこれを殺す。

とあるのは、出土した木の下に三人の裸の人がいるのに当り、この二神と不祥の鬼だろう、という。二人の番人がいるのは、『論衡』その他に天にとどく桃樹の下に番人の荼と鬱塁がいて悪い鬼を捕え

て鬼に食わせる[116]というのと同じことである。この伝説に葦の索といい、度朔山の桃の下では蘆索と言い、よく似ている。天にとどく大樹だから、いつ変な奴に突然天に登ってとんでもないことをされたら大変だ、というので、専門の門番が置いてあるのである。油断は示さないことだ。三星堆の青銅製の木でもK2の11号大型樹の下は三叉になり、間に一人ずつ跪いた番人がいて[117]、度朔山の桃樹や桃都

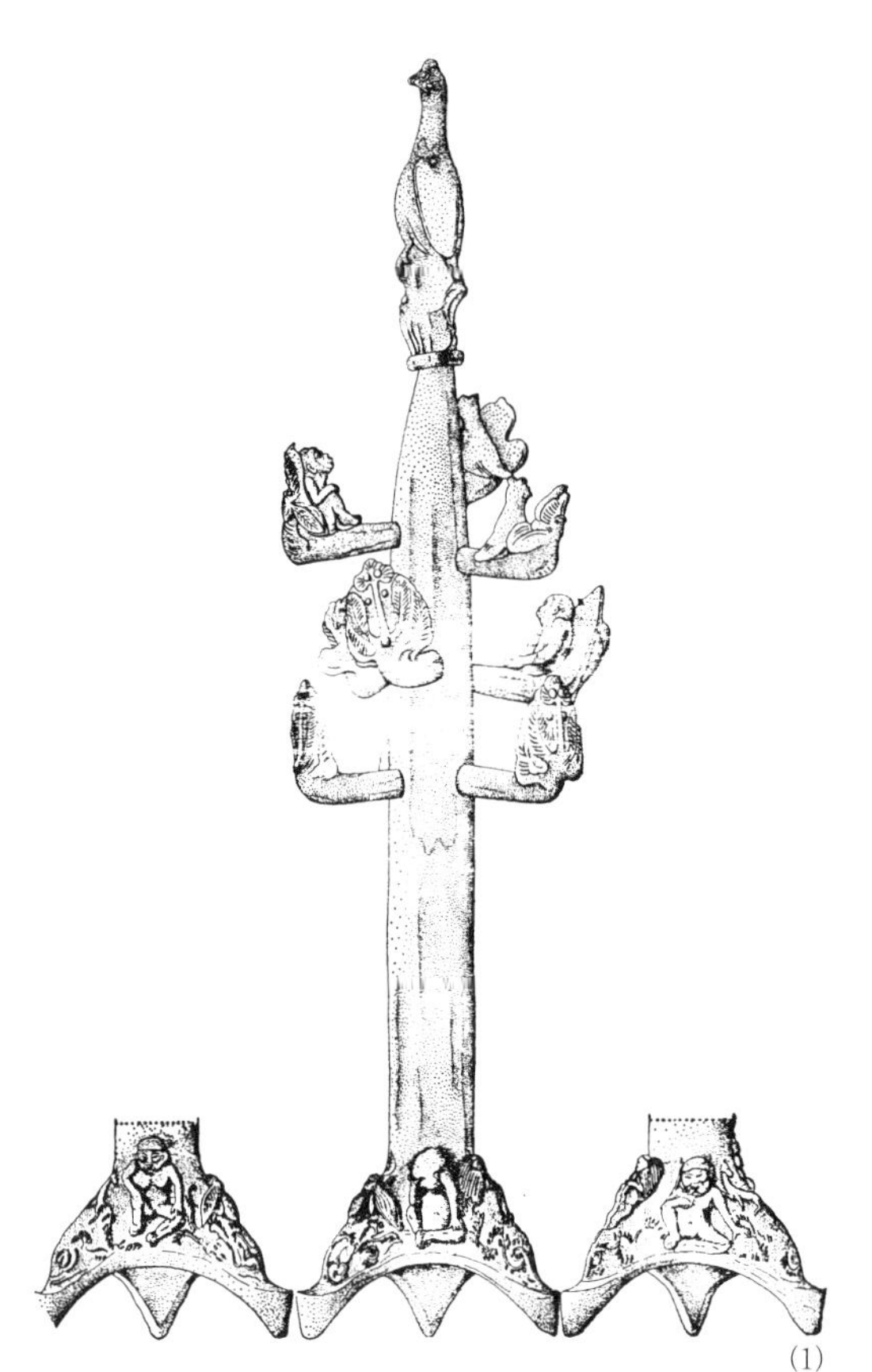
(1)

図8-21(1)　陶桃都樹　前漢　済源泗澗溝
(『文物』1973.2より)

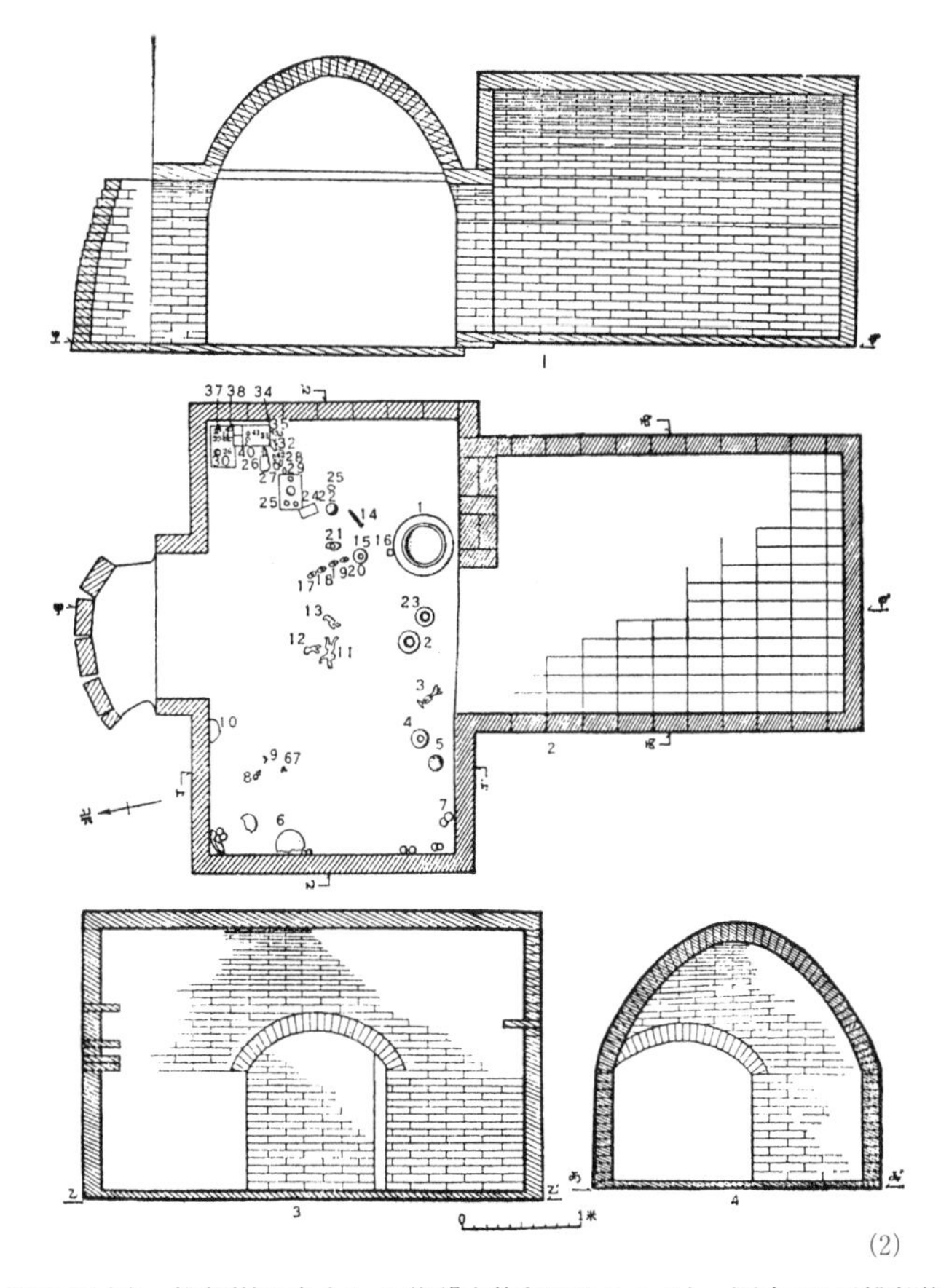

(2)

図 8-21(2)　桃都樹の出土した墓(『文物』1973. 2 より)　図中 10 が桃都樹

の神樹の先蹤をなしている。神樹のスタンドが三足になっているのは三星堆いらいのことで、済源の遺物もその伝統を襲い、番人も三人いるのは伝統に従っているわけで、『玄中記』『論衡』が二人になっているのは変則である。

注

(1) 142。
(2) 143。
(3) 53、一〇頁。
(4) 148 pp. 83-84。
(5) 143、二七六～二八九頁。
(6) 106。
(7) 106、注(4)、(5)。
(8) 22、一六六頁に殷墟甲骨文に「自」を鼻の意味で使った例を一つ引く。
(9) 127。
(10) 42、図二。
(11) 53、二二頁。
(12) 11、五六七頁。
(13) 歯のように凸出した玉器の飾り。
(14) 10、六〇頁。
(15) 150 pl. 97-101。
(16) 15、四六三、四五九頁。
(17) 109上、一～二頁。

(18) 56、二〇頁。
(19) 101、一四四頁。
(20) 12、図二、図版六、四。
(21) 14、図一、図二七、4、図版二〇。
(22) 92、一九〜二〇頁。
(23) 26は各種の社が並存し、その内の一つから他の類が派生したというように考えるべきでないとする。
(24) 25はこの社の土を生命力、増殖力をもった土の観念に結びつけている(八〜一五頁)。
(25) 112、図版。
(26) 17。
(27) 17、七五頁。
(28) 124。
(29) 116。
(30) 『中国文物報』一九九二、九、六。
(31) 107、四七〜四八頁。
(32) 107、二四〜二八頁。
(33) 77、三七〜三八頁。
(34) 129、四八頁。
(35) 29、三五四頁。

(36) 129、四六〜四七頁。
(37) 94、六九頁。
(38) 馬瑞辰『毛詩伝箋通釈』。
(39) 111、三〇七〜三一一頁。105、一一五頁。
(40) 60、一七二頁。
(41) 我孫子鳥の博物館、斎藤安行氏の教示による。
(42) 30、下、彩版九〜一〇、上図二五六。
(43) 91、三八頁。
(44) 78、四六九頁。
(45) 139。
(46) 120、一三三頁。
(47) 86、四二頁。
(48) 13、図三三、3、4。
(49) 13、七六〜七九頁。
(50) 13、七九頁。
(51) 132、五、三五〜三六葉。
(52) 88。138、六八頁。
(53) 88。

(54) 113、一一～一二頁。
(55) 16。
(56) 48。
(57) 82。
(58) 21、一五頁。
(59) 3。
(60) 122、六頁。
(61) 4、一五一頁。
(62) 102、三二七～三三〇頁。
(63) 75、一四頁。
(64) 130。
(65) 131。
(66) 134、一八七頁。
(67) 96。
(68) 27。
(69) 108。
(70) 6、一七四～一七六。
(71) 135、二二一九～二三二三頁。

(72) 44、図版七一、2、3、図版七二、1〜3、図版七三、2、3、図版七四、1。

(73) 一九九〇年筆者が広漢市博物館を訪れた時には、陳列ケースに神樹の太い幹の先に桃実形が附き、その根本から透し彫のある細長い花瓣形の二枚出た遺物の出土図がかかげてあり、写真をとってきた。105はそれをきっかけに書いたもので、その写真は同論文図2にかかげてある。この遺物は44に触れられていない。どうなってしまったのか。不可思議なことである。

(74) 29、五〇九頁注53。

(75) 5、一六〜四〇、釈舌、6に採られず。

(76) 95、二一二頁。

(77) 67、四、一六。

(78) 27、上、四七〜五〇頁。

(79) 104、第四章、三三一〜三五八頁。

(80) 149。

(81) 100、三〇〜三三頁。

(82) 97、一七〜三四頁。

(83) 101、二四〜三三頁。

(84) 93、八七〜八九、寧城図。

(85) 136、一〇九頁。

(86) 99、二二〜二三頁。

(87) 154、43、一七頁。
(88) 154、pl 4。
(89) 101、一八九〜一九〇頁。
(90) 19、二葉。
(91) 123、二二頁。
(92) 150、p. 110。
(93) 例えば万頭98、三一〜三五頁、饕餮の額の篦形(104、三一四〜三一五頁)。
(94) 101、一一二頁。
(95) 61、九六〜九七頁。
(96) 1、五一五〜五一六頁。
(97) 24、三一〜三三頁。
(98) 125、三八〜三九頁。
(99) 128の訳による。以下『詩』の訳は同書による。
(100) 求字の読みについては135、八、二七三六〜二七三八頁参照。
(101) 115、二一四〜二二五頁。
(102) 24の訳で引用。
(103) 18、五頁、一七頁。
(104) 83、五八一頁。

(105) 126、二二、二三頁。
(106) 103、一六～一八頁。
(107) 46、一九六～一九八頁。
(108) 31、一三頁。
(109) 38、図五四〇。
(110) 『文物』一九七九、六、図版二、2。
(111) 『文物』一九七三、三、図版三、5。
(112) 79、二四頁。
(113) 147、p. 9。
(114) 147、pp. 25-27。
(115) 20。
(116) 89、四六頁。
(117) 44、図版八二。

文献目録

（日本、中国、著者名五十音順）

1 赤塚　忠　一九七七　『中国古代の宗教と文化』　東京
2 朝日新聞社　一九九八　『三星堆　中国五〇〇〇年の謎、驚異の仮面王国』（展覧会カタログ）　東京
3 安徽省文物考古研究所　一九八九　「安徽含山凌家灘新石器時代墓地発掘簡報」『文物』　一九八九、四、一〜九頁、三〇頁
4 安徽省文物考古研究所　二〇〇〇　『凌家灘玉器』　北京
5 于　省吾　一九四一　『双剣誃殷契駢枝続編』　北京
6 于　省吾　一九七九　『甲骨文字釈林』　北京
7 于　省吾　一九五七　『商周金文録遺』　北京
8 梅原末治　一九五五　『支那古玉図録』　京都
9 王　振鐸　一九三五　『漢代壙甎集録』　北平
10 岡村秀典　二〇〇〇　「儀礼用玉器のはじまり――新石器時代の玉器」『世界美術大全集』東洋編、第一巻、先史、殷、周、五一〜六〇頁　東京
11 出石誠彦　一九四三　『支那神話伝説の研究』　東京
12 河南省文物研究所平頂山市文管会　一九八八　平頂山市北滍村西周墓地一号墓発掘簡報」『華夏考古』

一九八八、一、三〇～四四頁
12a 河南省文物考古研究所平頂山市文物管理委員会　一九九八「平頂上応国墓地八十四号墓発掘簡報」『文物』一九九八、九、四～一六頁
13 河南省文物考古研究所　一九九五『汝州洪山廟』鄭州
14 河南省文物考古研究所三門峡市文物工作隊　二〇〇〇「三門峡虢国墓地M二〇一三的発掘清理」『文物』二〇〇〇、一二、二三～三四頁
15 夏　鼐　一九八三「殷代玉器的分類、定名和用途」『考古』一九八三、五、四五五～四六八頁
16 郭大順、張克挙　一九八四「遼寧省喀左県東山嘴紅山文化建築群址発掘簡報」『文物』一九八四、一一、一～一一頁
17 郭　徳維　一九八九「曾侯乙墓墓主内棺花紋図柄略析」『江漢考古』一九八九、二、七四～八四頁、九四頁
18 郭　沫若　一九三五（稿）「天の思想」『岩波講座』東洋思潮七、三～五二頁（「先秦天道観念之進展」『青銅時代』北京　一九五四、一～六五頁）
19 郭　沫若　一九五二「周彝中之伝統思想考」『金文叢考』一～二八葉　北京
20 郭　沫若　一九七三「桃都、女媧、加陵」『文物』一九七三、一、二～六頁
21 甘粛省博物館文物工作隊　一九八三「秦安大地湾四〇五号新石器時代房屋遺址」『文物』一九八三、一一、一五～一九頁。三〇頁
22 裘　錫圭　一九九二『古代文史研究新探』（『中国古文献研究叢書』）南京

23 金　維諾　一九八八『中国美術全集、雕塑編1』北京
24 小南一郎　一九八三『周代金文の語法と語彙の研究』（昭和五六、五七年度科学研究費補助金「一般研究C」研究成果報告書）京都
25 小南一郎　一九八五「大地の神話――鯀、禹伝説原始」『古史春秋』二、二～二三頁
26 小南一郎　一九八七「社の祭祀の諸形態とその起源」『古史春秋』四、一七～三七頁
27 胡　厚宣　一九五九「殷卜辞中的上帝和王帝」（上下）『歴史研究』一九五九、九、二三～五〇頁、一〇、八九～一一〇頁
28 故宮博物院　一九七八『故宮博物院蔵工芸品選』北京
29 湖北省博物館　一九八九『曾侯乙墓』北京
30 湖北省荊州博物館、湖北省文物考古研究所、北京大学考古系　一九九九『肖家屋背』北京
31 江　玉祥　二〇〇〇「若干考古出土的〝揺銭樹〟研究中的幾個問題」『四川文物』二〇〇〇、四、一〇～一二頁
32 江西省文物考古研究所、江西省博物館、新干県博物館　一九九七『新干商代大墓』北京
33 高　文　一九八七『四川漢代画像石』成都
34 高　文　一九九七『四川漢代石棺画像集』北京
35 黄　濬　一九三九『古玉図録初集』北京
36 駒井和愛　一九五〇『遼陽発見の漢代墳墓』東京
37 山東省考古研究所、山東省博物館、済寧地区文物組、曲阜県文管会　一九八二『曲阜魯国故城』済寧

38 山東省博物館、山東省文物考古研究所　一九八二『山東漢画像石選集』済南
39 山東省文物管理処、済南市博物館　一九七四『大汶口』北京
40 山東省文物管理処、山東省博物館　一九五九『山東文物選集』北京
41 山東文物事業管理局、山東美術出版社　一九九六『山東文物精萃』北京
42 山東省考古所、山東省博物館、呂県文管所、王樹明　一九八七「山東呂県陵陽河大汶口文化墓葬発掘簡報」『史前研究』一九八七、三、六二～八二頁
43 四川省生物研究所両棲爬行動物研究室　一九七七『中国爬行動物系統検索』北京
44 四川省文物考古研究所　一九九九『三星堆祭祀坑』北京
45 周到、呂品、湯文興　一九八五『河南漢代画像磚』上海
46 徐　朝竜　一九九三「中国古代における「神樹伝説」の源流――四川省広漢市三星堆遺跡出土の青銅「神樹」を中心に――」『日中文化研究』第六号、一九九三、一八四～二〇五頁
47 徐州漢画像石　一九八五　南京
48 鐘　暁青　二〇〇〇「秦安大地湾建築址略析」『文物』二〇〇〇、五、六二～七三頁
49 関野　貞　一九一六『支那山東省に於ける漢代墳墓の表飾』
50 石　璋如　一九七三『小屯、南組墓葬附北組墓葬補遺』台北
51 石　璋如　一九八〇『小屯、丙区墓葬』上　台北
52 浙江省博物館　一九八七『浙江文物』杭州
53 浙江省文物考古研究所反山考古隊　一九八八「浙江省余杭反山良渚墓地発掘簡報」『文物』一九八八、

一、一～三一頁
54 浙江省文物考古研究所　一九八八「余杭瑤山良渚文化祭壇遺址発掘簡報」『文物』一九八八、一、三二～五一頁
55 陝西省考古研究所、陝西省文物管理委員会、陝西省博物館　一九八〇『陝西出土商周青銅器㈢』北京
56 陝西省文物管理委員会　一九八六「西周鎬京附近部分墓葬発掘簡報」『文物』一九八六、一、一～三一頁
57 孫　華　一九九二「試論広漢三星堆遺址的分期」『南方民族考古』五、一一～二五頁
58 孫守道、郭大順　一九九四『文明曙光期祭祀遺珍、遼寧紅山文化壇廟冢』台北
59 曾昭燏、蔣宝庚、黎忠義　一九五六『浙南古画像石墓発掘報告』上海
60 高野伸二　一九九二『フィールドガイド日本の野鳥』東京
61 武内義雄　一九二七「老子の研究」『武内義雄全集』五、一九七八、九一～三九三頁
62 『大黄河文明展』（展覧会カタログ）一九九八―一九九九　東京都江戸東京博物館他
63 『中華人民共和国南京博物院展』（展覧会カタログ）一九八一
64 『中華人民共和国四川省文物展』（展覧会カタログ）一九八五　広島
65 中国科学院考古研究所、陝西省西安半坡博物館　一九六三『西安半坡』北京
66 中国科学院考古研究所　一九六二『灃西発掘報告』北京
67 中国科学院考古研究所　一九六五『甲骨文編』一九三五　北京
68 中国科学院考古研究所　一九六五『張安張家坡西周銅器群』北京

69　中国社会科学院考古研究所　一九九四『殷周金文集成　十八冊』北京
70　中国社会科学院考古研究所　一九八〇『殷虚婦好墓』北京
70a　中国社会科学院考古研究所　一九九六『大甸子』北京
71　中国社会科学院考古研究所　一九九九『張家坡西周墓地』北京
72『中国、美の粋、中国歴史博物館名品展』（展覧会目録）一九九六、七、二五〜八、二〇
73『中国文物精華』一九九七　北京
74　張　安治　一九八六『美術全集　絵画編1』北京
75　陳久金、張敬国　一九八九「含山出土玉片図式試考」『文物』一九八九、四、一四〜一七頁
76　張　敬国　一九九一「从安徽凌家灘墓地出土玉器談中国的玉器時代」『東南文化』一九九一、二、一一八〜一二二頁
77　張　光直　一九八八「濮陽三蹻与中国古代美術上的人獣母題」『文物』一九八八、一一
78　張　長寿　一九八七「記灃西新発現的獣面玉飾」『考古』一九八七、五、四七〇〜四七三、四六九頁
79　張善煕、姜易徳、屠世栄　一九九八「成都鳳凰山出土《太玄経》揺銭樹探討」『四川文物』一九九八、四、二三〜二八頁
80　張　囿生　一九九六『中国青銅器全集一』夏商（一）北京
81　張　囿生　一九九八『中国青銅器全集四』北京
82　趙　建龍　一九九二「大地湾古量器及制度初探」『考古与文物』一九九二・六、三七〜四一頁
83　陳　夢家　一九五六『殷墟卜辞綜述』北京

84 天津市芸術博物館　一九九三　『天津市芸術博物館蔵玉』　北京、香港
85 天理参考館　一九七一　『中国の青銅器(1)』殷、周編（『資料案内シリーズ』10）　天理
86 鄭　同修　一九九六　「漢晋魚紋銅洗滕器説」『東南文化』　一九九六、二、三九～四三頁
87 デージー＝リオン、ゴールドシュミット、ジャン＝クロード・モロー＝ゴバール　一九六三　『中国美術』銅器、彫刻、陶　東京
88 杜　金鵬　一九九八　「紅山文化〝句雲形〞類玉器探討」『考古』　一九九八、五、五〇～六四頁、八一頁
89 東亜考古学会　一九三四　『営城子』　京都
90 東京国立博物館　一九九三　『上海博物館』（展覧会カタログ）　東京
91 鄧　淑蘋　一九八六　「古代玉器上奇異紋飾的研究」『故宮学術季刊』四―一、一～五八頁
92 徳州行署文化局文物組、済陽県図書館　一九八一　「山東済陽劉台子西周早期墓発掘簡報」『文物』　一九八一、九、一八～二四頁
93 内蒙古自治区博物館　一九七八　『和林格尔漢墓壁画』　北京
94 橋本敬造　一九九三　『中国占星術の世界』（『東方選書』）　東京
95 林巳奈夫　一九五三　「殷周銅器に現れる龍について、附論――殷周銅器における動物表現型式二三について――」『東方学報』京都二三、一八一～二一八頁
96 林巳奈夫　一九六〇　「殷周時代の遺物に表わされた鬼神」『考古学雑誌』四六―二、二四～五一頁
97 林巳奈夫　一九六八　「殷周時代の図象記号」『東方学報』京都三九、一～一一七頁

97a 林巳奈夫　一九七〇「殷中期に由来する鬼神」『東方学報』四一、一～七〇頁
98 林巳奈夫　一九七一「長沙出土楚帛書の十二神の由来」『東方学報』四二、一～六三頁
99 林巳奈夫　一九七二「西周時代玉人像の衣服と頭飾」『史林』五五、二、一～三八頁
100 林巳奈夫　一九八五「獣鐶、鋪首の若干をめぐって」『東方学報』五七、一～七四頁
101 林巳奈夫　一九八六『殷周時代青銅器紋様の研究――殷周青銅器綜覧二――』東京
102 林巳奈夫　一九八九『漢代の神神』京都
103 林巳奈夫　一九九〇「殷周の「天」神」『古史春秋』六、二～二五頁
104 林巳奈夫　一九九一『中国古玉の研究』東京
105 林巳奈夫　一九九一「中国古代における日の暈と神話的図像」『史林』七四、四、九六～一二一頁
106 林巳奈夫　一九九二「中国古代の鼻形、耳形の象徴的図形」『泉屋博古館紀要』八、三～四〇頁
107 林巳奈夫　一九九三『龍の話』(『中公新書』)
108 林巳奈夫　一九九三「饕餮＝帝補論」『史林』七六―五、七八～一一八頁
109 林巳奈夫　一九九六～一九九七「圭について（上、下）」『泉屋博古館紀要』一二、一～五六頁、一三、三～四二頁
110 林巳奈夫　一九九六「有孔玉、石斧をめぐって」『史林』七九、五、一～四二頁
111 林巳奈夫　一九九九『中国古玉器総説』東京
112 林巳奈夫　二〇〇〇a「曾侯乙墓内棺の画像について」『泉屋博古館紀要』一七、一～四六頁
113 林巳奈夫　二〇〇〇「商周時期的鵰鴞神」『国立台湾大学美術史研究集刊』八、一～三二頁

114 傅　忠謨　一九八九『古玉精英』香港
115 傅　斯年　一九三〇「新獲卜辞写本後記跋」『傅孟真先生学術論文集』香港　一九六九所収
116 馮　時　一九九〇「河南濮陽西水坡四五号墓的天文学研究」『文物』一九九〇、三、五二～六〇頁、六九頁
117 文化部文物局、故宮博物院　一九八七『全国出土文物珍品選』北京
118 北京大学考古系商周組、山西省考古研究所　二〇〇〇『天馬―曲村　一九八〇―一九八九』北京
119 北京市文物研究所　一九九五『琉璃河西周燕国墓地　一九七三―一九七七』北京
120 聞　一多　一九五六『神話与詩』（『聞一多全集選刊之一』）上海
121 牟永抗、雲希生　一九九二『玉器全集一』石家荘
122 牟　永抗　一九九五「東方史前時期太陽崇拝的考古学観察」『故宮学術季刊』一二―四、一～三一頁
123 龐　懐靖　二〇〇一「岐邑（周城）之発現及鳳雛建築基址年代探討」『文博』二〇〇一、一、一九～二二頁
124 濮陽市文物管理委員会、濮陽市博物館、濮陽市文物工作隊　一九八八「河南濮陽西山坡遺址発掘簡報」『文物』一九八八、三、一～六頁
125 三浦国雄　一九八八『中国人のトポス』（『平凡社選書』）東京
126 宮崎　学　一九八九『フクロウ』東京
127 村田治郎　一九三二「反宇と飛檐」『建築学研究』一一―六二、三～五頁
128 目加田誠（訳）一九六〇『詩経、楚辞』（『中国古典文学全集』第一巻）東京

129　藪内　清　一九六九『中国の天文暦法』東京
130　兪　偉超　一九八九「含山凌家灘玉器和考古学中研究精神領域的問題」『文物研究』五、五七～六三頁
131　尤　仁徳　一九八九「凌家灘玉版玉鷹釈義」『故宮文物月刊』一九六、一二四～一三一頁
132　葉　玉森　一九三四『殷虚書契前編集釈』上海
133　羅　振玉　一九三六『三代吉金文存』
134　欒　豊実　一九九七『海岱地区考古研究』済南
135　李　孝定　一九六五『甲骨文字集釈』南港
136　李　逸友　一九八〇「略論和林格尔漢墓壁画中的烏丸和鮮卑」『考古与文物』一九八〇、二、一〇九～一一二頁
137　呂　林　一九八八『四川漢代画象芸術選』成都
138　劉　国祥　一九九八「紅山文化句雲形玉器研究」『考古』一九九八、五、六五～七八頁
139　劉　雲輝　一九九〇「仰紹文化〝魚紋〟〝人面魚紋〟内含二十説述評―兼論〝人面魚紋〟為巫師面具形象説」『文博』一九九〇、四、六四～七五頁
140　梁思永、高去尋　一九六二『侯家荘　一〇〇一号大墓』台北
141　遼寧省文物考古研究所　一九九四『文明曙光期祭祀遺珍　遼寧紅山文化壇廟冢　中国考古文物之美(1)』台北
142　林　華東　一九九一『河姆渡文化初探』杭州
143　林　華東　一九九八『良渚文化研究』杭州

144　郎樹徳、許永桀、水濤　一九八三「試論大地湾仰韶晩期遺存」『文物』一九八三、一一、三一〜三九頁

145　盧連成、胡知星　一九八八『宝雞強国墓地』北京

（欧文、著者名アルファベット順）

146　Dohrenwend, Doris J. 1975, Jade demonic Images from Early China, *Ars Orientalis* X, pp. 55-74

147　Erickson. Susan N. 1994 : Money Trees of the Eastern Han Dynasty, BMFFA, vol, 66 pp. 7-115

148　Hansford, S. Howard 1950 : *Chinese Jade Carving*, London

149　Hayashi M. 1998 : zum Datierung der Jade in Königrgrab, *Shätze für König Zaomu, das Grab von Nanyüe*, Heiderbeng, 1998

150　Loehr, M., 1975, *Ancient Chinese Jades from the Grenville L. Winthrop Collection in the Fogg Art Museum, Harvard University*, Cambridge, Massachusetts

151　Palmgren N. 1948 *Kansu Mortuary Urns of the Pan-shan and Ma-chang Groups*, Peiping

152　Palmgren N. 1948, Selected *Chinese Antiquitiese from the Collection of Gustaf Adolf, crown prince of Sweden*, Stockholm

153　Pelliot, P. 1925, *Jades archaïques de Chine*, Paris

154　Pope, Clifford H., 1935 : *The Reptiles of China, Turtles, Crocodilians, Snakes, Lizardes* (*Natural History of Central Asia*, vol, X), New York

155　Salmony, Alfred 1938, *Carved Jade of Ancient China*, Barkeley

156　Salmony, Alfred 1952, *Archaic Chinese Jades from the Edward and Louise B, Sŏnnenschein*, Chicago

157　Salmony, Alfred 1963, *Chinese Jade through the Wei Dynasty*, New York

あとがき

私が京都大学を退官したのは一九八九年だったから、既に十三年目になる。生れたのが一九二五年五月九日だから、誕生日で満七十七歳である。私は京大の先生だったことになっているが、少し離れた人文科学研究所という所にいて、教えに行くのは週一回だけ、本来の意味の教え子というものがないので、七十七になっても誰かが祝いの会を計画してくれる、というものでもない。

私は他人に話をするのは好きでないし、従って講義も性に合わないと思っているので、これで丁度よかった、と思っている。が、ひとはどう思っているか知らない。七十七歳で潮時だと思ってこの本を作ろうと思い、ご縁の浅からぬ吉川弘文館に申し入れてみたところ、二つ返事で引受けてくれるという。退官いらい『泉屋博古館紀要』や『史林』に出してもらった論文が幾つかあるので、その前に書いた何編かを合せてまとめたのがこの本である。まとめる前は内容がひどくばらばらではないか、と考えていたが、できてみるとそうでもない、と思っている。もしばらばらでしようもない、と思われたら、著者の身から出た銹、あきらめてほしい。

私の在官中に蒐めた資料は大部分京大の人文科学研究所に置いてきた。用があれば京都に出掛けて用を足して来たが、今はそれができなくなって、ひとに頼まざるをえなくなった。助教授でいる岡村秀典氏にはそういうことで大分迷惑をかけた。記して感謝の意を捧げたい。

二〇〇二年一月

林　巳　奈　夫

著者略歴

一九二五年　神奈川県に生れる
一九五〇年　京都大学文学部史学科（考古学専攻）卒業
元京都大学名誉教授
二〇〇六年没

〔主要著書〕
『中国殷周時代の武器』（一九七二年　京都大学人文科学研究所）
『殷周時代青銅器の研究』（一九八四年　吉川弘文館）
『石に刻まれた世界』（一九九二年　東方書店）
『龍の話』（一九九三年　中央公論社）
『中国古玉器総説』（一九九九年　吉川弘文館）
『神と獣の紋様学』（二〇〇四年　吉川弘文館）
『中国古代の生活史』（二〇〇九年　吉川弘文館）

中国古代の神がみ〈新装版〉

二〇〇二年（平成十四）三月二十日　第一版第一刷発行
二〇二〇年（令和　二）一月二十日　新装版第一刷発行

著　者　林（はやし）　巳奈夫（みなお）
発行者　吉川道郎
発行所　株式会社　吉川弘文館
郵便番号一一三―〇〇三三
東京都文京区本郷七丁目二番八号
電話〇三―三八一三―九一五一〈代表〉
振替口座〇〇一〇〇―五―二四四
印刷＝株式会社　精興社
製本＝ナショナル製本協働組合
装幀＝右澤康之

ISBN978-4-642-08377-5

図・表目次

口　絵

一　日　の　神

図

表

二　琮，社，主

図

三　青龍，白虎，朱鳥

図

四　先 史 鬼 神

図

五　饕餮＝帝

図

表

六　殷周の鬼神，天

図

表

七　殷周羽化鬼神

図

八　神　　樹

図